广西大学研究生教育内涵式发展"十四五"教育质量倍增计划项目的结项成果
2024年广西大学铸牢中华民族共同体意识专项课题阶段性成果

环境与资源保护
审判案例与适用逻辑

梁春艳　著

法律出版社
LAW PRESS·CHINA

——北京——

图书在版编目（CIP）数据

环境与资源保护审判案例与适用逻辑 / 梁春艳著.
北京：法律出版社，2025. -- ISBN 978-7-5244-0314-2

I. D922.605

中国国家版本馆 CIP 数据核字第 2025TX1390 号

环境与资源保护审判案例与适用逻辑
HUANJING YU ZIYUAN BAOHU SHENPAN
ANLI YU SHIYONG LUOJI

梁春艳 著

策划编辑 张　颖
责任编辑 张　颖
装帧设计 臧晓飞

出版发行	法律出版社	开本 A5
编辑统筹	法律应用出版分社	印张 10.375　字数 262 千
责任校对	王晓萍	版本 2025 年 6 月第 1 版
责任印制	刘晓伟	印次 2025 年 6 月第 1 次印刷
经　　销	新华书店	印刷 北京建宏印刷有限公司

地址：北京市丰台区莲花池西里 7 号（100073）
网址：www.lawpress.com.cn　　　　　　　销售电话：010-83938349
投稿邮箱：info@lawpress.com.cn　　　　　客服电话：010-83938350
举报盗版邮箱：jbwq@lawpress.com.cn　　 咨询电话：010-63939796
版权所有·侵权必究

书号：ISBN 978-7-5244-0314-2　　　　　　定价：52.00 元

凡购买本社图书，如有印装错误，我社负责退换。电话：010-83938349

目 录

第一章 环境民事诉讼案例评析 —— 001

第一节 噪声污染环境侵权 _ 001

王某诉临沂某公司环境污染责任纠纷案 _ 001

事实概要 _ 001

判决结果 _ 004

案例述评 _ 004

(一)被告生产行为是否构成环境噪声污染的认定 _ 004

(二)被告生产行为如造成噪声污染,给原告造成的损失范围及大小的认定 _ 006

案例延伸 _ 007

(一)司法鉴定的功能与局限 _ 007

(二)行政执法证据在民事责任认定中的适用 _ 010

(三)举证责任的分配与举证不能的后果 _ 012

(四)容忍义务的理论缘起与适用场域 _ 013

法条链接 _ 016

第二节　水污染环境侵权 _ 018

张某等 12 户农户诉某运输公司、李某、罗某、某盐矿、某保险公司等盐卤水泄漏环境污染责任纠纷案 _ 018

事实概要 _ 018

判决结果 _ 021

案例述评 _ 021

(一)原告所受损失与交通事故之间因果关系的认定 _ 021

(二)损失范围和损失金额的认定 _ 022

(三)赔偿义务主体的认定 _ 023

案例延伸 _ 024

(一)环境侵权惩罚性赔偿 _ 024

(二)环境侵权中"第三人"的界定与责任认定 _ 027

(三)连带责任与按份责任的适用界分 _ 028

(四)环境污染责任保险的险种与承保范围 _ 030

法条链接 _ 032

第三节　涉自然资源权属的民事合同效力 _ 035

宜宾某建材有限公司诉姚某刚等合同纠纷案 _ 035

事实概要 _ 035

判决结果 _ 037

案例述评 _ 037

(一)诉争租赁土地是否属于《物权法》(已失效)所界定的滩涂范畴 _ 038

(二)合同效力的认定 _ 039

(三)对诉讼请求的认定 _ 040

案例延伸 _ 041

(一)自然资源权属的分类和认定 _ 041

(二)集体所有自然资源的认定 _ 043

(三)自然资源权属争议的行政裁决 _ 045

(四)自然资源使用权冲突的规则适用 _ 048

(五)自然资源确认登记 _ 052

法条链接 _ 055

第二章 环境行政诉讼案例评析 —— 059

第一节 环境行政许可 _ 059

鄂尔多斯市银某公司诉杭锦旗自然资源局行政许可案 _ 059

事实概要 _ 059

判决结果 _ 060

案例述评 _ 060

(一)关于鄂尔多斯市银某公司行政许可申请合法性之认定 _ 060

(二)关于杭锦旗自然资源局不予核发建设工程规划许可证行政行为合法性之认定 _ 061

(三)行政诉讼中人民法院合法性审查的评析 _ 062

案例延伸 _ 063

(一)行政许可法律性质的理论争鸣 _ 063

(二)设定行政许可条件的模式 _ 068

(三)行政许可的增设 _ 072

法条链接 _ 077

第二节　环境行政处罚 _ 078

哈尔滨某某饭店诉哈尔滨市道里区市场监督管理局、哈尔滨市道里区生态环境局行政处罚案 _ 078

事实概要 _ 078

判决结果 _ 079

案例述评 _ 079

(一)对哈尔滨某某饭店行为认定的法律分析 _ 079

(二)对道里区市监局行政处罚行为合法性的认定 _ 081

(三)对法院审判行为的评述 _ 082

案例延伸 _ 084

(一)环境行政处罚裁量 _ 084

(二)过罚相当原则的适用 _ 088

(三)生态环境领域不予行政处罚的适用 _ 091

法条链接 _ 095

第三节　环境信息公开 _ 097

张某某诉上海市生态环境局、上海市人民政府信息公开告知及行政复议案 _ 097

事实概要 _ 097

判决结果 _ 097

案例述评 _ 098

(一)张某某是否具备申请信息公开的主体资格 _ 098

(二)上海市生态环境局对部分申请公开信息不予答复的行为是否合法 _ 099

(三)上海市人民政府的复议决定是否合法 _ 100

(四)法院的裁判依据 _ 100

案例延伸 _ 101

(一)政府主动公开与依申请公开的区分 _ 101

(二)是否应对依申请公开中申请人的资格加以限制 _ 102

(三)是否应限定政府信息公开诉讼的申请人原告资格 _ 104

(四)公众知情权与政府环境信息管理权的冲突与平衡 _ 106

(五)完善政府环境信息公开的监督机制 _ 111

法条链接 _ 113

第四节 行政补偿 _ 114

某家庭农场诉山东省临沂市河东区自然资源局、山东省临沂市河东区人民政府行政补偿及行政复议案 _ 114

事实概要 _ 114

判决结果 _ 115

案例述评 _ 116

(一)关于河东区自然资源局两次作出不予受理国家补偿申请决定行为的合法性分析 _ 116

(二)关于河东区人民政府第二次行政复议决定的合法性分析 _ 117

(三)关于某家庭农场遭受损失的分析 _ 117

(四)法院的审判依据分析 _ 118

案例延伸 _ 119

(一)野生动物致害的生态补偿 _ 119

(二)国家生态补偿的性质分析 _ 124

（三）市场化生态补偿模式 _ 125

　法条链接 _ 127

第五节　行政赔偿 _ 128

韩某兴诉上海市静安区人民政府芷江西路街道办事处、上海市静安区生态环境局等扣押财物及行政赔偿案 _ 128

　事实概要 _ 128

　判决结果 _ 130

　案例述评 _ 130

　　（一）芷江西路街道办与静安生态局执法行为的合法性分析 _ 130

　　（二）韩某兴所主张的损失是否具有法律依据 _ 131

　　（三）对法院审判行为的评述 _ 132

　案例延伸 _ 134

　　（一）行政强制措施的特征 _ 134

　　（二）行政强制措施与行政强制执行的区别 _ 136

　　（三）行政赔偿中直接损失的认定 _ 137

　法条链接 _ 140

第六节　行政复议 _ 142

某生物技术公司不服上海市某区生态环境局行政处罚申请行政复议案 _ 142

　事实概要 _ 142

　案件结果 _ 144

　案例述评 _ 144

　　（一）某生物技术公司是否完成整改的认定 _ 144

　　（二）上海市某区生态环境局行政处罚裁量是否过重 _ 145

案例延伸 _ 146

(一)行政复议的听证程序 _ 146

(二)行政复议的调解程序 _ 149

法条链接 _ 153

第七节 行政强制执行 _ 154

涞源县某养殖场诉河北省涞源县人民政府等行政强制执行案 _ 154

事实概要 _ 154

判决结果 _ 155

案例述评 _ 156

(一)被诉行政行为法律性质之界定——代履行构成要件分析 _ 157

(二)代履行行为可诉性之法理分析 _ 158

(三)被诉行政行为可诉性之法律分析 _ 159

案例延伸 _ 161

(一)环境行政代履行的制度优势 _ 161

(二)环境行政代履行的功能定位 _ 162

(三)环境行政代履行的适用范围 _ 163

(四)环境行政代履行主体的监管责任 _ 165

法条链接 _ 168

第三章 环境刑事诉讼案例评析 ────[170]

第一节 生态破坏刑事犯罪 _ 170

田某阳、沈某贤危害国家重点保护植物案 _ 170

事实概要 _ 170

判决结果 _ 171

案例述评 _ 171

 (一)对犯罪事实的认定 _ 171

 (二)对共同犯罪的认定 _ 172

 (三)量刑情节的综合考量 _ 173

 (四)对生态破坏类刑事案件审理的指导意义 _ 174

案例延伸 _ 176

 (一)环境刑事司法的特征与功能 _ 176

 (二)环境刑事司法中"认购碳汇从宽"的适用 _ 180

法条链接 _ 186

第二节 环境污染刑事犯罪 _ 187

长兴某环保科技公司等污染环境案 _ 187

事实概要 _ 187

判决结果 _ 189

案例述评 _ 189

 (一)污染环境罪构成要件的认定 _ 189

 (二)量刑情节的认定 _ 191

 (三)刑罚的适用 _ 193

案例延伸 _ 195

 (一)环境刑事犯罪中单位犯罪的认定 _ 195

 (二)环境行政执法与刑事司法的衔接 _ 197

 (三)生态修复责任在刑事司法中的适用 _ 200

法条链接 _ 202

第四章　环境民事公益诉讼案例评析 ——————206

第一节　生态破坏领域 _ 206

某基金会诉某矿业公司生态破坏民事公益诉讼案 _ 206

　　事实概要 _ 206

　　判决结果 _ 208

　　案例述评 _ 209

　　　（一）武威市生态环境局等部门履职行为的认定 _ 209

　　　（二）生态环境修复费用与生态环境服务功能损失的认定 _ 211

　　　（三）环境民事公益诉讼中律师费用承担问题的法律分析 _ 213

　　案例延伸 _ 215

　　　（一）环境公共治理中行政执法与司法救济的功能定位与协调机制 _ 215

　　　（二）救济性与预防性环境民事公益诉讼的制度差异与制度协调 _ 216

　　　（三）风险代理在环境民事公益诉讼中的适用性研究 _ 218

　　　（四）环境民事公益诉讼中律师费用认定的法律依据与司法实践 _ 220

　　法条链接 _ 221

第二节　环境污染领域 _ 225

某环保联合会诉某重工集团、某重工长兴分公司环境污染民事公益诉讼案 _ 225

　　事实概要 _ 225

　　判决结果 _ 227

　　案例述评 _ 227

　　　（一）违法超标排放挥发性有机物的法律责任认定 _ 227

　　　（二）环境保护主管部门履职行为的认定 _ 230

(三)生态环境损害赔偿磋商与环境民事公益诉讼关系的认定 _ 231

(四)生态环境损害赔偿磋商协议履行方式的司法认定 _ 232

案例延伸 _ 233

(一)生态环境监管与生态环境损害赔偿的逻辑关系 _ 233

(二)行政权与司法权的关系理论 _ 235

(三)宜将穷尽行政执法手段作为环境民事公益诉讼的前置程序 _ 236

(四)生态环境损害赔偿磋商与环境民事公益诉讼的衔接 _ 238

法条链接 _ 239

第五章 环境行政公益诉讼案例评析 —— 243

第一节 生态破坏领域 _ 243

浙江省永嘉县人民检察院诉浙江省永嘉县自然资源和规划局
不履行土地复垦监管职责行政公益诉讼案 _ 243

事实概要 _ 243

判决结果 _ 244

案例述评 _ 244

(一)浙江省永嘉县自然资源和规划局履行土地复垦监管职责的
法定方式 _ 244

(二)浙江省永嘉县自然资源和规划局履行职责的认定标准 _ 246

(三)浙江省永嘉县自然资源和规划局怠于履行法定监管职责的
责任承担 _ 247

(四)环境行政公益诉讼中人民检察院撤回起诉的条件 _ 248

案例延伸 _ 250

(一)行政机关履行职责的认定标准 _ 250

(二)预防性环境行政公益诉讼的缺失与建构 _ 253

(三)行政机关与检察机关在生态环境治理中的协作模式 _ 257

法条链接 _ 259

第二节 环境污染领域 _ 260

甘肃省岷县人民检察院诉甘肃省岷县茶埠镇人民政府未依法履行河道生态环境监督管理职责案 _ 260

事实概要 _ 260

判决结果 _ 261

案例述评 _ 261

(一)环境行政公益诉讼诉前程序的瑕疵与完善 _ 261

(二)环境行政机关不履行法定职责的认定 _ 263

(三)环境行政公益诉讼诉讼请求的确定与变更 _ 265

(四)环境行政公益诉讼的判决类型 _ 266

(五)环境行政公益诉讼中"回头看"机制的实践效能 _ 268

案例延伸 _ 270

(一)行政权与检察权的监督制约与协同治理 _ 270

(二)监督起诉与支持起诉的界分 _ 272

(三)行政公益诉讼的社会治理功能 _ 274

法条链接 _ 277

第六章　环境刑事附带民事公益诉讼案例评析 —— 282

第一节　生态破坏领域 _ 282

李某海放火刑事附带民事公益诉讼案 _ 282

事实概要 _ 282

判决结果 _ 283

案例述评 _ 283

（一）生态公益林损毁面积及经济损失的量化评估方法 _ 283

（二）生态环境受损至修复完成期间服务功能损失赔偿数额的计算方法 _ 285

（三）环境刑事附带民事公益诉讼中生态修复责任的司法适用 _ 286

（四）替代性修复在生态环境永久性损害中的适用 _ 287

案例延伸 _ 288

（一）刑事附带民事公益诉讼的案件范围与发展路径 _ 288

（二）环境刑事附带民事公益诉讼的审理顺序 _ 290

（三）环境刑事附带民事公益诉讼中生态修复责任与金钱类环境责任的司法适用 _ 292

（四）生态修复责任作为刑事责任从轻处罚事由的探讨 _ 294

法条链接 _ 297

第二节　环境污染领域 _ 300

李某群等污染环境刑事附带民事公益诉讼案 _ 300

事实概要 _ 300

判决结果 _ 301

案例述评 _ 302

 (一)污染环境罪的构成要件 _ 302

 (二)环保部门实施代履行的程序 _ 305

 (三)刑事罚金与生态修复费用的合并适用 _ 307

 (四)缓刑的适用条件 _ 308

案例延伸 _ 309

 (一)刑事附带民事公益诉讼的起诉条件 _ 309

 (二)生态环境损害赔偿金与行政罚款、刑事罚金的适用关系 _ 311

 (三)生态环境损害赔偿金的规范使用与管理机制 _ 312

法条链接 _ 314

致 谢 —————————————————317

第一章　环境民事诉讼案例评析

第一节　噪声环境污染侵权

王某诉临沂某公司环境污染责任纠纷案

事实概要

原告：王某

被告：临沂某公司

案号：（2022）鲁1327民初633号、（2023）鲁13民终1516号、（2023）鲁民申8890号

原告王某系莒南县壮岗镇某村村民，其在村外建设养殖设施后于该处建房居住。2019年10月25日，被告临沂某公司成立，并于原告居住地东邻建设耐火材料生产车间等设施。在建设过程中，被告存在未批先建、未验先投等违法情形，因此受到临沂市生态环境局的行政处罚。原告亦多次就被告的生产行为向相关部门投诉。

2020年10月20日，原告收到被告法定代表人王某宁通过银行转账支付的20,000元。随后，同年11月3日，在被告申请环境影响评价行政审批时，原告作为相邻关系人签署了同意意见。临沂临港经济开发区行政审批服务局对被告年产耐火材料36,000吨项目的环境影响报告表作出批复,要求被告在项目设计、建设和运行管理中重点落实噪声污染防治措施,采用一系列降噪手段后,厂界噪声须满足《工业企业厂界环境噪声排放标准》(GB 12348－2008)三类标准要求,同时确保污染物达标排放且排放总量符合法律规定。

此后,原告因不满被告生产行为对其生活的影响,向临沂市生态环境局临港经济开发区分局投诉。该局组织检测机构对噪声等进行检测,检测机构出具的检测报告{山东冠嘉(检)字[2021]年第040903号}显示,厂界四周不同点位的昼夜噪声检测数据如下:厂界东昼间54.5分贝,夜间46.5分贝;厂界南昼间53.8分贝,夜间47.1分贝;厂界西昼间54分贝,夜间47.3分贝;厂界北昼间54.4分贝,夜间47.5分贝。

原告坚持认为被告的生产行为所产生的噪声和空气污染物对其正常居住和生活造成妨碍,且被告应按双方协议约定每年支付20,000元赔偿款。基于此,原告向人民法院提起诉讼,诉讼请求如下:一、判决被告停止制造噪声、排放空气污染物等侵害行为,排除对原告正常居住和生活的妨碍;二、判决被告支付双方协议约定的每年赔偿款20,000元;三、判令被告承担全部诉讼费用。

原告在起诉时提交了两份委托检测报告。其中,报告时间为2020年6月13日的山东国某环境检测有限公司检测报告显示,在原告所居住区域内设置的检测点位1、2、4处不合格。报告时间为2021年12月7日的临沂和某环境检测有限公司检测报告显示:"1#测点位置:院内昼间等效连续A声级:59.2分贝,夜间等效连续A声级:55.6分贝。2#测点位置:卧室昼间等效连续A声级:47.6分贝,夜间等效连续A声级:43.7分贝。噪声源:工业生产。"

被告在庭审中亦提交了委托检测报告。报告时间为 2020 年 12 月 17 日的山东某衡环境检测有限公司检测结果为:1#东厂界昼间 53.2 分贝,夜间 47.1 分贝;2#南厂界昼间 53.9 分贝,夜间 50.6 分贝;3#车间西侧昼间 61.1 分贝,夜间 52.4 分贝;4#北厂界昼间 57 分贝,夜间 51.9 分贝。该报告显示以上结果满足《工业企业厂界环境噪声排放标准》(GB 12348-2008)表 1 三类限值要求(昼间≤65 分贝,夜间≤55 分贝)。报告时间为 2021 年 4 月 11 日的山东某嘉环境检测有限公司检测结果为:厂界东昼间 54.5 分贝,夜间 46.5 分贝;厂界南昼间 53.8 分贝,夜间 47.1 分贝;厂界西昼间 54 分贝,夜间 47.3 分贝;厂界北昼间 54.4 分贝,夜间 47.5 分贝。报告时间为 2021 年 4 月 22 日的山东某一检测技术有限公司检测报告显示:1#厂界东 1 米处昼间等级声级 2021 年 4 月 17 日为 55.2 分贝,2021 年 4 月 18 日为 58.9 分贝;2#厂界南 1 米处昼间等级声级 2021 年 4 月 17 日为 52.9 分贝,2021 年 4 月 18 日为 55.1 分贝;3#厂界西 1 米处昼间等级声级 2021 年 4 月 17 日为 51.2 分贝,2021 年 4 月 18 日为 57.4 分贝;4#厂界北 1 米处昼间等级声级 2021 年 4 月 17 日为 56.3 分贝,2021 年 4 月 18 日为 55.6 分贝……备注:企业夜间不生产。报告时间为 2021 年 12 月 27 日的山东某衡环境检测有限公司的检测报告显示:1#东厂界昼间 55.3 分贝,夜间 44.9 分贝;2#南厂界昼间 56.7 分贝,夜间 41.3 分贝;3#西厂界昼间 57.5 分贝,夜间 45 分贝;4#北厂界昼间 58.2 分贝,夜间 47.5 分贝。备注:检测期间企业 24 小时连续生产,无法检测背景噪声。

法院曾尝试委托进行司法鉴定,但未果。

判决结果

1. 山东省莒南县人民法院经审理后作出如下判决:被告临沂某公司应于判决生效后3日内向原告王某支付2022年度精神损害赔偿金人民币3600元。此外,被告应自2023年起,至其停止当前生产行为或改进生产工艺并重新取得行政机关环境影响评价审批文件之日止,于每年12月31日前向原告王某支付当年度精神损害赔偿金人民币3600元。同时,法院驳回了原告王某的其他诉讼请求。原告王某对一审判决不服,依法提起上诉。

2. 山东省临沂市中级人民法院经审理后作出二审判决,裁定驳回上诉,维持原判。原告王某对二审判决仍不服,遂向山东省高级人民法院申请再审。

3. 山东省高级人民法院对王某的再审申请进行了审查,最终裁定驳回其再审申请。

案例述评

本案在司法实践中具有重要的示范意义,其核心在于企业生产经营权与居民生活安宁权之间的利益平衡问题。案件涉及环境噪声污染的事实认定、农村居住区域环境噪声限值标准的法律适用,以及精神损害赔偿的确定等多个复杂的法律问题。审理过程中,法官充分运用自由裁量权,体现了司法裁判的合理性与科学性,为类似案件的处理提供了有益的参考。

(一)被告生产行为是否构成环境噪声污染的认定

环境噪声是指在工业生产、建筑施工、交通运输及社会生活中产生的干扰周围生活环境的声音。环境噪声污染则是指环境噪声超过国家规定的排放标准,并对他人正常生活、工作和学习造成干扰的现象。噪声本身具有不稳定性和不规律性,其强度、频率等参数会随时间、设备运行状态等因素发生变化。此外,不同位置与噪声源的距离、相对方位以及周边环境的吸音、反射等声学特性也存在差异。加之原、被告委托的检测机构及法院委托的检测机构在检测时,具体检测位置不一致,检测环境亦存在差异,且可能存在人为干扰因素,导致检测结果的客观性、真实性和准确性难以得到充分保障。在多份检测报告结论不一致的情况下,法院结合多份检测结果,从举证责任分配、参照城市居住区域环境噪声最高限值标准等方面进行综合考量。

1. 举证责任分配

在环境污染侵权纠纷案件中,举证责任的分配遵循以下原则:受害人需对其所受损害及侵害人实施的侵害行为承担举证责任,而侵害人则对其行为不承担责任或应减轻责任,以及其行为与损害之间不存在因果关系承担举证责任。在本案中,原告提交的两份检测报告表明,被告的工业生产行为所产生的环境噪声存在超标事实,且对原告的正常居住和生活造成了实质性干扰。被告虽申请重新检测,但经合法程序未能得出有效鉴定结论。根据举证责任分配规则,由此产生的举证不能的不利后果应由被告承担。此外,针对原告主张被告承担大气污染侵权责任的诉讼请求,由于原告未能提供充分证据予以证实,法院未予支持。

2. 参照城市居住区域环境噪声最高限值标准予以判断

现行法律法规对工业企业厂家噪声排放标准有明确规定,但对农村居住区域的环境噪声限值标准却缺乏具体规范。本案中,在农村地区相关标准缺失的情况下,人民法院基于容忍义务理论,在裁判过程中参照了《声环境质量标准》(GB 3096-2008)中规定的城市居住区域环境噪声最高限值标准,即昼间55分贝(A)、夜间45分贝(A)。城市居住区域环境噪声标准是在综合考虑城市自然环境特征、社会经济条件及科学技术水平等多重因素的基础上,针对不同时段、不同功能区域设定的噪声限值技术规范,其目的在于保障城市居民的休息、工作、学习及社交等正常生活不受过度干扰。尽管农村与城市在环境特征、人口密度及生活方式等方面存在差异,但居民与村民对生活安宁的基本需求具有一致性。参照城市标准进行判定,体现了司法裁判的合理性与灵活性。此外,人民法院在裁判过程中还综合考量了行政机关调查时委托出具的检测结果、原被告双方分别委托出具的鉴定结果等多份检测数据,最终认定被告的生产行为所产生的噪声超出限值标准,对原告的正常生活造成了实质性干扰,侵害了原告的生活安宁权。

(二)被告生产行为如造成噪声污染,给原告造成的损失范围及大小的认定

1. 原告以20,000元为标准主张损害赔偿的合理性认定

在认定被告的生产行为构成噪声污染的前提下,依据环境侵权责任纠纷中的举证责任分配规则,原告仍需对被告侵权行为所造成的损失范围及大小承担举证责任。根据《环境影响评价法》的相关规定,建设项目在开工建设前必须进行环境影响评价,不得未批先建。本案中,原告作为被告的相邻关系人,理应对被告的生产行为是否存在环境污染进行真实、客观的监督。然而,原告在收取被告支付的20,000元现金后,未在行政机关对被告的环境影响评价文件进行审

批时提出异议。事后,原告以被告在环境影响评价文件审批期间支付的 20,000 元为标准,主张被告每年应赔偿其损失 20,000 元。由于原告未能提供充分证据支持其主张,且混淆了违约行为与侵权行为的法律关系,法院未支持该诉讼请求。

2. 精神损害赔偿金数额的认定

本案属于环境侵权责任纠纷,应适用无过错责任原则。即无论被告是否存在主观过错,只要其行为导致了环境污染侵权后果,即需承担相应的法律责任。在精神损害赔偿金数额的认定方面,人民法院在裁判过程中,综合考量了原告生活安宁权被侵害的客观事实、侵权责任与违约责任的本质区别、容忍义务理论的实践运用、原告居住房屋的性质及其生活条件等多重因素,依据《民法典》第 1183 条等法律规定,酌情判定被告应每年向原告支付一定数额的精神损害赔偿金。最终,法院判决被告自 2022 年起,于每年 12 月 31 日前向原告支付当年度精神损害赔偿金 3600 元,直至被告停止当前生产行为或改进生产工艺并重新取得行政机关的环境影响评价审批文件。法院这一判决不仅体现了对原告合法权益的保护,还通过经济责任的设定倒逼被告停止当前生产行为或改进生产工艺,重新取得行政机关的环境影响评价审批。本案为合法、合理地解决环境噪声污染侵权纠纷提供了有益的司法范本。

(一)司法鉴定的功能与局限

司法鉴定在案件事实认定过程中具有重要功能,但其局限性亦不容忽视。

1. 司法鉴定的功能

(1) 司法鉴定是查明事实的关键手段

在环境噪声污染等专业性较强的侵权纠纷中，司法鉴定通过科学的检测方法和专业的仪器设备，对噪声的分贝值、频率等关键指标进行精确测量，为判定是否存在环境噪声污染提供了具有高度说服力的依据。此外，司法鉴定还能够对复杂的环境污染状况进行量化分析，将抽象的污染现象转化为具体的指标数据，在审理案件时为法官提供直观、准确的判断依据，从而确保对纠纷的公正裁决，维护当事人的合法权益。

(2) 司法鉴定是责任认定的重要依据

根据《民法典》第1230条的规定，因污染环境、破坏生态发生纠纷，行为人应当就法律规定的不承担责任或者减轻责任的情形，以及其行为与损害之间不存在因果关系承担举证责任。在环境侵权领域，行政合法性并不必然免除民事责任。即使行为人达标排放，也可能因客观上对原告的正常生活造成干扰而承担相应的民事责任。司法鉴定结果可以作为被告证明其行为与损害结果之间不存在因果关系，或主张不承担责任或减轻责任的重要证据。同时，人民法院亦可基于司法鉴定结果，明确原、被告的责任划分及被告应承担责任的范围与程度。

2. 司法鉴定的局限

(1) 司法鉴定的检测具有不确定性

由于环境问题具有流动性、累积性等特征，不同鉴定机构在不同时间段、不同检测点位进行检测，可能得出不一致的结论。此外，客观上也可能存在人为干扰因素，导致检测结果的一致性和确定性难以保障。这使司法鉴定无法提供确定无疑的结论,削弱了其在案件事实认定中的作用。环境因素的复杂性和多变性进一步加剧了这一问题。例如,天气等环境因素可能导致同一家鉴定机构在不同时间、不同检测点位的检测结果差异显著,这对司法鉴定的准确性构成了重大挑战。

(2) 司法鉴定程序不尽完善

实践中,法院委托进行司法鉴定未果的情形屡见不鲜,反映出司法鉴定程序可能面临诸多阻碍。一方面,样本采集易受外部因素干扰,若未能建立有效的干扰排除机制并确保样本的统计学代表性,将直接导致鉴定结论丧失其应有的科学性与可靠性。同时,若样本管理缺乏科学、安全且可追溯的体系,样本损坏、混淆或丢失等情况可能导致鉴定工作中断或结论错误。另一方面,司法鉴定监督程序存在不足。在鉴定过程中,缺乏对检测各个环节的有效监督,部分鉴定机构可能为迎合委托方,在检测点位选择、检测时间安排及数据处理等方面存在不规范操作,导致检测结果失真。司法鉴定监督程序的不完善,使检测结果的真实性、客观性和准确性难以保障,案件事实的查明面临困境,当事人的举证责任分配亦受到影响,增加了案件审理和裁决的难度。

(3) 司法鉴定机构良莠不齐

从机构设置来看,司法鉴定机构可分为面向社会服务的鉴定机构和行业鉴定机构。前者需符合一定的准入条件,如具备相应的仪器设备、资金及人员资质等;后者则主要依托于特定行业系统,如环境科研单位附属的鉴定部门。这些机构在服务范围和专业性上可能偏向于本行业领域,其鉴定标准和程序可能与司法实践要求不完全一致,导致不同类型机构的鉴定水平和质量难以统一衡量。此外,在人员技术水平方面亦存在显著差异。从事环境司法鉴定的人员需具备声学、环境科学及相关法律知识等多学科背景。然而,部分鉴定机构的人员可能仅在某一学科领域有专长,缺乏跨学科的知识体系和综合鉴定能力,导致其鉴定报告无法准确提供符合司法要求的因果关系分析和责任界定依据。

综上所述,在环境侵权责任纠纷案件中,司法鉴定具有不可替代的功能,但也具有诸多局限。在实际应用中,需充分认识其功能与局限,结合其他证据和相关法律规定,综合判断案件事实,以实现公正合理的裁判。同时,应不断完善司法鉴定的相关制度和技术规范,提升司法鉴定的准确性和可靠性,以更好地应对日益复杂的环境侵权纠纷案件。

(二)行政执法证据在民事责任认定中的适用

经当事人质证后的行政执法证据在环境侵权民事责任的认定中具有重要作用。根据《最高人民法院关于生态环境侵权民事诉讼证据的若干规定》(法释〔2023〕6号)第25条的规定,负有环境资源保护监督管理职责的部门及其所属或委托的监测机构在行政执法过程中收集的监测数据等材料,经当事人质证,可作为认定案件事实的依据。这表明,行政执法部门在日常监管执法过程中收集的监测数据及其他证据材料,在民事侵权案件的关键事实认定环节能够提供重要支持,成为人民法院判定侵权行为是否成立的重要依据。

然而,为确保民事责任认定的公允性,行政机关在收集行政执法证据时,必须确保数据的精确性与可靠性。以噪声检测为例,受检测位置、环境条件及人为干扰等因素的影响,各方检测结果可能存在显著差异。因此,法院需对行政机关提供的检测报告进行严格审查,综合评估其样本采集、检测流程及分析方法是否科学合理,以确定其能否真实、客观地反映侵权事实的全貌。这对行政执法的规范性与专业性提出了较高要求。

在司法实践中,法院可能采纳的证据类型主要包括以下几类:第一,负有环境资源保护监督管理职责的部门收集的材料。负有环境资源保护监督管理职责的部门在行政执法过程中收集的与环境相关的材料,包括通过专业设备和科学方法对环境要素进行监测所获取的监测数据;针对环境相关事件展开调查后形成的事件调查报告;对环境样本、污染物等进行检验检测后出具的检验检测报告;对生态环境损害程度、环境修复方案及所需费用等方面进行评估形成的评估报告;等等。第二,负有环境资源保护监督管理职责的部门所属或委托监测机构收集的材料。这些监测机构受相关部门管理或委托开展工作,其在行政执法过程中所收集的各类资料同样具有重要价值。例如,对污染源排放情况长期跟踪监测所形成的记录、对特定区域环境质量变化监测的数据汇总等。这些材料能够从专业角度为环境侵权案件的事实认定提供有力支持。第三,公安机关单独或会同相关部门提取样品进行检测获取的数据。公安机关在处理涉及环境侵权的案件时,无论是单独行动还是会同负有环境资源保护监督管理职责的部门,其提取样品(如环境污染刑事案件中的相关物证样品等)进行检测所获得的数据,因其检测过程的规范性和权威性,在经过当事人质证后,亦可成为认定环境侵权案件事实的依据,帮助法院更准确地判断案件中的侵权事实及责任归属。

简言之,行政执法证据在环境侵权民事责任认定中具有重要作用,但其适用需以数据的精确性、可靠性及程序的规范性为前提。法院在审查此类证据时,应结合案件具体情况,综合评估其科学性与合法性,以确保裁判结果的公正性与合理性。

(三)举证责任的分配与举证不能的后果

在环境污染责任纠纷案件中,举证责任的合理分配对案件的公正裁决具有决定性作用。不同责任主体承担的举证责任存在差异,而举证不能则会导致相应的法律后果,直接影响案件的审理结果。

1. 举证责任分配规则

根据《最高人民法院关于生态环境侵权民事诉讼证据的若干规定》第2条的规定,被侵权人主张因污染环境、破坏生态行为遭受损害,应当举证证明下列事实:(1)损害已经发生或有遭受损害的危险;(2)污染环境、破坏生态的行为已经发生;(3)该行为与损害之间具有关联性。在环境污染侵权纠纷中,受害人需对其所受损害及侵害人实施的侵害行为、行为与损害之间的关联性承担举证责任。受害人的举证责任为其诉讼请求的提出提供必要的证据支持。

《民法典》第1230条规定:因污染环境、破坏生态发生纠纷,行为人应当就法律规定的不承担责任或者减轻责任的情形,以及其行为与损害之间不存在因果关系承担举证责任。行为人的举证责任为其主张不承担责任或减轻责任,以及其行为与损害之间不存在因果关系提供法律依据。

2. 举证不能的后果

(1)受害人举证不能的后果。受害人需对其所受损害及侵害人实施的侵害行为承担举证责任。若受害人举证不能,例如,无法提供其因环境污染遭受实际损害的医学诊断、财产损失评估等有效证据,或无法证明污染来源确系侵权人所为(如缺乏污染排放与侵权人生产行为关联的有力证明材料),则法院难以认定侵权行为成立。在此情况下,受害人提出的停止侵害、赔偿损失等诉求将难以获得支持,其合法权益的维护将面临困境。

(2)侵害人举证不能的后果。侵害人需就其不承担责任或减轻责任,以及其行为与损害之间不存在因果关系承担举证责任。在上述案件中,被告虽辩称其行为不构成噪声污染,并申请司法鉴定,但由于噪声检测受检测位置、环境变化及可能存在的人为干扰等多种因素制约,最终未能得出鉴定结论。根据举证责任分配规则,举证不能的不利后果应由被告承担。因此,法院判定被告的生产行为产生的噪声对原告的正常生活造成了实质性干扰,进而认定被告需承担支付精神损害赔偿金等责任。若被告能够成功举证,则可能无须承担或减轻其责任范围与程度。

综上所述,在环境污染责任纠纷案件中,举证责任的分配依据法律规定及案件性质而定,双方当事人均需积极履行举证义务。举证不能将导致对自身不利的法律后果。这一规则旨在促使当事人在诉讼中积极提供证据,以便法院能够准确认定事实,公正裁决案件,从而平衡环境污染纠纷中各方的利益关系,维护社会公平正义与生态环境权益。

(四)容忍义务的理论缘起与适用场域

1. 容忍义务的理论缘起

(1)相邻关系的和谐共存

在民法框架下,相邻关系的核心在于协调不动产相邻各方之间的利益冲突,以实现物尽其用与和谐共处。相邻各方基于地理位置的毗邻性,在行使自身权利时可能对相邻方产生一定的影响。相邻关系的存在使各方权利行使既相互依存又相互制约,而容忍义务则是维持这种平衡的内在要求。其目的在于避免因过度强调一方权利而导致相邻关系陷入僵局,从而保障相邻区域的和谐稳定与可持续发展。

(2) 利益衡平的妥善考量

从社会整体利益的角度出发,现代社会是一个高度相互依存的共同体,工业生产是推动经济发展与社会进步的重要力量。若因个别相邻者对轻微环境影响零容忍而禁止企业正常生产经营,将会对社会经济秩序造成严重冲击,阻碍资源的有效配置与社会财富的创造。因此,在一定程度上要求相邻者承担容忍义务,是为了兼顾个体权益与社会公共利益,促进社会整体的可持续发展。

(3) 权利行使的合理限制

权利并非绝对无边界,当不同主体的权利发生冲突时,基于公平原则,需要对权利的行使进行必要且合理的限制。在环境污染责任纠纷中,污染者的生产经营权与相邻者的安宁生活权不可避免地存在冲突。化解冲突的有效途径即对权利行使进行合理限制。这种限制以公平为尺度,要求污染者在享受生产经营权的同时,积极采取措施减少对相邻者的不利影响;而在污染者未超出合理限度时相邻者应予以容忍。这种权利限制与平衡机制,确保了双方在公平的基础上共享相邻空间资源,避免一方过度受益而另一方过度受损。

2. 容忍义务的适用场域

(1) 环境侵权的轻微性

根据《民法典》第1229条之规定,污染环境、破坏生态造成他人损害的,侵权人应当承担侵权责任。在本案中,对于噪声污染这一环境侵权行为,需判断其是否对原告王某造成实质性损害。若噪声仅略微超出标准值,未导致王某出现失眠、精神衰弱等健康问题,也未严重干扰其正常的生活作息、工作学习效率等,即未达到"造成损害"的程度,则可认定为轻微侵权。若检测结果显示噪声超标幅度有限,且王某的日常活动未受明显阻碍,基于公平原则与侵权责任构成要件,王某应承担一定的容忍义务。然而,若王某提供的检测报告表明院内昼间等效连续 A 声级高达 59.2 分贝,严重影响了其生活秩序,超出一般轻微干扰范围,则被告临沂某公司应依据《民法典》相关规定承担侵权责任,此时容忍义务不再适用。

(2)行政合规性与预防措施

根据《环境影响评价法》第 25 条以及《环境保护法》第 42 条之规定,建设项目的环境影响评价文件未依法经审批部门审查或审查后未获批准的,建设单位不得开工建设。同时,排放污染物的企事业单位和其他生产经营者,应当采取必要的污染防治措施,有效预防和控制其在生产建设及其他活动中产生的各类污染物,包括但不限于废气、废水、废渣、医疗废物、粉尘、恶臭气体、放射性物质,以及噪声、振动、光辐射、电磁辐射等环境污染物,防止其对生态环境造成污染损害。本案中,若被告临沂某公司在获得环境影响评价文件后依法开展生产经营并采取必要的污染防治措施,则符合行政合规性要求。此外,当被告按批复要求采用低噪声设备,并落实隔声、消音、减振、增距、绿化等降噪措施时,依据《民法典》第 288 条规定的相邻关系处理原则,即不动产的相邻权利人应按照有利生产、方便生活、团结互助、公平合理的原则正确处理相邻关系,相邻者应在一定程度上容忍可能残余的轻微环境影响。反之,若被告存在未批先建、未验先投等违反《环境影响评价法》《环境保护法》的行为,如本案中被告前期的违法建设,则相邻者的容忍义务应依据相关法律规定相应减轻甚至免除,被告需对侵权后果承担全部责任。

(3) 地域与环境特性

尽管我国尚无针对农村居住区域环境噪声限值的专门标准,但根据《民法典》第294条的规定,不动产权利人不得违反国家规定弃置固体废物,排放大气污染物、水污染物、土壤污染物、噪声、光辐射、电磁辐射等有害物质。农村地区环境相对开阔、人口密度较低,一般居民对噪声等环境干扰的容忍度相对较高。然而,在本案中,原告王某在被告建设生产车间之前已在此居住,其对原有居住环境的安宁享有既得权益。根据《民法典》第6条的规定,民事主体从事民事活动应遵循公平原则,合理确定各方的权利和义务。因此,需综合考量王某的居住历史、当地环境惯常状态以及被告生产行为对该特定环境的改变程度等因素来判断容忍义务。若被告的生产行为导致噪声水平大幅超出当地以往常态,即便处于农村地区,依据上述法律原则与侵权责任的法条规定,也可能超出王某基于其居住历史与环境预期的容忍限度。

法条链接

1.《民法典》

第九条　民事主体从事民事活动,应当有利于节约资源、保护生态环境。

第二百九十四条　不动产权利人不得违反国家规定弃置固体废物,排放大气污染物、水污染物、土壤污染物、噪声、光辐射、电磁辐射等有害物质。

第一千一百六十六条 行为人造成他人民事权益损害,不论行为人有无过错,法律规定应当承担侵权责任的,依照其规定。

第一千二百二十九条 因污染环境、破坏生态造成他人损害的,侵权人应当承担侵权责任。

第一千二百三十条 因污染环境、破坏生态发生纠纷,行为人应当就法律规定的不承担责任或者减轻责任的情形及其行为与损害之间不存在因果关系承担举证责任。

2.《最高人民法院关于生态环境侵权民事诉讼证据的若干规定》（法释〔2023〕6号）

第二条 环境污染责任纠纷案件、生态破坏责任纠纷案件的原告应当就以下事实承担举证责任：

（一）被告实施了污染环境或者破坏生态的行为；

（二）原告人身、财产受到损害或者有遭受损害的危险。

第三条 生态环境保护民事公益诉讼案件的原告应当就以下事实承担举证责任：

（一）被告实施了污染环境或者破坏生态的行为,且该行为违反国家规定；

（二）生态环境受到损害或者有遭受损害的重大风险。

第四条 原告请求被告就其污染环境、破坏生态行为支付人身、财产损害赔偿费用,或者支付民法典第一千二百三十五条规定的损失、费用的,应当就其主张的损失、费用的数额承担举证责任。

第五条 原告起诉请求被告承担环境污染、生态破坏责任的,应当提供被告行为与损害之间具有关联性的证据。

人民法院应当根据当事人提交的证据,结合污染环境、破坏生态的行为方式、污染物的性质、环境介质的类型、生态因素的特征、时间顺序、空间距离等因素,综合判断被告行为与损害之间的关联性是否成立。

第二十五条　负有环境资源保护监督管理职责的部门及其所属或者委托的监测机构在行政执法过程中收集的监测数据、形成的事件调查报告、检验检测报告、评估报告等材料,以及公安机关单独或者会同负有环境资源保护监督管理职责的部门提取样品进行检测获取的数据,经当事人质证,可以作为认定案件事实的根据。

第二节　水污染环境侵权

张某等12户农户诉某运输公司、李某、罗某、某盐矿、某保险公司等盐卤水泄漏环境污染责任纠纷案

事实概要

原告:张某等12户农户

被告:某运输公司、李某、罗某、某盐矿、某保险公司

案号:(2023)川0322民初2589号

张某等12户农户为某县来牟镇某村某农业合作社成员,其承包的田土、树木、水井、鱼塘、果树等位于某盐矿盐卤水管道下方。2020年8月7日6时,李某雇请的驾驶员罗某驾驶川C×××××号重型货车在某县来牟镇某商贸有限公司内倒车时,因未查明车后情况,碰撞并损坏盐卤水管道,导致盐卤水流进张某等12户农户承包的田地,造成农田内水稻、菜地、果树、水井、鱼塘等污染受损。

事故发生后,村组干部组织农户核对受损现场,并依据某盐矿之前的赔偿标准制作了《农户损失核算表》,由张某等 12 户农户签字确认。同时,法院依职权调取了某盐矿《2020—2022 年污染赔偿统计表》,其中载明了历年执行的稻谷、菜地、桉树、水井等赔偿单价。案件审理过程中,法院就盐卤水泄漏造成的环境污染及鉴定事项咨询了某县土肥站专家。专家意见表明,盐卤水泄漏会导致地下水位变化、地表浅层土壤盐渍化、土壤板结与肥力下降,抑制作物生长,导致农作物减产甚至绝收,但具体的损害后果需通过科学鉴定才能确定。

某县公安局交通警察大队认定罗某负事故全部责任。李某系事故车辆的实际所有人,某运输公司为挂靠公司,某保险公司为承保公司。张某等 12 户农户认为李某和某运输公司应对此次事故承担连带责任,某保险公司应依法承担保险责任。各方当事人就赔偿事宜未能达成一致,张某等 12 户农户遂向人民法院提起诉讼,请求判令某运输公司、李某、罗某、某盐矿及某保险公司赔偿各项损失。

被告某运输公司对事故过程及交警部门的责任认定无异议,但辩称盐卤水流出范围及损害后果与本案交通事故的因果关系,需进一步调查核实。其指出,张某等 12 户农户的损失金额未经鉴定且缺乏证据支持,《农户损失核算表》为单方制作,受损面积计算方法和标准不合理。此外,农户主张的稻谷损失属于可得利益的间接损失,不应予以支持。其强调,事故车辆的实际所有人和掌控人均为李某,罗某受雇于李某从事驾驶工作,事故发生在保险期内,且某保险公司未向投保人尽到提示说明义务,因此损失应由李某和某保险公司承担。同时,张某等 12 户农户与某盐矿在事故发生后未采取有效措施防止损失扩大,存在过错,亦应承担相应责任。故请求驳回张某等 12 户农户的诉讼请求。

被告李某对事故发生过程及交警部门责任认定无异议,但辩称案涉车辆登记车主为某运输公司,本次事故与其无关。其指出,张某等 12 户农户仅提交了《农户损失核算表》,主张的损失金额缺乏依据。本次事故泄漏的盐卤水并未淹没农户的所有田土,按产权面积计算损失不合理。此外,张某等 12 户农户在受损 3 个月后统计受损面积的方式存在问题,统计数据不真实。其还主张,稻谷未收获属于可得利益的间接损失,不应赔偿。其强调,案涉事故发生在保险期内,若原告主张的损失成立,则应由某保险公司赔偿,某保险公司的免责理由不成立。

被告某保险公司对事故过程及交警部门的责任认定无异议,并确认事故发生在保险期内。但其辩称,张某等 12 户农户主张的损失范围及金额均无证据证明该事故系盐卤水泄漏所致,且未经科学鉴定,不能反映真实的受损情况。被告某保险公司还指出,《农户损失核算表》为单方制作,不能作为定案依据。其仅同意赔偿因交通事故导致盐卤水管道损坏的直接损失,因保险合同明确约定了环境污染免责条款,且其已尽到提示说明义务,故不应赔偿因盐卤水泄漏造成环境污染的间接损失。

被告某盐矿辩称,损害后果系交通事故引起,其自身为受害者,对张某等 12 户农户的损害无过错且无法律上的因果关系。其指出,事故发生后,其已及时对事故现场进行处置,并基本认可农户主张的赔偿标准。被告某盐矿认为,应由农户向实际车主索赔,自身不应承担赔偿责任。

判决结果

四川省富顺县人民法院于 2023 年 10 月 30 日作出如下判决：(1)限某保险公司支公司于本判决生效之日起 10 日内，向张某等 12 户农户分别支付 400.00 元至 12516.80 元不等的损失赔偿金。(2)驳回张某等 12 户农户的其他诉讼请求。宣判后，各方当事人均未提出上诉，判决已发生法律效力。

案例述评

本案的争议焦点主要集中于以下三个方面：一是原告所受损失与交通事故之间因果关系的认定；二是损失范围和损失金额的认定；三是赔偿义务主体的认定。

(一)原告所受损失与交通事故之间因果关系的认定

在本案中，认定原告所受损失与交通事故之间的因果关系是核心环节。根据《最高人民法院关于生态环境侵权民事诉讼证据的若干规定》，原告提供的《道路交通事故责任认定书》明确证实了交通事故导致盐卤水管道损坏并引发泄漏的事实。此外，原告提交的现场照片与法院的现场勘查结果高度吻合，清晰显示了原告的农田及树木位于被撞盐卤水管道的下方区域。基于"水往低处流"这一自然规律，盐卤水在泄漏后必然流入管道下方区域，从而对原告的农田及树木造成污染。因此，综合上述证据，法院认定原告的损失与涉案交通事故之间存在明确的因果关系。这一认定过程严格遵循了相关证据规则，充分考虑了能够证明因果关系的各项因素，为后续的责任认定和赔偿确定奠定了坚实的法律基础。

(二)损失范围和损失金额的认定

1. 受损范围与种类的认定

张某等12户农户的受损范围及种类主要依据《农户损失核算表》进行确定。该核算表由事发后当地村组干部依据职权进行多次核实与统计后编制完成。在缺乏其他有力证据而不足以推翻其真实性的情况下,法院认为该核算表具有一定的真实性与合理性。然而,由于盐卤水泄漏事故发生至诉讼时已逾3年,受污染的农田、农作物等状况相较于损害发生时已发生显著变化,启动司法鉴定缺乏现实可行性。依据《最高人民法院关于生态环境侵权民事诉讼证据的若干规定》,法院通过综合已查明的案件事实及其他相关证据,对损失范围进行了合理认定。例如,在评估农作物受损范围时,尽管无法进行精确的司法鉴定,但结合事故发生时的现场记录、周边类似情况的对比分析,以及农业专家关于盐卤水污染对不同农作物影响的一般性意见,法院对水稻、菜地等的受损面积及程度进行了合理估算。对于果树等树木的受损认定,除考虑现场可见的枯萎、死亡情况外,还参考了树木的生长周期、当地土壤及气候条件对其恢复能力的影响等因素,力求全面、准确地认定受损范围及种类。

2. 损失金额的认定

关于损失金额的认定,法院参照了某盐矿历年赔偿标准及市场价格进行综合评估。若农户主张的赔偿标准与某盐矿历年赔偿标准相同或高于其标准,则以某盐矿历年赔偿标准为准;若低于该标准,则以农户主张的赔偿标准为准;若农户主张的赔偿标准无法与某盐矿历年赔偿标准进行比较,法院则结合案件具体情况并参考市场价格进行最终确认。例如,在确定稻谷损失时,法院综合考虑了当地稻谷市场价格的波动情况、历年某盐矿因类似污染对稻谷赔偿的价格区间,以及农户所种植稻谷的品种、产量预期等因素。对于菜地损失,法院参考了当地蔬菜种植的平均成本、市场销售价格以及盐卤水污染对菜地土壤肥力恢复周期的影响等因素,综合确定了赔偿金额。这种损失金额的认定方式,既考虑了行业惯例与历史经验,又兼顾了农户的实际情况及市场的动态变化,在缺乏精确司法鉴定的情况下,尽可能实现了损失金额认定的公平性与合理性。

(三)赔偿义务主体的认定

1. 直接侵权人的认定

依据《民法典》的相关规定[1],本案中某盐矿虽为盐卤水的所有者,且盐卤水泄漏造成了环境污染,但该泄漏由交通事故引发,并非某盐矿自身过错所致。事故发生后,某盐矿及时对现场进行了处置,并与农户就赔偿标准达成一致意见,表明其并无过错。因此,尽管某盐矿是环境污染的直接实施者,但依据上述法律规定,在第三人存在过错的情况下,某盐矿不应承担赔偿责任。

2. 第三责任人的认定

罗某系李某雇请的驾驶员,李某为车辆的实际使用控制人,依据《民法典》的相关规定[2],雇员在执行职务行为过程中造成他人损害的,应由雇主承担侵权责任。本案中,罗某驾驶车辆属执行职务行为,由此产生的赔偿责任应由雇主李某承担。

---

[1]《民法典》第1233条规定,因第三人的过错污染环境、破坏生态的,被侵权人可以向侵权人请求赔偿,也可以向第三人请求赔偿。侵权人赔偿后,有权向第三人追偿。

[2]《民法典》第1192条第1款第1句规定,个人之间形成劳务关系,提供劳务一方因劳务造成他人损害的,由接受劳务一方承担侵权责任。

川 C×××××号重型货车在某保险公司投保了交强险和第三者责任险,根据《保险法》的相关规定[1],只要事故属于保险责任范围,保险公司即应按照合同约定承担赔偿责任。对于某保险公司提出的免责理由,若其未能提供充分有效的证据,则其免责主张不能成立。在保险责任认定中,某保险公司需严格依照法律规定及合同约定履行义务,以保障被保险人与受害者的合法权益。

案例延伸

(一)环境侵权惩罚性赔偿

1. 主观要件

在环境侵权惩罚性赔偿的主观构成要件方面,学界存在不同观点。有学者主张,主观要件应限定为故意,即侵权人必须违反国家规定,主观上具有污染环境、破坏生态的故意,并造成他人人身或财产的严重损害,方可适用惩罚性赔偿。[2] 这一观点强调对恶意侵权行为的严厉制裁,符合惩罚性赔偿制度的初衷,即通过高额赔偿威慑潜在的侵权行为。亦有学者提出,主观要件不仅应包括"明知+实施"或"明知+放任"两种故意情形,还应将重大过失纳入其中。[3] 从实践角度来看,某些重大过失导致的环境侵权事件,其危害后果与故意侵权并无显著差异。例如,企业疏于对环保设备的维护,导致污染物大规模泄漏,对生态环境及公众

---

[1]《保险法》第 65 条第 1 款规定,保险人对责任保险的被保险人给第三者造成的损害,可以依照法律的规定或者合同的约定,直接向该第三者赔偿保险金。

[2] 参见谢秋凌:《生态环境侵权惩罚性赔偿责任的证成及适用——兼评〈民法典〉第一千二百三十二条》,载《广西社会科学》2021 年第 1 期。

[3] 参见梁勇、朱烨:《环境侵权惩罚性赔偿构成要件法律适用研究》,载《法律适用》2020 年第 23 期。

健康造成严重损害。若仅将主观要件限定为故意,此类重大过失行为可能无法受到惩罚性赔偿的规制,从而削弱了对生态环境及受害者权益的保护力度。然而,将重大过失纳入主观要件亦需谨慎,因其与故意在主观恶性程度上存在差异,过度扩展主观要件范围可能加重企业负担,进而对经济发展产生不利影响。

2. 损害结果

关于损害结果的认定,学界存在不同观点。有学者主张,损害结果应限于私益损害,即侵权行为对他人人身或财产造成的直接损害。[1] 这一观点强调对个体权益的保护,与传统侵权责任法中损害结果的认定思路一致。与之相对,有学者突破私益救济的逻辑限制,认为损害结果不仅应包括私益损害,还应涵盖较大及以上的突发环境事件与在特定区域实施的污染环境和破坏生态行为等。[2] 这一观点充分考虑了环境侵权的特殊性。生态环境具有公共属性,环境侵权行为不仅影响私人权益,还会对公共生态环境造成广泛且深远的破坏。例如,在自然保护区内违规开发,不仅损害了周边居民的利益,还对整个生态系统的平衡构成威胁。将公共生态损害纳入损害结果的认定范围,更符合环境侵权的复杂特性,有助于全面评估环境侵权行为的危害程度,进而谨慎适用惩罚性赔偿规则。

3. 行为违法性

学界在行为违法性方面达成了共识,均认为环境侵权行为必须

---

[1] 参见谢秋凌:《生态环境侵权惩罚性赔偿责任的证成及适用——兼评〈民法典〉第一千二百三十二条》,载《广西社会科学》2021年第1期。

[2] 参见梁勇、朱烨:《环境侵权惩罚性赔偿构成要件法律适用研究》,载《法律适用》2020年第23期。

具备违法性。然而,在具体的行为表现形式上,违法性具有丰富的内涵。环境侵权行为既可以通过积极作为的方式呈现,如企业故意违反环保标准,超标排放污染物;也可以通过消极不作为的方式表现,如相关监管部门未履行监管职责,或企业对环境隐患未采取有效措施加以消除。明确行为违法性的多种表现形式,有助于在司法实践中准确认定环境侵权行为,为惩罚性赔偿的适用提供坚实的法律基础。

4. 请求权主体

关于环境侵权惩罚性赔偿的请求权主体,当前有权提起该请求权的主体包括检察机关、社会组织以及政府及其指定部门。检察机关基于其维护公共利益的法定职责,在环境公益诉讼中发挥着重要作用;社会组织凭借其专业性和灵活性,能够更有效地推动环境侵权案件的处理;政府及其指定部门则因其行政资源优势,在环境监管和侵权处理方面具有权威性。

未来可将请求权主体限缩为社会组织和政府及其指定部门,这一建议具有合理性。社会组织在长期的环境公益实践中积累了丰富经验,能够更专业地应对环境侵权案件;政府及其指定部门在行政监管过程中,对环境问题的把握更为直接和全面。限缩请求权主体有助于优化资源配置,提高诉讼效率,避免多个主体参与可能导致的职责不清和资源浪费。此外,在第三人侵权的情形下,明确将第三人列为承担惩罚性赔偿责任的主体,能够有效避免责任推诿现象,切实保障受害者的合法权益。

5. 因果关系举证责任

在因果关系的举证责任方面,宜回归传统侵权责任模式,即由被侵权人承担举证责任，并须达到"真实的高度盖然性"标准。环境侵权案件中，因果关系的认定具有高度复杂性和专业性。一方面，被侵权人面临信息不对称的困境，侵权企业往往掌握更多的生产工艺和污染排放信息，而被侵权人难以获取；另一方面，环境侵权的因果关系可能涉及多学科知识，技术鉴定难度较大。

然而，若完全减轻被侵权人的举证责任，可能引发滥诉风险，导致司法资源的浪费。"真实的高度盖然性"标准在一定程度上实现了双方利益的平衡。它要求被侵权人提供证据，合理证明侵权行为与损害结果之间存在因果关系，如此，既保障了被侵权人的求偿权，又防止了无端诉讼，确保了司法的公正性和严肃性。

(二) 环境侵权中"第三人"的界定与责任认定

在环境侵权领域，"第三人"的界定及其相关责任认定是一个兼具理论复杂性与实践重要性的问题。对其展开深入研究，不仅有助于法律的准确适用与责任的合理分配，还对保护各方合法权益及生态环境具有深远意义。

第三人在环境污染侵权实践中呈现出多种面相。这种多样性反映了现实情境中第三人的复杂性，为其准确认定带来了显著挑战。例如，在某些案例中，表面上看是第三人引发了污染，但实际上可能涉及多方主体之间的复杂关系。因此，对第三人的认定不能仅依赖于表象，而需深入分析其行为与损害结果之间的实质联系。同时，对第三人范围进行明确具有必要性。首先，污染物管理过程的参与者不应被认定为第三人。污染物管理是相关主体的法定义务，若将参与者认定为第三人，可能导致主要责任主体逃避责任，从而削弱环境保护的效果。例如，负责工业废弃物处理的企业，在运输过程中因管理不善导致废弃物泄漏并污染环境,不应将运输者视为第三人,否则可能使产生废弃物的企业逃避其对污染后果的主要责任。其次,建筑工程中的施工单位通常也不应被认定为第三人。建筑工程施工活动处于特定的监管框架内,施工单位有义务遵守环保法规。若因施工中的违规操作破坏地下排污管道并引发污染而将施工单位认定为第三人,可能导致建设单位或其他相关主体规避责任,从而不利于环境污染问题的有效解决。

在责任分担机制方面,宜建立按份责任与不真正连带责任混合的责任分担机制。按份责任适用于能够明确各主体造成的损害份额的情形,使各主体按比例承担责任,体现公平原则。在多个污染源共同导致环境损害的情况下,应通过科学评估确定各污染源的损害比例,各主体按此比例承担赔偿责任。不真正连带责任则适用于无法准确区分各主体损害份额,或部分主体对损害负主要责任、其他主体负补充责任的情形。第三人过错导致环境污染时,侵权人与第三人虽均对损害负责,但侵权人先行承担赔偿责任后,可向第三人追偿。这种责任分担机制既保障了受害者的求偿权,又避免了责任主体之间的推诿,实现了责任的合理分配。

(三)连带责任与按份责任的适用界分

在环境侵权责任认定中,连带责任与按份责任的适用界分是一个关键问题,其涉及多主体间责任的合理分配。

1.环境侵权第三方治理中的责任界定

在环境污染第三方治理模式下,侵权责任的界定需综合考虑排污企业与治污企业之间的基础关系及合同效力。这对连带责任与按份责任的适用具有重要影响。若两者之间的合同明确约定了责任分担方式,且该约定符合法律规定,则可能倾向于适用按份责任。若合同约定治污企业仅对特定处理环节的失误负责,那么在该范围内治污企业应承担按份责任。然而,若两者之间的基础关系不清晰,合同效力存疑,且侵权行为导致的损害具有不可分性,则基于保护受害人权益的考量,可能更倾向于适用连带责任。治污企业技术违规操作与排污企业监管不力共同导致严重污染,且受害人难以区分两者的责任比例时,适用连带责任更能保障受害人的赔偿权益。

2. 环境侵权惩罚性赔偿中的责任考量

环境侵权惩罚性赔偿制度适用于人身、财产及生态环境严重损害的情形。在确定惩罚性赔偿金基数及责任承担时,连带责任与按份责任的适用需进行细致权衡。若多个侵权主体对生态环境造成严重损害,且其行为相互关联、难以区分责任主次,如多家企业违规排放导致特定区域生态系统崩溃,则可能适用连带责任,以强化对侵权行为的威慑效果。然而,当能够明确各主体对生态环境修复期间服务功能损失和永久性损害的责任比例时,适用按份责任更为适宜,其能够确保责任与行为之间的匹配性。

3. 数人环境侵权责任形态体系构建

数人环境侵权责任的承担因行为表现形态多样、责任考量因素复杂而充满挑战。构建以连带责任和按份责任为中心,辅以非典型责任形态的体系,有助于解决这一困境。对于数人环境侵权行为,若各侵权人的行为具有共同故意或共同过失,如联合非法倾倒污染物,则应承担连带责任,以强化法律对恶意侵权行为的规制。然而,当数人行为对环境损害的原因力可区分时,如不同企业排放不同污染物,对环境造成累积性损害且能够确定各污染物的贡献比例,适用按份责任更为公平,其能够合理划分各侵权人的责任范围。

连带责任与按份责任在环境侵权中的适用界分需综合考量多方面因素。从第三方治理的基础关系与合同效力,到生态环境侵权惩罚性赔偿的特殊情形,再到数人环境侵权行为的具体形态,只有全面权衡,才能实现责任的合理分配。这不仅有助于有效保护生态环境和受害人权益,还能确保责任承担符合公平正义原则,从而促进环境法在实践中的精准适用。

(四)环境污染责任保险的险种与承保范围

环境污染责任保险作为应对环境风险的重要制度工具,其险种设计与承保范围的合理界定具有重要的理论与实践意义。

1. 险种设计:强制保险模式的必然性

相较于第一方保险,责任保险在应对环境风险方面具有显著的制度优势,应成为优先选择的保险工具。然而,由于市场机制在实现责任保险最优效果方面存在局限性,尤其是在抽象环境风险与我国具体国情的背景下,强制保险模式成为必然选择。环境污染具有复杂性、广泛性和潜伏性等特点,仅依赖市场主体自愿投保难以有效分散风险。强制保险模式能够确保更多潜在污染者参与其中,增强风险共担能力,从而为环境污染侵权的受害人提供更为稳定的保障。

2. 承保范围的困境与平衡

(1)主体结构失衡

环境污染强制责任保险的保险利益存在主体结构失衡问题。传统上,保险利益主要归属于被保险人,但基于环境污染侵权行为的特征以及强制保险对第三人利益倾斜性保护的特殊性,在特定情形下,第三人应基于保险利益向保险人行使直接请求权。例如,当被保险人无力承担巨额赔偿责任时,赋予第三人直接请求权能够更好地保障其权益,实现保险的风险分散与损害填补功能。

(2)时空建构失衡

在时间维度上,与环境治理"预防为主"的理念相呼应,被保险人从保险合同订立至保险事故发生的整个期间都应具有保险利益。这有助于促使被保险人在保险期间内持续关注环境风险,积极采取预防措施,从而减少环境污染事故的发生。在空间维度上,承保范围可能因地域差异而面临界定难题,需综合考虑不同地区的环境敏感性、产业分布等因素,合理确定承保区域范围,以平衡保险人与被保险人的利益。

(3)内容体系失衡

环境污染责任保险的承保范围在内容体系上存在失衡现象。一方面,生态环境损害赔偿责任和惩罚性赔偿责任具有可保性,但由于侵权责任构成要件的差异,生态环境损害赔偿责任与一般的环境污染赔偿责任在承保时应作区分。另一方面,纯粹经济损失与对环境自身的损害责任是否纳入承保范围需谨慎权衡。尽管将其纳入承保范围能够更全面地应对环境风险,但这也对保险人的承受能力提出了挑战。因此,需通过谨慎设计承保范围、控制被保险人范围等方式实现利益平衡。

3. 生态环境损害纳入承保范围的考量

由于环境侵权损害的特殊性,传统侵权救济模式难以满足现实需求。环境侵权社会化救济通过风险分散化保护和平衡当事人权益,能够有效应对环境侵权问题。环境侵权损害后果的多元性与救济的困难性决定了将生态环境损害纳入环境污染责任保险的责任范围是优化和发展该保险的应然之举。从可行性基础来看,系统论、公私法协动理论以及环境损害认定规范化的制度保障为其提供了理论支持。在实际操作中,仍需针对生态环境损害的特殊性,从保险普及、承保和理赔等关键环节着手。例如:细化环境污染责任保险的模式与费率规则,根据不同行业、不同区域的环境风险程度制定差异化费率;优化期内索赔承保方式,以适应生态环境损害发现的滞后性;合理限定承保区域范围,避免保险人承担过高风险;明确除外责任,确保保险责任的合理界定。这些措施能够推动生态环境损害在立法上进入承保范围,真正落实生态环境损害赔偿责任。

总体而言,环境污染责任保险的险种设计与承保范围涉及复杂的理论与实践问题。强制保险模式的选择为应对环境风险奠定了制度基础,而承保范围的合理界定则需要平衡主体结构、时空建构和内容体系等多方面的关系。特别是将生态环境损害纳入承保范围,需综合考虑各种因素,通过精细化的制度设计,实现保险制度在环境保护中的最大效能,促进经济发展与环境保护的协调共进。

法条链接

1.《民法典》

第一千二百二十九条　因污染环境、破坏生态造成他人损害的,侵权人应当承担侵权责任。

第一千二百三十条　因污染环境、破坏生态发生纠纷,行为人应当就法律规定的不承担责任或者减轻责任的情形及其行为与损害之间不存在因果关系承担举证责任。

第一千二百三十三条 因第三人的过错污染环境、破坏生态的,被侵权人可以向侵权人请求赔偿,也可以向第三人请求赔偿。侵权人赔偿后,有权向第三人追偿。

2.《保险法》

第六十五条第一款、第二款 保险人对责任保险的被保险人给第三者造成的损害,可以依照法律的规定或者合同的约定,直接向该第三者赔偿保险金。

责任保险的被保险人给第三者造成损害,被保险人对第三者应负的赔偿责任确定的,根据被保险人的请求,保险人应当直接向该第三者赔偿保险金。被保险人怠于请求的,第三者有权就其应获赔偿部分直接向保险人请求赔偿保险金。

3.《道路交通安全法》

第七十六条 机动车发生交通事故造成人身伤亡、财产损失的,由保险公司在机动车第三者责任强制保险责任限额范围内予以赔偿;不足的部分,按照下列规定承担赔偿责任:

(一)机动车之间发生交通事故的,由有过错的一方承担赔偿责任;双方都有过错的,按照各自过错的比例分担责任。

(二)机动车与非机动车驾驶人、行人之间发生交通事故,非机动车驾驶人、行人没有过错的,由机动车一方承担赔偿责任;有证据证明非机动车驾驶人、行人有过错的,根据过错程度适当减轻机动车一方的赔偿责任;机动车一方没有过错的,承担不超过百分之十的赔偿责任。

交通事故的损失是由非机动车驾驶人、行人故意碰撞机动车造成的,机动车一方不承担赔偿责任。

4.《最高人民法院关于生态环境侵权民事诉讼证据的若干规定》(法释〔2023〕6号)

第五条 原告起诉请求被告承担环境污染、生态破坏责任的,应当提供被告行为与损害之间具有关联性的证据。

人民法院应当根据当事人提交的证据,结合污染环境、破坏生态的行为方式、污染物的性质、环境介质的类型、生态因素的特征、时间顺序、空间距离等因素,综合判断被告行为与损害之间的关联性是否成立。

第三十条 在环境污染责任纠纷、生态破坏责任纠纷案件中,损害事实成立,但人身、财产损害赔偿数额难以确定的,人民法院可以结合侵权行为对原告造成损害的程度、被告因侵权行为获得的利益以及过错程度等因素,并可以参考负有环境资源保护监督管理职责的部门的意见等,合理确定。

5.《最高人民法院关于适用〈中华人民共和国民法典〉时间效力的若干规定》(法释〔2020〕15号)

第一条 民法典施行后的法律事实引起的民事纠纷案件,适用民法典的规定。

民法典施行前的法律事实引起的民事纠纷案件,适用当时的法律、司法解释的规定,但是法律、司法解释另有规定的除外。

民法典施行前的法律事实持续至民法典施行后,该法律事实引起的民事纠纷案件,适用民法典的规定,但是法律、司法解释另有规定的除外。

第三节 涉自然资源权属的民事合同效力

宜宾某建材有限公司诉姚某刚等合同纠纷案

事实概要

原告：宜宾某建材有限公司

被告：姚某刚、宜宾县喜某镇自然村征服组

案号：（2016）川1502民初29号、（2017）川15民终673号

2013年5月28日,宜宾县喜某镇自然村征服组与姚某刚签订《农村集体土地租赁合同》,姚某刚据此租赁喜某镇自然村征服组某码头"喜某码头至岷江船厂"的所有土地。然而,合同签订后,姚某刚一直未实际使用该租赁场地。2015年9月15日,姚某刚与宜宾某建材有限公司签订《农村集体土地租赁(转租)合同》,将所租土地转租给宜宾某建材有限公司,双方约定租赁用途为砂石堆放、加工生产及转运,租金总额为120万元,宜宾某建材有限公司实际支付了首期租金80万元。

宜宾某建材有限公司认为,本案诉争土地的性质为滩涂,属于国家所有,且喜某镇自然村征服组未能提供证据证明该土地属于集体所有。因此,喜某镇自然村征服组及姚某刚均无权处分该土地。依据《合同法》(已失效)第51条之规定,无处分权人处分他人财产,在未经权利人追认或无处分权人订立合同后未取得处分权的情况下,该合同无效。由于姚某刚及喜某镇自然村征服组均未取得处分权或

得到追认,原告与姚某刚签订的《农村集体土地租赁(转租)合同》应被认定为无效合同。基于此,宜宾某建材有限公司请求法院判令确认其与姚某刚之间签订的《农村集体土地租赁(转租)合同》无效,并要求姚某刚返还已支付的租金80万元,赔偿损失20万元,同时由被告承担案件受理费。

姚某刚辩称,其与喜某镇自然村征服组签订的《农村集体土地租赁合同》合法有效,且其与宜宾某建材有限公司签订的《农村集体土地租赁(转租)合同》同样合法有效。姚某刚认为,本案涉及的两份合同不适用《合同法》(已失效)第51条之规定,因本案为土地租赁合同纠纷,属于债权范畴,不应适用处理他物权的法律规定。此外,姚某刚指出,在第51条规定情形下签订的合同并非绝对无效,而是效力待定的合同。因此,姚某刚认为宜宾某建材有限公司的诉求缺乏事实和法律依据,应予驳回,并由原告承担本案诉讼费用。

喜某镇自然村征服组辩称,其与原告之间不存在合同关系,依据合同相对性原则,其并非本案适格被告。喜某镇自然村征服组表示其对原告支付给姚某刚的80万元租金并不知情,也未收到此款项,故在本案中不应承担责任。喜某镇自然村征服组坚称本案诉争土地属于其所有,所签订的合同有效,原告的主张缺乏依据,请求驳回原告对被告的起诉。

唐某勇述称,其在本案中并非适格当事人主体,因原告在诉讼请求中未要求其承担任何法律责任。唐某勇提到,原告通过银行转账支付至其账户80万元租赁费,且姚某刚已向原告出具收条。

法院经审理查明,2013年5月28日的《农村集体土地租赁合同》及2015年9月15日的《农村集体土地租赁(转租)合同》签订情况属实,宜宾某建材有限公司确实支付了 80 万元首期租金。由于喜某镇自然村征服组村民阻挠宜宾某建材有限公司生产加工,宜宾某建材有限公司提起诉讼。案件审理期间,宜宾县水务局出具《关于老喜捷段河道管理范围的说明》,表明老喜捷段河道管理范围内存在农户责任承包地(集体土地)。若村社或农户能提供相应土地承包手续,可认定为集体土地;若不能提供,则视为习惯性耕种,土地属性为国有河滩地,属国家所有。宜宾县国土资源局复函称,喜某镇自然村征服组某码头"喜某码头至岷江船厂"的所有土地未办理土地登记。

判决结果

四川省宜宾市翠屏区人民法院于 2016 年 9 月 22 日作出民事判决,确认宜宾某建材有限公司与姚某刚于 2015 年 9 月 15 日签订的《农村集体土地租赁(转租)合同》无效;判令姚某刚于判决生效之日起 10 日内返还宜宾某建材有限公司租金 80 万元;驳回宜宾某建材有限公司要求姚某刚赔偿损失 20 万元的诉讼请求。

一审宣判后,姚某刚不服,提起上诉。四川省宜宾市中级人民法院于 2017 年 5 月 4 日作出(2017)川 15 民终 673 号民事判决,驳回上诉,维持原判。

案例述评

在民事合同纠纷领域,土地性质的判别、合同效力的认定以及诉讼请求的裁决始终是学术界与实务界关注的焦点问题。本案围绕土地性质、合同效力以及诉讼请求的认定展开,对同类案件的处理具有重要的参考价值。

(一)诉争租赁土地是否属于《物权法》(已失效)所界定的滩涂范畴

本案中,诉争土地位于宜宾县喜某镇自然村征服组某码头公路边河道侧,具体范围为"喜某码头至岷江船厂"的所有土地。对该土地性质的准确界定,是后续法律关系认定及案件处理的前提和基础。

结合被告提供的航拍图及法院实地拍摄的照片,该区域位于岷江河道侧,且大部分区域常年被洪水淹没。根据宜宾县水务局出具的《关于老喜捷段河道管理范围的说明》,老喜捷段河道管理范围内存在农户责任承包地(集体土地)。若村社或农户能够提供土地承包手续,则认定为集体土地;若无法提供相关手续,则视为习惯性耕种,土地属性为国有河滩地,归属国家所有。宜宾县国土资源局的复函表明,该地块未办理土地登记手续。鉴于本案二被告未能提供土地所有权的相关证据,法院依据《物权法》(已失效)第48条[1]的规定,认定该区域属于滩涂性质,系国家所有的自然资源。

这一认定过程严格遵循了相关行政部门的专业说明及物权法的明确规定。行政部门基于其管理职责和专业判断,对土地性质作出了具有权威性的认定。而《物权法》(已失效)作为规范物权归属和利用的基本法律,其第48条为土地性质的判定提供了明确的法律依据。在缺乏充分证据证明土地属于集体所有的情况下,依据法律规定及事实证据,将土地认定为国有滩涂具有合理性与合法性。这一认定不仅体现了法律适用的准确性,也为后续合同效力的认定及案件的处理奠定了坚实的法律基础。

---

[1] 现为《民法典》第250条。

(二)合同效力的认定

鉴于诉争租赁土地属于滩涂,系国家所有的自然资源,合同效力的认定成为本案的核心法律问题。合同效力的认定直接关涉当事人之间的权利义务关系以及法律责任的承担,具有重要的法律意义。

本案中,宜宾县喜某镇自然村征服组与姚某刚签订了《农村集体土地租赁合同》,随后姚某刚又与宜宾某建材有限公司签订了《农村集体土地租赁(转租)合同》。由于诉争租赁土地属于国家所有的滩涂,根据《物权法》(已失效)的相关规定,宜宾县喜某镇自然村征服组无权对该地块进行出租,其与姚某刚之间的出租行为因违反法律禁止性规定而应属无效。基于此,姚某刚与宜宾某建材有限公司签订的转租合同亦因缺乏合法基础而无效。

此外,宜宾某建材有限公司在租赁滩涂后进行砂石粉碎加工,产生了大量噪声和粉尘污染,对水域环境及公共安全造成了显著危害。从合同履行的合法性角度来看,该行为违反了《环境保护法》及《土地管理法》等相关法律法规关于环境保护和自然资源合理利用的强制性规定,进一步佐证了合同的无效性。在法律适用上,本案依据《合同法》(已失效)第52条第1款第5项[1]的规定,即"违反法律、行政法规的强制性规定"的合同无效。本案中,土地出租和转租行为以及合同履行过程中产生的环境污染行为,均违反了法律的强制性规定,符合合同无效的法定情形。

法院对合同效力的认定,严格遵循当时生效的《物权法》和《合

---

[1] 现为《民法典》第153条。

同法》(已失效)的相关规定,从土地所有权的归属及合同履行的合法性两个维度进行了综合评判,确保了合同效力认定的准确性与公正性。这一认定结果不仅维护了国家对国有自然资源的所有权,也彰显了法律法规的权威性与严肃性,对类似案件的处理具有重要的参考价值。

(三) 对诉讼请求的认定

宜宾某建材有限公司的诉讼请求主要包括:确认其与姚某刚签订的《农村集体土地租赁(转租)合同》无效,要求姚某刚返还已支付的租金80万元并赔偿损失20万元,以及由被告承担案件受理费。

关于合同效力的认定,如前所述,法院依据土地性质及相关法律规定,认定合同无效,支持了宜宾某建材有限公司的这一诉讼请求。这一认定符合《合同法》(已失效)第52条关于合同无效情形的规定,并与案件事实高度契合,为后续的权利救济奠定了法律基础。

在租金返还方面,根据《合同法》(已失效)第58条[1]的规定,合同无效后,因该合同取得的财产应当予以返还。姚某刚基于无效合同取得的80万元租金,依法应当返还给宜宾某建材有限公司。法院判决姚某刚在判决生效之日起10日内返还租金,这一裁决既严格遵循了法律规定,又充分考虑了实际执行的可行性,有效保障了宜宾某建材有限公司的财产权益,体现了法律对无效合同后果的公平处理原则。

对于宜宾某建材有限公司要求赔偿损失20万元的诉讼请求,法院经审理后予以驳回。尽管合同被认定为无效,但宜宾某建材有限公司未能提供充分的证据证明其损失的合理性及与合同无效之间的

---

[1] 现为《民法典》第157条。

因果关系。根据 2012 年《民事诉讼法》第 64 条及《最高人民法院关于民事诉讼证据的若干规定》的相关规定，当事人主张赔偿损失时，需承担举证责任，证明损失的存在、具体数额及其与合同无效之间的直接因果关系。宜宾某建材有限公司因证据不足，其赔偿请求未能得到法院支持。这一裁判结果提醒当事人在诉讼过程中，应注重证据的收集与整理，以确保其合法权益得到有效维护。

关于案件受理费的处理，法院依据《诉讼费用交纳办法》的相关规定，结合案件的胜负情况及当事人的责任承担，对诉讼费用进行了合理分配。这一处理方式体现了诉讼费用分担的公平性与合理性，符合司法实践中的一般原则。

案例延伸

（一）自然资源权属的分类和认定

自然资源权属问题是资源管理与利用的核心基础，其明确界定直接关系经济发展、生态保护以及社会公平与稳定。自然资源权属主要分为国家所有和集体所有两大类型，这不仅是对资源属性的科学回应，更是社会对资源合理利用与保护的制度性安排。

1. 自然资源权属的理论基础

从经济学视角来看，自然资源权属的划分旨在实现资源的高效配置与可持续利用。明晰的产权归属能够激励所有者合理开发与保护资源，从而有效规避"公地悲剧"现象。在法律层面，自然资源权属是财产权概念的延伸与拓展，通过法律规范保障资源的有序流转与使用。从社会公平的角度来看，合理的权属划分能够平衡不同群体对自然资源的需求，促进社会和谐与稳定。

2. 自然资源权属的分类

(1) 国家所有的自然资源

根据《宪法》及相关法律规定,矿藏、水流、海域等自然资源属于国家所有。此外,森林、山岭、草原、荒地、滩涂等自然资源,除法律规定属于集体所有的以外,均归国家所有。在实践中,城市的土地、无居民海岛以及具有重要战略意义的大型油田、关键水资源等,通常由国家统一管理。这是因为这些资源具有显著的公共利益属性与战略价值,国家统一管理更有利于保障资源的合理利用与整体利益的实现。

国家所有的自然资源由国务院代表国家行使所有权。国务院通过制定政策法规,授权各级政府部门进行具体管理与监督。例如,自然资源部负责土地、矿产等资源的统一管理,水利部负责水资源的调配与管理。这种管理体制确保了国家对自然资源的有效控制与合理利用。

(2) 集体所有的自然资源

根据法律规定,农村和城市郊区的土地,除法律规定属于国家所有的以外,属于集体所有;宅基地、自留地、自留山等也归集体所有。此外,符合法律规定的部分森林、山岭、草原、荒地、滩涂等自然资源,也可归集体所有。集体所有的自然资源与农村集体经济组织和农民的生产生活密切相关,是农村经济发展的重要物质基础。

3. 自然资源权属的认定

《民法典》明确规定,矿藏、水流、海域属于国家所有。无居民海岛属于国家所有,国务院代表国家行使无居民海岛所有权。城市的土地属于国家所有。法律规定属于国家所有的农村和城市郊区的土地,也属于国家所有。同时,《宪法》第9条明确:"矿藏、水流、森林、山岭、草原、荒地、滩涂等自然资源,都属于国家所有,即全民所有;由法律规定属于集体所有的森林和山岭、草原、荒地、滩涂除外。"这些法律条文构建了国家所有自然资源认定的基本框架。

在涉及争议时,相关部门的证明文件和登记资料是认定的关键依据。例如,国土资源部门对土地所有权的登记、海洋部门对海域使用权的登记等。对于一些特殊的自然资源,如历史形成的国有资源,即便缺乏现代意义上的登记资料,也可通过历史资料、政策文件等综合认定。某些历史上由国家管理使用的大型水利设施所占用土地,虽无详细登记,但依据历史资料和管理事实,可认定为国家所有。

(二)集体所有自然资源的认定

根据《民法典》的相关规定,集体所有的不动产和动产包括法律规定属于集体所有的土地、森林、山岭、草原、荒地、滩涂等自然资源。对于集体所有的土地、森林、山岭、草原、荒地、滩涂等资源,其所有权行使主体因具体情况而异:属于村内农民集体所有的,由村集体经济组织或村民委员会依法代表集体行使所有权;分别属于村内两个以上农民集体所有的,由村内各该集体经济组织或村民小组依法代表集体行使所有权;属于乡镇农民集体所有的,由乡镇集体经济组织代表集体行使所有权。这些规定明确了集体所有自然资源的范围及其行使主体,为资源管理提供了法律依据。

农村集体所有的土地,通常通过土地承包经营权证、集体土地所有权证等文件进行确认。对于森林、草原、荒地、滩涂等自然资源,集体所有的认定需结合地方性法规、历史使用情况以及相关部门的登记资料进行综合判断。在认定过程中,集体经济组织的成员资格、资源的历史使用情况以及相关法律文件是重要的参考依据。例如,村集体经济组织或村民委员会提供的土地承包合同、历史使用记录等,均可作为认定集体所有自然资源的重要证据。

集体所有自然资源的认定主要依赖于土地承包经营权证、集体土地所有权证等权属证书。此外,村集体经济组织的会议记录、土地承包合同等文件也是重要的认定依据。在某些特殊情况下,当地的风俗习惯和历史事实亦可作为辅助参考。例如,长期由某一集体组织使用和管理的荒地,即便缺乏正式的权属证书,但依据当地历史习惯和村民的普遍认知,仍可认定为该集体所有。

在实际操作中,部分自然资源的权属界定存在较大难度。例如,位于城乡接合部的土地,由于历史变迁和管理体制的调整,其权属可能存在争议。在这种情况下,需综合考虑历史因素、现实使用情况以及法律规定等多方面因素进行判断。此外,对于一些新兴的自然资源,如深海资源、空间资源等,现行法律规定尚不完善,其权属认定需要在实践中不断探索,并通过完善相关法律制度加以解决。

自然资源权属的分类与认定是一项复杂而系统的工程,涉及法律、经济、社会等多个领域,并直接关系国家的可持续发展和人民的根本利益。明确的分类与科学的认定能够更好地实现自然资源的合理利用与保护,促进社会的和谐与可持续发展。然而,由于自然资源种类繁多、地域差异显著以及历史遗留问题复杂,权属认定工作仍面临诸多挑战,亟须进一步完善相关法律法规,并加强跨部门协作与科学管理。

(三) 自然资源权属争议的行政裁决

1. 行政裁决历史演变

（1）初步形成阶段

在计划经济时期，自然资源的分配与管理主要由政府直接主导，权属争议的解决主要依赖行政命令和内部协调，尚未形成系统化的行政裁决制度。然而，这一时期的行政干预行为已具备一定的裁决特征，为后续行政裁决制度的建立与发展奠定了基础。

（2）发展阶段

随着改革开放的推进，经济社会快速发展，自然资源的开发利用日益频繁，权属争议逐渐增多。20世纪80年代至90年代，《土地管理法》《森林法》《草原法》等相关法律法规出台，明确规定了行政机关对自然资源权属争议的处理职责，标志着行政裁决制度逐步走上法治化轨道。这一阶段，行政裁决在解决资源权属争议中的作用日益凸显。

（3）完善阶段

进入21世纪，随着法治理念的深入和行政体制改革的推进，行政裁决制度不断完善。政府更加注重依法行政和程序正义，行政裁决的程序更加规范化，当事人的权利保障更加充分。行政裁决在化解社会矛盾、维护资源管理秩序等方面的功能进一步强化，成为自然资源权属争议解决的重要机制。

2. 行政裁决的理论纷争及观点阐释

（1）行政裁决的性质

行政裁决具有鲜明的行政行为特征。行政机关基于其法定的行政管理职权，对自然资源权属争议进行处理，体现了行政权的运用。

行政机关以国家行政权力为后盾,对争议双方的权利义务关系作出具有强制性的判定。例如,在土地权属争议裁决中,国土资源部门依据相关法律法规对争议地块的权属进行审查并作出裁决,该裁决一经作出即具有公定力、确定力和执行力,非经法定程序不得随意变更或撤销。这种特征与具体行政行为高度契合,表明行政裁决是行政机关履行自然资源管理职能的重要方式,其旨在维护自然资源管理秩序,保障公共利益和当事人的合法权益。

同时,行政裁决在程序上呈现出准司法行为的特点。[1] 在处理自然资源权属争议时,行政机关需秉持公正、公平、公开的原则,类似于司法机关的中立立场。行政机关需充分听取争议双方的陈述与申辩,全面调查收集相关证据,并依据事实和法律作出裁决。例如,在矿产资源权属争议裁决中,行政机关需组织专业人员对矿产资源的勘查、开采情况进行调查评估,依据专业证据和法律规范作出判断。这种裁决过程的程序性和公正性要求,使行政裁决具有类似司法裁判的性质,强调以客观、公正的方式解决当事人之间的纠纷。

(2)行政裁决与司法救济的关系

将行政裁决作为司法救济的前置程序具有一定的合理性。自然资源权属争议往往涉及大量专业知识和技术问题,而行政机关在长期的资源管理实践中积累了丰富的专业经验和技术能力。例如,对于森林资源权属争议,林业部门在森林资源调查、林地规划等方面具有专业优势,能够更准确地查明事实并作出专业裁决。先由行政机

---

[1] 参见霍敬裕、顾安祥:《自然资源权属争议行政裁决统一立法问题探析》,载《中国国土资源经济》2020年第11期。

关进行裁决,可以充分发挥其专业特长,提高争议解决的效率和准确性。同时,行政裁决为后续的司法审查提供了初步的事实认定基础,有助于减轻司法机关的审查负担,使其能够更聚焦于对行政裁决合法性的审查。

然而,赋予当事人自主选择行政裁决或司法诉讼的权利,体现了对当事人意愿的尊重。不同当事人对争议解决方式的需求和偏好存在差异。一些当事人可能更看重行政裁决的专业性和高效性,希望能够快速解决纠纷;而另一些当事人可能更信赖司法机关的权威性和公正性,认为司法审判更能保障其合法权益。赋予当事人选择权,能够使其根据争议的复杂程度、对效率和公正性的侧重等实际情况,选择最适合的救济途径。这有助于避免单一程序规定可能带来的弊端,确保当事人获得最有效的纠纷解决方式。

(3)行政裁决公正性的保障

行政系统内部监督机制对于保障行政裁决公正性具有重要意义。行政复议是内部监督的重要手段之一,上级行政机关通过对下级行政机关作出的行政裁决进行审查,能够及时发现并纠正可能存在的错误。例如,上级国土资源部门对下级部门作出的土地权属争议裁决进行复议审查时,若发现裁决存在事实认定不清、适用法律错误等问题,可以责令下级机关重新作出裁决。此外,行政机关内部的层级监督和执法监督,能够促使行政机关在裁决过程中严格遵守法定程序和实体规范,确保行政裁决行为的合法性和公正性。

外部监督,尤其是司法监督,是保障行政裁决公正性不可或缺的环节。通过行政诉讼,司法机关对行政裁决进行全面的合法性审查,这能够有效防止行政机关滥用权力。当行政裁决可能损害当事人合法权益时,司法机关可以依法撤销或变更该裁决,为当事人提供最终的司法救济。同时,社会监督和舆论监督也能对行政裁决形成强大的外部压力。公众和媒体对自然资源权属争议行政裁决案件的关注,能够促使行政机关更加谨慎、公正地行使裁决权,确保裁决过程和结果的公开透明,维护社会公平正义。

自然资源权属争议的行政裁决是解决资源管理纠纷的重要机制,其历史演变反映了我国行政法治建设的进程。行政裁决兼具行政行为与准司法行为的特征,在解决争议中发挥着专业性与高效性的优势。完善内部监督与外部监督机制,能够进一步保障行政裁决的公正性与合法性,为自然资源的合理利用与保护提供制度支持。未来应继续优化行政裁决程序,强化当事人的权利保障,推动行政裁决与司法救济的有机衔接,以实现资源权属争议解决的公平与效率。

(四)自然资源使用权冲突的规则适用

随着经济发展与自然资源开发利用的深入,自然资源使用权冲突问题日益凸显。此类冲突不仅关乎权利人的切身利益,还直接影响资源的合理配置与社会的可持续发展。因此,深入探讨自然资源使用权冲突的规则适用,对于解决现实纠纷、完善资源管理法律体系具有重要的理论与实践意义。

1. 自然资源使用权冲突的界定与表现

自然资源使用权冲突是指自然资源的天然特征及权利配置的复杂性,导致两个或两个以上自然资源使用权重叠交叉,权利行使相互影响,进而阻碍权利人利益实现的现象。例如:在水资源利用中,不同主体基于取水权的取水行为可能因水源有限而相互制约;在土地分层利用中,上下层使用者的权利行使也可能产生冲突。这种冲突主要表现为权利边界的模糊性与权利行使过程中的相互羁绊,其不仅影响资源的高效利用,还对权利人权益的保障构成挑战。

2. 解决自然资源使用权冲突的基本原则

(1)物权平等保护与物尽其用原则

在解决自然资源使用权冲突时,人民法院需严格贯彻物权平等保护原则。[1] 这意味着,无论自然资源使用权的主体是国家、集体还是私人,其合法权益在法律面前一律平等,不受主体身份、资源价值高低等因素的影响。例如,在一片国有林场周边,私人依法取得了一定面积林地的承包经营权用于特色种植,当该私人林地使用权与国有林场的相关权益出现冲突时,不能因主体身份差异而区别对待,需平等保障双方的合法权益。

同时,参考《民法典》中遗产分割时应遵循的"有利于生产和生活需要,不损害遗产的效用"这一物尽其用原则的相关精神,在处理自然资源使用权冲突时,也应强调资源的合理配置与高效利用。例如,在水资源分配上,不同的用水主体(如工业企业、农业灌溉户、居民生活用水者等)之间的用水权益冲突,需依据物尽其用原则,充分考虑各方实际需求,结合水资源总量,科学合理分配,以实现水资源在不同权利人之间的最优配置,避免资源的闲置与浪费。物权平等保护原则是物尽其用原则得以实现的前提,只有保障各权利人的平等地位,才能有效促进资源的合理配置;而物尽其用原则是物权平等

---

[1]《民法典》第207条规定,国家、集体、私人的物权和其他权利人的物权受法律平等保护,任何组织或者个人不得侵犯。

保护原则的目标导向,旨在通过资源的合理高效利用,最终保障各权利人的权益。

解决自然资源使用权冲突,需修改完善相关自然资源单行法以构建相应行为规则,并制定专门司法解释以构建完善的裁判规则。各单行法应针对不同自然资源的特点,明确使用权的取得、变更、消灭条件,规范权利行使的边界与方式。专门司法解释则应细化裁判标准和程序,为裁判者提供具体的操作指南,增强法律的可操作性与稳定性。

(2)土地合理利用与合同意思自治的权衡

在土地分层利用情境下,当"土地合理利用原则"与"合同意思自治原则"发生冲突时,应优先适用"土地合理利用原则"。[1]《土地管理法》第3条明确规定,十分珍惜、合理利用土地和切实保护耕地是我国的基本国策,这从法律层面强调了土地合理利用的重要性。土地作为重要的自然资源,其合理利用关乎社会公共利益与可持续发展。在分层土地利用中,为实现土地的高效利用,可能需要限制当事人的合同意思自治。例如,在城市建设中,地下空间开发与地表建筑建设存在权利冲突时,如果当事人之间的合同约定影响土地整体的合理规划与利用,为保障城市建设的有序进行,维护公共利益,就需要通过设立强制地役权等方式,协调不同权利人之间的利益关系。此时,对当事人合同意思自治进行一定限制是合理且必要的。

在土地分层利用方面,基于公序良俗原则,可类推适用强制缔约

---

[1] 参见林旭霞:《分层土地利用中的强制地役权研究》,载《中国法学》2023年第5期。

制度,以裁判强制缔结地役权合同。[1] 强制地役权合同的内容应符合分层土地利用规划与建设工程技术标准要求,其定价由第三方评估机构以专业评估方法确定,并通过程序控制克服评估方法的不足。这一制度为解决土地分层利用中的使用权冲突提供了新的思路与方法,有助于实现土地资源的合理利用。

3. 自然资源使用权冲突的裁判规则与方法

(1) 事实查明与冲突识别

解决自然资源使用权冲突,首先需要查明事实,识别真正的使用权冲突,确认存在需要协调的权利冲突。裁判者需全面审查相关证据,包括资源的自然属性、使用现状、权利取得过程等,以准确判断权利冲突的实质与范围。例如,在涉及取水权冲突的案件中,需查明水源状况、取水时间、取水用途等事实,以确定冲突的具体情形。取水权作为重要的自然资源使用权,需要建立清晰的优先效力规则。按照时间顺序确定取水权的优先顺序,体现取水权的私权属性;按照用水目的区分取水权的优先级别,体现公权力对水资源的价值预判和倾斜性配置。我国应综合考虑权利成立时间和用水目的等因素,建立稳定的取水权优先效力规则,以解决取水权冲突,保障水资源的合理分配与利用。

(2) 形式公平与实质公平结合

在裁判过程中,应坚持形式公平与实质公平相结合的原则。形式公平要求裁判者依据法律规定和既定程序进行裁判,确保各方当事人在程序上平等。实质公平则要求裁判结果符合公平正义的价值追求,考虑不同权利人的实际情况和资源利用的社会效益。应灵活适用"时先权先

---

[1] 参见林旭霞:《分层土地利用中的强制地役权研究》,载《中国法学》2023年第5期。

规则"[1]与"目的效用衡量方法":当权利取得时间明确且对公平正义影响较小时,可适用"时先权先规则";当权利行使目的和资源利用效用存在差异时,应采用"目的效用衡量方法",综合判断各方利益。

(3)发挥能动性与多样化纠纷解决

应充分发挥裁判者的能动性,探索多样化的纠纷解决机制。除传统的裁判方式外,还可引入调解、仲裁等非诉讼方式,充分发挥行业协会、专业机构的作用,提高纠纷解决的效率与公正性。例如,在涉及专业技术问题的自然资源使用权冲突中,可邀请相关领域专家参与调解或仲裁,为纠纷解决提供专业支持。

自然资源使用权冲突的规则适用是解决资源管理纠纷的核心问题。贯彻物权平等保护与物尽其用原则,权衡土地合理利用与合同意思自治,结合形式公平与实质公平的裁判方法,能够有效化解自然资源使用权冲突,促进资源的合理配置与高效利用。未来,应进一步完善相关法律法规,细化裁判规则,探索多样化的纠纷解决机制,以实现自然资源使用权冲突解决的公平、效率与可持续性。

(五)自然资源确认登记

在生态文明建设与自然资源资产产权改革的背景下,自然资源确认登记制度成为学界研究的焦点,其理论内涵与实践应用引发了广泛讨论。从理论层面来看,自然资源确认登记在功能定位、与不动产登记的关系、登记模式以及登记客体与权能等方面均存在丰富的学理探讨空间。

---

[1] 参见曹炜:《自然资源使用权冲突的理论反思与裁判规则构建》,载《江淮论坛》2024年第4期。

1. 自然资源确认登记的功能定位之辩

传统的物权登记以保障交易安全为核心,主要服务于经济活动中的财产流转。然而,自然资源确认登记的功能定位更为多元和复杂。它不仅承载着物权公示的功能,还蕴含着生态性革新与空间性扩张的新趋势。自然资源确认登记不仅要明晰权属关系,还需承接生态保护与监管的全新制度目标。具体而言,自然资源登记应定位于空间维度的整体登记,承载"山水林田湖草沙"整体保护与空间治理的功能。

这种功能定位的转变突破了传统物权登记单纯服务于经济交易的局限。例如,对一片森林的自然资源确认登记,不仅需要明确其财产权属,还需考量其在生态系统中的功能,如水源涵养、生物多样性保护等。通过这种登记,其可以实现对自然资源的全方位管理,推动从单纯的经济利用向生态保护与经济利用协调发展的转变。

2. 自然资源确认登记与不动产登记的关系探讨

自然资源确认登记与不动产登记的关系一直是学界讨论的热点问题。从立法角度看,不动产登记立法改革将自然资源国家所有权归入可登记的不动产权利类型,这种做法在一定程度上窄化了自然资源登记的功能定位,导致两种登记在登记对象、登记事项等方面存在矛盾与杂糅。具体而言,在登记对象上,不动产登记侧重于具体的、有明确边界和经济价值的不动产,如房屋、土地等;而自然资源登记则强调资源的整体性和生态关联性,其登记对象可能是一片包含多种资源要素的自然生态空间。例如,一片湿地的登记不仅涉及土地,还包含水资源、生物资源等。在登记事项上,不动产登记主要围绕权利归属和交易信息,而自然资源登记还需涵盖生态功能、保护要求等内容。因此,有必要构建"前置且衔接"的立法路径,厘清二者的立法分工,实现协同发展。

3. 自然资源确认登记的登记模式分析

为实现自然资源确认登记的双重目标,学界对其登记模式进行了深入探讨。其中,"自然生态空间+自然资源要素"复合式登记模式被认为能够兼顾保护性和权属性的双重目标。[1]"自然生态空间"登记体现了对自然资源整体生态功能的考量,将一片区域视为一个生态系统进行登记,有助于从宏观层面进行生态保护和空间治理。"自然资源要素"登记则关注具体资源的权属和利用情况,满足经济利用和产权明晰的需求。

基于自然资源的生态价值与经济价值存在嵌入性制约关系,自然资源统一确权登记应定位于空间维度的整体性登记。[2] 这种登记模式要求在登记过程中,应充分认识各资源要素间的生态关联,打破传统对资源要素孤立登记的模式,实现从单一要素登记向整体生态空间登记的转变。

4. 自然资源确认登记的客体与权能理论阐释

在登记客体方面,传统物权客体特定性规则强调"物的区隔化经济利用",主要关注物的财产属性。而自然资源确认登记对这一规则形成了冲击,应引入"生态物"的物权客体判定标准,对自然资源国家

---

[1] 参见佟彤、雷国平:《自然资源统一确权登记的入法路径与规则完善——兼论与不动产登记的立法协调》,载《中国土地科学》2023年第8期。

[2] 参见韩英夫、佟彤:《自然资源统一确权登记制度的嵌套式构造》,载《资源科学》2019年第12期。

所有权在客体形态和权能构造方面进行"绿化"解释。[1] 这意味着自然资源作为登记客体,其生态属性应得到充分重视。在判定其是否为适格客体时,不仅要考虑其经济价值,更要考量其生态价值。

在权能构造上,自然资源国家所有权的权能也应适应生态保护的需求。例如,国家对自然资源的处分权不能仅仅从经济利益最大化角度出发,还需考虑生态保护的要求。在开发利用自然资源时,需受到生态保护规则的约束,以实现自然资源的可持续利用。

自然资源确认登记在理论层面的探讨涉及功能定位、与不动产登记的关系、登记模式以及登记客体与权能等多个方面。这些讨论不仅丰富了法学和资源管理学的理论内涵,更为实践中的制度构建和政策制定提供了坚实的学理支撑。不断完善自然资源确认登记制度,可以更好地服务于生态文明建设和自然资源资产产权改革,推动自然资源的合理利用与可持续发展。

法条链接

1.《民法典》

第一百五十三条 违反法律、行政法规的强制性规定的民事法律行为无效。但是,该强制性规定不导致该民事法律行为无效的除外。

违背公序良俗的民事法律行为无效。

第一百五十七条 民事法律行为无效、被撤销或者确定不发生效力后,行为人因该行为取得的财产,应当予以返还;不能返还或者没有必要

---

[1] 参见韩英夫:《自然资源统一确权登记改革的立法纾困》,载《法学评论》2020年第2期。

返还的,应当折价补偿。有过错的一方应当赔偿对方由此所受到的损失;各方都有过错的,应当各自承担相应的责任。法律另有规定的,依照其规定。

第二百零七条 国家、集体、私人的物权和其他权利人的物权受法律平等保护,任何组织或者个人不得侵犯。

第二百四十七条 矿藏、水流、海域属于国家所有。

第二百四十八条 无居民海岛属于国家所有,国务院代表国家行使无居民海岛所有权。

第二百四十九条 城市的土地,属于国家所有。法律规定属于国家所有的农村和城市郊区的土地,属于国家所有。

第二百五十条 森林、山岭、草原、荒地、滩涂等自然资源,属于国家所有,但是法律规定属于集体所有的除外。

第二百五十八条 国家所有的财产受法律保护,禁止任何组织或者个人侵占、哄抢、私分、截留、破坏。

第二百六十条 集体所有的不动产和动产包括:

(一)法律规定属于集体所有的土地和森林、山岭、草原、荒地、滩涂;

(二)集体所有的建筑物、生产设施、农田水利设施;

(三)集体所有的教育、科学、文化、卫生、体育等设施;

(四)集体所有的其他不动产和动产。

第二百六十二条 对于集体所有的土地和森林、山岭、草原、荒地、滩涂等,依照下列规定行使所有权:

(一)属于村农民集体所有的,由村集体经济组织或者村民委员会依法代表集体行使所有权;

(二)分别属于村内两个以上农民集体所有的,由村内各该集体经济组织或者村民小组依法代表集体行使所有权;

(三)属于乡镇农民集体所有的,由乡镇集体经济组织代表集体行使所有权。

第一千一百五十六条 遗产分割应当有利于生产和生活需要,不损害遗产的效用。

不宜分割的遗产,可以采取折价、适当补偿或者共有等方法处理。

2.《合同法》(1999 年 10 月 1 日起施行,现已失效)

第五十一条 无处分权的人处分他人财产,经权利人追认或者无处分权的人订立合同后取得处分权的,该合同有效。

第五十二条第一款第五项 有下列情形之一的,合同无效:

(五)违反法律、行政法规的强制性规定。

第五十八条 合同无效或者被撤销后,因该合同取得的财产,应当予以返还;不能返还或者没有必要返还的,应当折价补偿。有过错的一方应当赔偿对方因此所受到的损失,双方都有过错的,应当各自承担相应的责任。

3.《物权法》(2007 年 10 月 1 日起施行,现已失效)

第四十八条 森林、山岭、草原、荒地、滩涂等自然资源,属于国家所有,但法律规定属于集体所有的除外。

第五十六条 国家所有的财产受法律保护,禁止任何单位和个人侵占、哄抢、私分、截留、破坏。

4.《土地管理法》

第三条 十分珍惜、合理利用土地和切实保护耕地是我国的基本国策。各级人民政府应当采取措施,全面规划,严格管理,保护、开发土地资源,制止非法占用土地的行为。

第五条 国务院自然资源主管部门统一负责全国土地的管理和监督工作。

县级以上地方人民政府自然资源主管部门的设置及其职责,由省、自治区、直辖市人民政府根据国务院有关规定确定。

5.《宪法》

第九条 矿藏、水流、森林、山岭、草原、荒地、滩涂等自然资源,都属于国家所有,即全民所有;由法律规定属于集体所有的森林和山岭、草原、荒地、滩涂除外。

国家保障自然资源的合理利用,保护珍贵的动物和植物。禁止任何组织或者个人用任何手段侵占或者破坏自然资源。

第十条 城市的土地属于国家所有。

农村和城市郊区的土地,除由法律规定属于国家所有的以外,属于集体所有;宅基地和自留地、自留山,也属于集体所有。

国家为了公共利益的需要,可以依照法律规定对土地实行征收或者征用并给予补偿。

任何组织或者个人不得侵占、买卖或者以其他形式非法转让土地。土地的使用权可以依照法律的规定转让。

一切使用土地的组织和个人必须合理地利用土地。

第二章　环境行政诉讼案例评析

第一节　环境行政许可

鄂尔多斯市银某公司诉杭锦旗自然资源局行政许可案

行政机关在实施行政许可过程中,应当严格遵循法定权限、范围、条件及程序,不得超越法律规定增设额外条件或施加不当限制。当申请人提交的申请材料完备且符合法定要求时,行政机关应当依法及时作出行政许可决定,不得以非法定事由拒绝或拖延许可。

【事实概要】

原告:鄂尔多斯市银某公司
被告:杭锦旗自然资源局
案号:(2023)内0603行初1号

鄂尔多斯市银某公司于2019年8月通过公开竞拍程序取得2019-16号宗地(土地用途为加油加气的商业用地),并于2021年11月19日依法取得不动产权属证书。此后,该公司以"银某加油站加气站扩建项目"为名申请土地使用,相继取得建设用地规划许可证、用地审批文件及项目备案,并完成建设工程设计方案等法定文件的编制工作。2022年3月,鄂尔多斯市银某公司依据《建设工程规划许可证一次性告知单》的要求,向杭锦旗自然资源局提交了完整的申请材料,依法申请办理建设工程规划许可证。

杭锦旗自然资源局于 2022 年 8 月 5 日作出《"银某加油站加气站扩建项目"审议意见通知单》(以下简称《通知单》)。《通知单》载明:经杭锦旗城乡规划管理委员会 2022 年第 3 次会议(2022 年 8 月 4 日召开)审议,因项目存在合伙纠纷,决定不予通过"银某加油站加气站扩建项目"的规划许可申请,故不予核发《建设工程规划许可证》。针对上述行政行为,鄂尔多斯市银某公司依法提起行政诉讼,其诉讼请求包括:(1)撤销杭锦旗自然资源局于 2022 年 8 月 5 日作出的《通知单》;(2)判令杭锦旗自然资源局依法履行法定职责,为其办理建设工程规划许可证。

判决结果

内蒙古自治区鄂尔多斯市康巴什区人民法院经依法审理,于 2023 年 3 月 3 日作出(2023)内 0603 行初 1 号行政判决。该判决主文载明:(1)撤销被告杭锦旗自然资源局于 2022 年 8 月 5 日作出的《通知单》之具体行政行为;(2)责令被告杭锦旗自然资源局自本判决生效之日起 20 日内,依法对原告鄂尔多斯市银某公司提出的建设工程规划许可证申请重新作出行政处理。本判决经合法送达后,诉讼双方在法定上诉期限内均未提起上诉,依据《行政诉讼法》第 85 条之规定,本判决已发生法律效力。

案例述评

(一)关于鄂尔多斯市银某公司行政许可申请合法性之认定

经查,鄂尔多斯市银某公司业已依法取得涉案不动产的权属登记证书。依据《民法典》第209条之规定,该公司依法享有该不动产的物权。根据《城乡规划法》第40条之规定,建设单位进行工程建设应当依法取得建设工程规划许可证。本案中,鄂尔多斯市银某公司拟实施"银某加油站加气站扩建项目",已向杭锦旗自然资源局提交了《建设工程规划许可证一次性告知单》所要求的全部申请材料,其申请行为符合法定程序要件。依据行政法的正当程序原则,杭锦旗自然资源局作为行政许可机关,应当依法受理该申请,并对申请人提交的申请材料进行全面审查,以确认其是否符合《城乡规划法》及相关法律法规规定的许可条件。

(二)关于杭锦旗自然资源局不予核发建设工程规划许可证行政行为合法性之认定

依据《行政许可法》第30条之规定,行政机关负有公示义务,应当将行政许可的事项、依据、条件、数量、程序、期限以及需要提交的材料目录等法定要素在办公场所予以公示。同时,该法第31条明确规定,行政许可申请人应当如实提交申请材料,并对其真实性承担法律责任。行政机关在受理行政许可申请后,应当依据法定权限和程序进行审查。对于符合法定条件和标准的申请,行政机关应当依法作出准予行政许可的决定。特别需要指出的是,根据《行政许可法》第16条第4款之规定,行政机关不得擅自在法律、法规之外增设行政许可条件,亦不得通过增设程序性要求等方式变相增加申请人的义务。

经查,本案中鄂尔多斯市银某公司已完整提交了《建设工程规划许可证一次性告知单》所要求的全部申请材料,其申请行为完全符合行政许可的法定要件。杭锦旗自然资源局作为行政许可机关,本应依法受理并审查该申请,然而,该局以项目存在合伙纠纷为由作出不予许可的决定,此理由既未载明于《城乡规划法》及相关法规规定的禁止性事由之中,亦不属于《建设工程规划许可证一次性告知单》所列明的审查要件范围。此种行政行为实质上构成了对法定许可条件的非法增设,违反了行政法上的法律保留原则和比例原则,不当增加了申请人的义务负担,与依法行政的基本要求相悖。

(三)行政诉讼中人民法院合法性审查的评析

在行政诉讼案件的审理过程中,人民法院依据《行政诉讼法》的相关规定,秉持"以事实为根据,以法律为准绳"的基本原则,对行政机关作出的行政行为进行全面的司法审查。这种审查主要涵盖事实认定、法律适用以及程序合法性三个核心维度。

在本案中,人民法院依据《行政许可法》第30条第1款之规定,即"行政机关应当将法律、法规、规章规定的有关行政许可的事项、依据、条件、数量、程序、期限以及需要提交的全部材料的目录和申请书示范文本等在办公场所公示",以及《城乡规划法》第40条第2款之规定,即"申请办理建设工程规划许可证,应当提交使用土地的有关证明文件、建设工程设计方案等材料。需要建设单位编制修建性详细规划的建设项目,还应当提交修建性详细规划。对符合控制性详细规划和规划条件的,由城市、县人民政府城乡规划主管部门或者省、自治区、直辖市人民政府确定的镇人民政府核发建设工程规划许可证",对杭锦旗自然资源局的行政行为进行了合法性审查。

经审理查明,杭锦旗自然资源局要求行政相对人鄂尔多斯市银某公司提交与行政许可事项无实质关联的技术材料及其他附加材料,这一行为实质上构成了对行政相对人法定义务的不当扩张,违反了行政法上的法律保留原则和比例原则。基于此,人民法院依法认定杭锦旗自然资源局不予受理行政许可申请的具体行政行为违反了职责法定的基本要求,并依据《行政诉讼法》第70条之规定,作出撤销《通知单》并责令重新作出处理的司法判决。

本案的裁判要旨体现了人民法院在行政诉讼中履行司法审查职能的核心价值:一方面,通过合法性审查实现对行政权力的有效监督,确保行政机关依法行政;另一方面,通过司法救济途径切实保障行政相对人的合法权益,维护法律的正确实施。这一司法实践不仅彰显了行政诉讼制度的功能价值,也为类似案件的审理提供了有益的参考。

案例延伸

（一）行政许可法律性质的理论争鸣

作为行政法这一公法领域的重要组成部分,行政许可制度体现了国家公权力对社会公共秩序进行规制的本质特征。根据《行政许可法》第2条之立法定义,行政许可"是指行政机关根据公民、法人或者其他组织的申请,经依法审查,准予其从事特定活动的行为"。然而,关于行政许可的法律性质这一基础理论问题,学术界与实务界始终存在较大分歧,形成了多元化的理论观点。最高人民法院原副院长江必新教授通过系统梳理,将学界关于行政许可法律性质的主要学说归纳为"赋权说""解禁说""综合说""调控说"等十种具有代表性的理论观点及其衍生学说。[1] 这些学说从不同角度对行政许可的法律性质进行了阐释,为深入理解行政许可制度的本质提供了多元化的理论视角。

---

[1] 参见江必新:《行政法治理念的反思与重构——以"支撑性概念"为分析基础》,载《法学》2009年第12期。

以下将对这些代表性学说进行具体阐述与分析：

1. "赋权说"。作为阐释行政许可法律性质的重要理论之一，其核心命题在于主张行政相对人原本并不享有特定权利，而是通过行政机关的许可行为获得相应权利资格。[1] 该学说依据赋权内容的不同维度，可进一步划分为以下三种理论类型：(1) 权利或资格赋予说。该观点强调行政许可是在法律普遍禁止的前提下，行政主体基于相对人的申请，通过颁发许可证照等法定形式，依法赋予特定相对人从事某项活动或实施某种行为的权利或资格。其代表性学者指出，"行政许可是指在法律一般禁止的情况下，行政主体根据行政相对方的申请，通过颁发许可证或执照等形式，依法赋予特定的行政相对方从事某种活动或实施某种行为的权利或资格的行政行为"[2]。类似观点认为，"行政许可是指行政主体根据相对人的申请，通过颁发许可证、执照等形式，依法赋予相对人从事为法律一般禁止的行为的权利和资格的法律行为"[3]。(2) 广义权益赋予说。该理论主张行政许可赋予的是广泛领域的权利或利益。有学者提出，"所谓行政许可，是指政府行政系统在特定当事人的请求下对法律禁止的状态或法律不予许可的状态赋予其是否在广延领域内取得权利或利益的行政行为"[4]。(3) 特殊权利能力赋予说。该观点认为，行政许可实

---

[1] 参见汪永清主编：《中华人民共和国行政许可法释义》，中国法制出版社2003年版，第6页。
[2] 湛中乐主编：《行政法学》，北京大学出版社2012年版，第186页。
[3] 皮纯协、张成福主编：《行政法学》（修订版），中国人民大学出版社2012年版，第121页。
[4] 关保英主编：《行政许可法教程》（第2版），中国政法大学出版社2011年版，第1页。

质上是对符合条件者授予特殊的行政法上的权利能力。其代表性论述指出,"行政许可是行政机关对符合条件者依法授予特殊的行政法上的权利能力"[1]。尽管"赋权说"在形式上明确了行政许可的授权特征,但其理论缺陷亦十分明显。该学说与法治国家奉行的"主权在民"原则存在本质冲突。若将行政许可简单理解为行政机关对公民权利的授予,则意味着公民权利源于行政机关的恩赐,这种观点与现代民主法治国家所倡导的"人民主权"理念相悖,也与基本权利固有的、不可剥夺的本质属性相矛盾。因此,学界普遍认为"赋权说"存在理论局限性,难以全面解释行政许可的法律性质。

2."解禁说"。作为阐释行政许可法律性质的另一重要理论范式,其核心要义在于:行政许可是对普遍禁止行为的个别解禁,即针对社会一般主体普遍禁止从事的行为,通过行政许可程序对特定主体予以例外准许。有学者明确指出,"限制或禁止应该在一定的条件下解除,这就是许可制度"[2]。从理论价值维度考察,"解禁说"与民主社会的权利观念具有内在契合性。该理论有助于消解将行政许可视为政府"施恩"的传统观念,强化行政机关的服务意识和责任担当。然而,该学说在解释我国现行法律体系时却面临显著的法理困境。以公民集会游行示威权为例,《宪法》第35条明确规定:"中华人民共和国公民有言论、出版、集会、结社、游行、示威的自由。"这一宪法规范确立了公民基本权利的固有性和不可剥夺性。然而,根据《集会游行示威法》第7条第1款之规定,"举行集会、游行、示威,必须依照本

---

[1] 孙录见:《行政许可性质探究》,载《西北大学学报(哲学社会科学版)》2006年第6期。
[2] 张树义主编:《行政法学》,北京大学出版社2012年版,第189页。

法规定向主管机关提出申请并获得许可",若严格遵循"解禁说"的理论逻辑,则意味着行政许可构成了对宪法权利的限制与禁止,这显然违背了"下位法不得抵触上位法"的基本法理原则。这一法理困境暴露出"解禁说"在解释我国宪法权利与法律权利关系时的理论局限性。

3."综合说"(亦称"折中说")。作为阐释行政许可法律性质的第三种理论范式,其理论要旨在于对"赋权说"与"解禁说"进行整合与重构。该学说从二元视角对行政许可的性质进行了系统性阐释。从行政主体维度观察,行政许可体现为行政机关依法赋予行政相对人特定行为资格或能力的行政行为,这一过程彰显了行政行为的赋权特征。从行政相对人维度考察,行政许可实质上是对普遍禁止的个别解除,使被许可人恢复特定行为自由,这一过程凸显了解禁行为的本质属性。"综合说"的理论贡献在于突破了单一性质说的局限,认识到行政许可法律性质的双重面向。[1]然而,该学说仍存在显著的理论缺陷:首先,在权利能力与权利的关系界定上,"综合说"未能提供清晰的理论框架。根据凯尔森的纯粹法学理论,权利能力是权利存在的前提,但二者在规范层面具有不同的法律意义。"综合说"未能妥善处理这一理论难题。其次,在行政许可性质的界定上,"综合说"未能就行政许可的性质给出明确的理论定位。最后,该学说在调和"赋权说"与"解禁说"的内在矛盾时,缺乏足够的理论说服力。因此,尽管"综合说"为理解行政许可的法律性质提供了新的视角,但

---

[1] 参见皮纯协、姜明安主编:《行政法与行政诉讼法教程》,中国城市出版社2001年版,第81页。

其理论建构仍需进一步完善，特别是在权利理论基础的夯实和概念体系的明晰化方面有待深化。

4."调控说"。关于行政许可法律性质的定位，"调控说"方为其应有之义。首先，"调控说"突破了传统"权利中心论"的理论桎梏，深刻揭示了行政许可与市场经济的内在关联。既有理论范式，无论是将行政许可界定为权利赋予、解禁抑或验证，均局限于权利视角的单一维度。事实上，行政许可的本质应被理解为国家通过许可机制对特定领域和事项进行的调控与规制，其核心功能在于调和公共利益、秩序安全与个人自由、私益之间的张力。从功能主义视角考察，行政许可主要涵盖社会管理与市场监管两大领域，其制度设计应以服务市场经济为旨归，行政许可项目的设置与调整均需以市场需求为导向。其次，"调控说"超越了单一主体视角的局限，从行政机关与行政相对人之间的动态法律关系出发界定行政许可性质。该理论强调行政许可不仅限于设立与授予环节，更注重全过程监管。这种监管既包括上级行政机关对许可机关的纵向监督，也涵盖行政相对人对行政许可运行的横向监督，形成了立体化的监督体系。最后，"调控说"与政府职能转变的时代要求高度契合。在现代市场经济体制下，科学的宏观调控与有效的政府治理是发挥制度优势的内在要求。"调控说"强调通过简政放权、减少政府对市场的过度干预，深化行政审批制度改革，提升行政许可效能，激发市场主体活力。这一理论定位体现了政府职能从管理型向法治型、服务型的根本转变，顺应了市场经济发展的客观规律。"调控说"的理论价值在于：它不仅为理解行政许可的法律性质提供了新的分析框架，而且为推进行政许可制度改革提供了理论支撑。该学说强调行政许可的调控功能，既符合现代行政法的发展趋势,也回应了市场经济对政府治理能力的新要求,具有重要的理论意义和实践价值。

(二)设定行政许可条件的模式

设定行政许可是行政许可制度的核心内容。《行政许可法》第18条规定:"设定行政许可,应当规定行政许可的实施机关、条件、程序、期限。"基于"设定规范—法律条款—单项条件"的行政许可条件构造逻辑[1],我国行政许可条件的设定方式主要分为以下几种类型。

1.空白模式。作为行政许可条件设定的一种特殊类型,其核心特征在于设定机关在创设行政许可时,仅对特定事项作出许可设定的原则性规定,而未明确行政许可的具体条件及其他制度要素,同时亦未授权其他机关制定相关实施细则,从而导致行政许可条件处于完全空白的状态。该模式被公认为行政许可条件设定中最为模糊且开放性最强的类型。从法律规范构成要件理论的角度考察,空白模式实质上是一种不完全法条,其仅规定了行为的许可要求,却未明确行为的构成要件和法律后果。以《野生动物保护法》第22条、第23条为例,该规范仅原则性地规定猎捕野生动物应当依法取得狩猎证,并严格遵循特许猎捕证、狩猎证的规定进行猎捕,但对于取得该许可的具体条件、程序要件等实质性内容均未作出明确规定,同时也未授权相关行政机关制定具体的许可实施办法。在我国行政法治的实践中,空白模式的存在确实给行政许可的实施带来了法律适用上的不确定性,也增加了行政相对人的预期困难。就法治行政的角度而言,

---

[1] 参见林华:《行政许可条件设定的类型与逻辑》,载《政法论坛》2024年第2期。

这种完全空白的许可条件设定模式与行政法上的法律保留原则存在一定的张力。因此,如何在立法灵活性与法律确定性之间寻求平衡,是完善空白模式需要解决的关键问题。

2.授权模式。作为行政许可设定的重要范式,其核心特征在于设定机关在创设行政许可时,未直接规定取得许可的实质要件,而是通过立法授权的方式,将具体条件的制定权授予其他行政机关。基于授权内容的具体程度与范围,该模式可进一步区分为具体授权模式与概括授权模式两种类型:(1)具体授权模式。该模式表现为单行法律规范在设定行政许可事项时,仅作原则性规定,同时明确授权特定行政机关制定具体的许可条件及管理细则。从法律保留原则的角度考察,这种模式属于"条件式法律保留",即立法机关仅作框架性规定,而将具体内容的制定权授予行政机关。典型例证可见于《固体废物污染环境防治法》第80条第1款之规定,"从事收集、贮存、利用、处置危险废物经营活动的单位,应当按照国家有关规定申请取得许可证",同时明确授权"许可证的具体管理办法由国务院制定"。(2)概括授权模式。该模式又可细分为事项概括授权与内容概括授权两种类型。事项概括授权指立法机关通过列举方式规定一系列需设定行政许可的管理事项,同时概括性授权相关行政机关制定具体许可条件。这种授权方式体现了立法机关对行政权的"框架性控制"。例如,《国务院对确需保留的行政审批项目设定行政许可的决定》在附件中列举了需保留的行政许可事项及实施机关,同时概括授权"国务院有关部门应当对实施本决定所列各项行政许可的条件等作出具体规定,并予以公布"。内容概括授权指立法机关在设定行政许可事项时,仅作原则性规定,同时概括授权行政机关制定相关实施办法。这种模式体现了"授权明确性原则"的灵活性适用。典型例证可见于《烟草专卖法》第12条与第42条之规定。前者规定"开办烟草制品生产企业,必须经国务院烟草专卖行政主管部门批准,取得烟草专卖生产企业许可证",后者则概括授权"国务院根据本法制定实施条例"。从行政法理论视角观察,授权模式的正当性基础在于立法机关与行政机关之间的功能适当性分配。因此,如何在保障立法控制与提高行政效率之间寻求平衡,是完善授权模式需要解决的关键问题。

3. 兜底模式。兜底模式是指在行政许可设定过程中,除具体列明的许可条件外,设定机关采用一种概括性条款,允许在未明确列举的情况下对行政许可条件进行扩展,从而扩大许可条件的适用范围。兜底条款具有承接规范的功能,基于辅助性原则,能够弥补具体规范可能存在的遗漏。[1] 兜底模式的设置方式主要可分为以下三种类型:(1)以规范为兜底标准的兜底模式。此处的"规范"指法律、行政法规。例如,《民用航空法》第93条规定,申请公共航空运输经营许可的主体除需满足明确列出的三项条件外,还需符合"法律、行政法规规定的其他条件",此条款即为典型的以规范为兜底标准的兜底模式。(2)以部门为兜底标准的兜底模式。该模式以特定行政部门的规范性文件作为兜底依据。例如,《注册会计师法》第24条规定,会计师事务所符合国务院财政部门规定的业务范围和其他条件,可以是负有限责任的法人,此条款将国务院财政部门的规定作为判断会

---

[1] 参见李震山:《行政法意义下之法律明确性原则》,载《月旦法学杂志》第2期(2000年)。

计师事务所能否成为有限责任法人的依据。(3)以"规范+部门"为兜底标准的兜底模式。该模式将法律、行政法规与行政部门的规定共同作为兜底依据。例如,《种子法》第 32 条第 1 款规定,"申请取得种子生产经营许可证的,应当具有与种子生产经营相适应的生产经营设施、设备及专业技术人员,以及法规和国务院农业农村、林业草原主管部门规定的其他条件",此条款同时援引了法规和行政主管部门的规定,构成"规范+部门"双重兜底标准。

4. 裁量模式。裁量模式是指在行政许可设定过程中,设定机关在明确行政许可条件范围(既无空白授权,也无兜底条款)的基础上,使用不确定性法律概念、准用规定等具有裁量空间的方法来描述许可条件的具体内容。[1] 该模式的显著特征在于,实施机关在适用许可条件时享有一定的行政裁量权。例如,《城乡规划法》第 24 条规定的"有规定数量的经相关行业协会注册的规划师"以及"有规定数量的相关专业技术人员",其中规划师和专业技术人员的具体数量需依据准用规定加以明确,这体现了裁量模式的特点。裁量模式可进一步细分为:(1)单一政治考量模式。该模式仅基于单一的政治考量因素设定许可条件。例如,《出口管制法》第 13 条规定,出口管制的实施需考虑国家安全等政治因素,这体现了单一政治考量的裁量模式。(2)复合政治考量模式。该模式在明确具体许可条件的同时,结合了政治考量因素。例如,依据《邮政法》第 52 条和第 53 条第 3 款规定,在邮政业务许可中,既需满足明确的许可条件,又需综合考虑国家安全等不确定因素,从而形成了一种复合型的裁量模式。总体而言,裁

---

[1] 参见林华:《行政许可条件设定模式及其反思》,载《中国法学》2022 年第 4 期。

量模式通过赋予实施机关一定的裁量空间,增强了行政许可制度的灵活性与适应性,尤其是涉及复杂或具有高度不确定性的领域(如国家安全)时,能够更好地平衡行政效率与公共利益的需求。

(三)行政许可的增设

《行政许可法》第16条规定:"行政法规可以在法律设定的行政许可事项范围内,对实施该行政许可作出具体规定。地方性法规可以在法律、行政法规设定的行政许可事项范围内,对实施该行政许可作出具体规定。规章可以在上位法设定的行政许可事项范围内,对实施该行政许可作出具体规定。法规、规章对实施上位法设定的行政许可作出的具体规定,不得增设行政许可;对行政许可条件作出的具体规定,不得增设违反上位法的其他条件。"简言之,法律、行政法规、地方性法规和规章被赋予了自上而下且范围依次递减的许可设定权,但法规和规章不得增设行政许可,也不得增设违反上位法的其他条件。

为准确把握行政许可的增设,首先需要厘清行政许可的设定、规定与增设三者之间的关系。设定这一概念最早由《行政处罚法》确立,后被《行政许可法》所吸收。它指的是在不以任何法律、法规规定作为具体依据的情况下,制定原创性规范的行为[1],即创设新的权利义务关系。规定则是指在不创设新的行为规范的前提下,对现有规范进行细化和具体化。[2] 在行政许可领域,具体规定是对既有行政许可的细化,下位法在上位法设定的范围内对许可条件、程序等内

---

[1] 参见冯军:《行政处罚法新论》,中国检察出版社2003年版,第123、124页。
[2] 参见王太高:《行政许可条件研究》,法律出版社2014年版,第51页。

容作出进一步明确。设定与规定的核心区别在于是否创设了新的权利义务关系。[1]

增设在文义上具有"增添"或"加设"的含义。在我国法律条文中,"增设"通常指具体、实在的事物的增加,如增设道路交通信号灯或在公路上增设交叉道口等。然而,行政许可的增设较为抽象,识别难度较大,需通过其构成要素进行分析。行政许可由五个基本要素构成,包括许可事项、执行机构、条件、流程和时限。其中,许可事项是核心要素,体现了行政许可领域内的权利义务关系,决定了行政许可的存在与否及其是否为新增内容;条件则是关键要素,直接影响相对人摆脱限制状态的难易程度以及行政管理目标的实现可能性。[2]

因此,行政许可法意义上的增设既包括增设行政许可事项,也包括增设行政许可条件。[3] 前者是指在某项规范已创设行政许可的情况下,下位法超出该范围创设新的许可,或将原有许可转变为另一项许可的情形;后者则是指下位法虽未创设新的许可事项,却为既有许可事项增加了违反上位法规范的条件。行政许可法上的增设主要包括以下几个方面。

1. 增设非必要的行政许可

《行政许可法》第 12 条和第 13 条分别对"可以设定"和"可以不

---

[1] 参见林秋萍:《行政法领域的"设定权"与"规定权"》,载《河北法学》2014 年第 11 期。

[2] 参见莫林:《分享经济的地方规制逻辑——以十五市网约车地方立法为中心的考察》,载周祖成、张印主编:《地方立法文本与实施效果研究》,中国法制出版社 2018 年版,第 28 页。

[3] 参见俞祺、程万里:《论行政许可法上的增设》,载《法治现代化研究》2023 年第 2 期。

设定"行政许可的事项进行了宏观分类。其中,第13条规定,对于"公民、法人或者其他组织能够自主决定的""市场竞争机制能够有效调节的""行业组织或者中介机构能够自律管理的""行政机关采用事后监督等其他行政管理方式能够解决的"事项,行政机关应当尊重法律赋予公民自主解决社会事务的权利,尊重市场机制的自我调节功能,避免设定行政许可。若行政机关在上述情形下仍设定行政许可,则可能违反法律规定,构成增设非必要的行政许可事项。

自2018年起,国家发展和改革委员会与商务部逐年发布《市场准入负面清单》。该清单将市场准入事项分为两类:一是禁止准入事项,即市场主体无权进入且不予审批、核准或办理相关手续的领域;二是许可准入事项,即市场主体经审批后方可进入的领域。负面清单制度遵循"法无禁止即自由"的法治理念,充分体现了私法自治精神。[1] 其核心意义在于,只要不属于清单所列事项,市场准入就由市场机制自主决定,无须行政审批,从而最大限度地激发市场活力。然而,在实践过程中,仍存在违背负面清单制度基本精神、不当增设法律法规未规定的限制条件的现象。例如,《市场准入负面清单(2020年版)》规定,"非公有资本不得介入互联网新闻信息采编业务"以及"非公有资本不得投资设立和经营通讯社、报刊社、出版社"。此类规定将"公有资本"作为相关行业的准入条件,变相增设了许可限制。这一做法缺乏明确的法律、法规依据,属于增设非必要行政许可事项的情形,不仅与负面清单制度的初衷相悖,还可能对市场主体的公平竞争权利造成不当限制。

---

[1] 参见王利明:《负面清单管理模式与私法自治》,载《中国法学》2014年第5期。

2. 增设上位法已设定的行政许可

根据《立法法》第 11 条的规定，行政法规不得就法律保留事项设定行政许可。无论何种规范性文件设定行政许可，均须遵循"不得与宪法、法律、行政法规相抵触"的基本原则。与此相对应，《行政许可法》第 14 条和第 15 条对地方性法规和规章设定行政许可的前提进行了明确限定：若上位法未对第 12 条所列事项设定行政许可，行政法规、地方性法规及省级政府规章可以设定许可；反之，若上位法已对有关事项设定了行政许可，则下位法仅能对该许可事项作出具体规定，而不得另行设定新的许可事项，否则构成增设行政许可。

例如，《特种设备安全法》第 22 条规定，"电梯的安装、改造、修理，必须由电梯制造单位或者其委托的依照本法取得相应许可的单位进行"。然而，该法并未对电梯拆除是否需要取得许可作出规定。2016 年施行的《宁波市电梯安全管理办法》第 26 条第 3 款则规定，"报废或转让的电梯需要拆除的，由电梯所有权人或者其委托的电梯使用管理单位，委托具有相应电梯安装许可的单位实施，并签订安全施工合同，制订安全拆除方案"。同时，该办法第 47 条规定，若违反第 26 条第 3 款规定，擅自拆除电梯，相关主体将受到行政处罚。这一规定实际上在上位法未作要求的情况下，为电梯拆除行为增设了许可条件，即拆除电梯需取得相应许可。对此，浙江省人大常委会法制工作委员会在审查后指出，"《办法》的规定扩大了电梯安装资质许可的范围，限制了电梯所有权人的权利，与上位法相抵触"。由此可见，《宁波市电梯安全管理办法》的相关规定属于增设上位法已设定的行政许可事项的情形，违反了《行政许可法》和《立法法》关于下位法不得增设行政许可的基本原则。

3. 增设违反上位法的行政许可条件

《行政许可法》第16条和第17条明确规定,下位法(如地方性法规和规章)在实施行政许可时,不得增设新的行政许可事项,也不得在具体规定中增设违反上位法(如法律和行政法规)的其他条件。此外,除法律、行政法规和地方性法规外,其他规范性文件一律不得设定行政许可。这些规定被称为"禁止增设条款",其立法目的在于维护行政许可的合法性与统一性,防止行政许可的滥设与滥用,确保行政许可制度的规范性。根据条件的性质,增设行政许可条件可进一步细分为增设积极条件和增设消极条件。

增设积极条件是指下位法违法增加了许可申请人的作为义务,从而为许可的取得设置了额外的负担,导致行政许可的权利与义务关系失衡。例如,《鹰潭市人民政府关于加快推进装配式建筑发展的实施意见》规定,将"装配式建筑实施情况"作为办理商品房预售许可的前置条件。这一规定为商品房预售许可增设了积极条件,增加了申请人的义务,且缺乏上位法依据,属于增设违反上位法的许可条件。

增设消极条件则是指下位法违法增加了许可申请人的不作为义务,为许可的取得设置了更多障碍。失信惩戒制度是增设消极条件的典型例证。失信惩戒是指行政机关通过跨地区、跨部门、跨领域的联动机制,对严重失信主体实施联合惩戒,使其"一处失信,处处受限"。[1] 尽管失信惩戒制度的初衷在于维护社会诚信,但在实践中,

---

[1] 参见《国务院关于建立完善守信联合激励和失信联合惩戒制度加快推进社会诚信建设的指导意见》(国发〔2016〕33号)。

行政机关可能通过增设消极条件的方式,将未缴纳相关费用或被纳入失信名单作为不予许可的依据。例如,某些行政机关将失信记录作为取得特定许可的消极条件,从而拒绝办理相关许可。然而,此类消极条件的设置往往缺乏上位法的明确授权,行政机关据此作出的不予许可决定可能构成适用法律错误。

综上所述,"增设"是指下位法在上位法未授权的情况下,增加了上位法所不允许的许可事项或条件。在某一规范已设定行政许可的情况下,下位法仅能在上位法规定的范围内对许可条件作出具体化规定。若下位法超出该范围创设新的许可事项或条件,则构成增设行政许可。行政许可的增设不仅突破了上位法的规范边界,还违反了职权法定与依法行政的基本原则,可能对行政相对人的合法权益造成不当限制。

▶▶▶ 法条链接

1.《行政许可法》

第四条 设定和实施行政许可,应当依照法定的权限、范围、条件和程序。

第三十条第一款 行政机关应当将法律、法规、规章规定的有关行政许可的事项、依据、条件、数量、程序、期限以及需要提交的全部材料的目录和申请书示范文本等在办公场所公示。

2.《城乡规划法》

第四十条第二款 申请办理建设工程规划许可证,应当提交使用土地的有关证明文件、建设工程设计方案等材料。需要建设单位编制修建性详细规划的建设项目,还应当提交修建性详细规划。对符合控制性详细规划和规划条件的,由城市、县人民政府城乡规划主管部门或者省、自治区、直辖市人民政府确定的镇人民政府核发建设工程规划许可证。

第二节 环境行政处罚

哈尔滨某某饭店诉哈尔滨市道里区市场监督管理局、哈尔滨市道里区生态环境局行政处罚案

事实概要

原告：哈尔滨某某饭店

被告：哈尔滨市道里区市场监督管理局、哈尔滨市道里区生态环境局

案号：(2021)黑0102行初102号、(2022)黑01行终595号

哈尔滨某某饭店位于该市知名商圈，周边餐饮企业密集，均坐落于未配备专用烟道的老旧商住综合楼内。为满足其排烟需求，该饭店租赁了同栋建筑内废弃锅炉房的专用烟道，并安装了油烟噪声净化设备以处理餐饮排放。

2020年10月29日，即该饭店获得相关营业许可并运营半年后，哈尔滨市道里区生态环境局(以下简称道里区环境局)向哈尔滨市道里区市场监督管理局(以下简称道里区市监局)发送了一份《关于查处哈尔滨某某饭店、哈尔滨市某某铁锅炖饭店油烟扰民问题的函》。该函中指出，哈尔滨某某饭店及哈尔滨市某某铁锅炖饭店所在的商住综合楼因未配备专用烟道，属于"选址不当"，并要求道里区市监局依法对上述问题进行查处。

2020年11月25日，道里区市监局对哈尔滨某某饭店进行了现

场检查,并当场出具了《责令改正通知书》,但该通知书中的改正内容及具体要求部分为空白。

2020年12月1日,道里区环境局再次向道里区市监局发函,称经有资质的第三方检测机构检测,哈尔滨某某饭店的油烟排放浓度符合相关标准,且其现用烟道在功能上与楼体配套的专用烟道相近,并附上了《检测报告》。然而,道里区市监局在收到此函后,未采纳其内容,仅依据第一份函件的信息,于2021年3月26日作出行政处罚决定,认定哈尔滨某某饭店在未配备专用烟道的商住综合楼内从事产生油烟、异味、废气的餐饮服务,且在责令改正后未进行整改,因此对其处以罚款55,000元并责令关闭。哈尔滨某某饭店对此处罚决定不服,遂向人民法院提起诉讼,请求撤销道里区市监局作出的行政处罚决定。

判决结果

黑龙江省哈尔滨市道里区人民法院在一审中作出了驳回哈尔滨某某饭店诉讼请求的判决。哈尔滨某某饭店对一审判决结果不服,遂向黑龙江省哈尔滨市中级人民法院提起上诉。经审理,黑龙江省哈尔滨市中级人民法院在二审中作出判决,撤销了一审法院的判决,并撤销了涉案的行政处罚决定。

案例述评

(一)对哈尔滨某某饭店行为认定的法律分析

在行政诉讼案件的审理过程中,人民法院通常从以下几个方面进行审查:行为人是否存在违法行为、是否造成危害后果、违法行为与危害后果之间是否存在因果关系、行为人是否具有主观过错,以及是否存在从重、从轻、减轻或免予处罚的情节等。以下结合本案具体情况,对哈尔滨某某饭店的行为进行具体分析。

1. 关于是否存在违法行为的认定

道里区市监局在对哈尔滨某某饭店进行现场检查后,当场出具了《责令改正通知书》,但该通知书中未明确责令整改的具体内容及要求。事实上,哈尔滨某某饭店已租赁同楼废弃锅炉房的专用烟道,并加装了油烟噪声净化设备,用于饭店的排烟处理。这一行为符合"三同时制度"中环保设施与主体工程同时设计、同时施工、同时投产使用的要求。因此,从实质上看,哈尔滨某某饭店并不存在违法行为。

2. 关于是否造成危害后果的认定

哈尔滨某某饭店所在的商住综合楼为老旧建筑,因历史客观因素未配套特定型号的专用烟道。然而,为满足经营需求并解决排烟及噪声问题,哈尔滨某某饭店已采取租赁废弃锅炉房烟道并加装净化设备的措施。根据道里区环境局提供的检测报告,哈尔滨某某饭店的废气排放及噪声水平均符合相关标准。因此,哈尔滨某某饭店的排烟行为并未造成行政法意义上的危害后果。

3. 关于违法行为与危害后果之间因果关系的认定

基于上述分析,哈尔滨某某饭店既不存在违法行为,也未造成危害后果,故违法行为与危害后果之间的因果关系不成立。

4. 关于行为人是否具有主观过错的认定

哈尔滨某某饭店在经营初期已意识到未经处理的排烟行为可能对环境造成不利影响,因此主动采取租赁废弃锅炉房烟道并加装净化设备的措施。根据道里区环境局的检测报告,哈尔滨某某饭店的排烟行为符合相关标准。由此可见,哈尔滨某某饭店已充分认识到其行为可能带来的环境风险,并积极采取预防措施,主观上不存在过错。

5. 关于是否存在从重、从轻、减轻或免予处罚情节的认定

本案中,老城区建筑未配套专用烟道系历史遗留问题,属于客观因素。哈尔滨某某饭店在经营过程中已采取积极、充分的预防措施,使用与专用烟道功能相近的废弃锅炉房烟道进行排烟,且排放物符合相关标准。其行为既未造成实际的大气污染危害,也未具备造成危害后果的可能性。根据过罚相当原则,哈尔滨某某饭店不应受到行政处罚。因此,法院判决撤销被诉行政处罚决定具有充分的法律依据。

(二)对道里区市监局行政处罚行为合法性的认定

环境行政处罚作为行政处罚的一种具体形式,应当严格遵循过罚相当原则,以确保行政行为的合法性与合理性。本案中,道里区市监局的行政处罚行为存在以下问题,其合法性值得商榷。

1. 责令改正通知的内容不明确,未依法履职。道里区环境局针对哈尔滨某某饭店是否存在"油烟扰民、选址不当"问题,先后出具了两份效力相当的函件。道里区市监局在收到第一份函件后,虽对哈尔滨某某饭店制发了《责令改正通知书》,但未明确告知具体的整改内容及要求。根据行政法的基本原则,行政机关作出的责令改正通知应当内容明确、具体,以确保行政相对人能够清晰理解并执行整改要求。然而,本案中道里区市监局的责令改正通知内容模糊,道里区市监局未能依法履行其职责,导致其行政行为的合法性与正当性受

到质疑。

2. 未采纳第二份函件的关键事实,行政处罚缺乏事实依据。道里区环境局在第二份函件中明确指出,哈尔滨某某饭店使用的锅炉房废弃烟道在功能上与专用烟道相近,且经检测,其排放结果符合相关标准,不存在油烟扰民或污染环境的违法事实。然而,道里区市监局在收到该函件后,未予采信,也未作出任何回应,仍执意对哈尔滨某某饭店作出行政处罚。这一行为明显忽视了关键事实,导致行政处罚缺乏事实依据,违反了行政行为的客观性与公正性要求。

3. 行政处罚程序违法,违反过罚相当原则。根据《大气污染防治法》第118条第2款的规定,只有在行政相对人经监督管理部门责令改正后拒不改正的情况下,方可予以行政处罚。本案中,道里区市监局虽制发了责令改正通知,但未明确告知整改内容及要求,在行政处罚决定书中认定哈尔滨某某饭店"拒不改正"。这一认定既缺乏事实依据,也违反了法定程序。此外,哈尔滨某某饭店已采取有效措施确保排放符合标准,其行为未造成实质性危害后果,依据过罚相当原则,不应受到行政处罚。

(三) 对法院审判行为的评述

在本案中,一审法院以哈尔滨某某饭店的诉讼请求缺乏事实与法律依据为由,驳回了其诉讼请求。而二审法院则判决撤销一审判决,同时撤销道里区市监局的行政处罚决定。两级法院的裁判结果存在显著差异,其背后的法律逻辑与审判原则值得深入分析。

1. 一审法院判决的局限性。一审法院在审理过程中,未对行政机关违反法定程序的行为进行充分审查与处理。具体而言,道里区市监局在作出行政处罚决定时,未明确责令改正的具体内容及要求,导致行政相对人无法清晰知悉整改方向,违反了行政程序正当性原则。然而,一审法院未对此程序瑕疵予以充分关注,导致其裁判结果在事实认定与法律适用上存在不足。

2. 二审法院判决的合法性与合理性。二审法院在审理本案时,严格遵循"以事实为根据,以法律为准绳"的审判原则,从多个维度对案件进行了全面审查,体现了较高的司法水平与裁判智慧。其裁判逻辑主要体现在以下几个方面。第一,行政处罚目的的正当性。行政处罚的根本目的在于教育与纠正,而非单纯惩罚。本案中,道里区市监局在未充分考量哈尔滨某某饭店的行为是否构成违法以及是否造成实质性危害后果的情况下,直接作出行政处罚决定,明显偏离了行政处罚的立法宗旨。二审法院对此予以纠正,体现了对行政处罚目的正当性的深刻理解。第二,过罚相当原则的适用。行政处罚的力度应与行为人的过错程度及社会危害性相适应。本案中,哈尔滨某某饭店的排烟行为经检测符合相关标准,未对环境造成实质性危害后果,仅因未配备专用排烟管道即被处以高额罚款,明显违反了过罚相当原则。二审法院对此予以纠正,彰显了司法裁判的公平性与合理性。第三,行政程序合法性的审查。行政机关在作出行政处罚决定时,必须严格遵循法定程序。本案中,道里区市监局未在责令改正通知中明确具体整改要求,导致行政相对人无法有效履行整改义务,违反了程序正当性原则。二审法院对此程序瑕疵予以明确指出,并据此撤销行政处罚决定,体现了对行政程序合法性的严格审查。

综上所述,二审法院的裁判行为充分体现了司法审查的独立性与公正性，其从行政处罚目的的正当性、过罚相当原则的适用以及行政程序合法性等多个角度对案件进行了全面审查，最终作出了合法、合理的裁判。相比之下，一审法院在事实认定与法律适用上存在明显不足，未能充分关注行政机关的程序违法行为。二审法院的裁判不仅纠正了一审法院的错误，也为类似案件的审理提供了重要的参考价值。

案例延伸

（一）环境行政处罚裁量

1. 环境行政处罚裁量基准的制定现状

环境行政处罚裁量基准作为行政处罚裁量基准体系的重要组成部分，是指依法享有环境行政处罚自由裁量权的各级生态环境行政机关，通过情节细化、结果严格化及内容差异化等技术手段，在法律授权范围内对环境违法要件与处罚效果进行衔接，从而形成的裁量判断标准。学界对裁量基准制定主体的界定存在广义与狭义之分：狭义说主张制定主体应限定为生态环境保护行政主管机关，即各级生态环境厅（局）；广义说则认为制定主体应扩展至与生态环境治理相关的所有行政主管机关，包括水利厅（局）、林业厅（局）及部分海洋厅（局）等职能部门。

随着我国环境保护法律体系的不断完善，环境行政处罚幅度呈现扩大化趋势，"酌定情节"的适用频率显著增加，这直接推动了环境行政处罚裁量基准的快速发展。从实践层面观察，我国省、市、县三级生态环境主管机关已相继制定并实施了数百份区域性环境行政处罚裁量基准文件。这些文件在命名上呈现出"裁量标准"、"基准规定"、"细化标准"、"裁量导则"及"裁量基准"等多种表述方式，体现了制定主体在规范裁量权行使方面的积极探索。以《山东省生态环境行政处罚裁量基准(2022年版)》为例,该基准通过设置处罚金额调整机制、加重处罚适用情形、不予处罚范围界定以及轻微违法豁免等制度,并引入修正裁量系数,有效实现了过罚相当原则的落实。此外,《湖南省生态环境保护行政处罚裁量权基准规定(2021版)》《深圳市生态环境行政执法裁量权基准规定》《天津市生态环境行政处罚裁量基准》等地方性裁量基准文件,均结合本地区环境执法实践,对处罚裁量标准进行了细化和完善,为环境行政处罚的规范化实施提供了重要依据。

2. 环境行政处罚裁量的情节考量

环境行政处罚裁量相较于传统行政处罚裁量具有显著的特殊性。传统行政处罚裁量的本质特征在于行政主体基于公共秩序维护、公共利益本位及紧迫利益优先等原则,对相互冲突的多元利益进行价值衡量与判断,其核心在于维护社会公共利益。而环境行政处罚裁量在传统裁量基准的基础上,进一步纳入了环境公共利益的特殊考量,体现了环境法的价值取向。

根据《行政处罚法》第5条第2款之规定,行政处罚的设定与实施应当以事实为依据,并与违法行为的事实、性质、情节及社会危害程度保持相当性。《关于进一步规范适用环境行政处罚自由裁量权的指导意见》与《生态环境行政处罚办法》对生态环境行政处罚裁量权的适用情节作出系统性规定,主要包括:(1)违法行为所致环境污染或生态破坏的程度;(2)行为人的主观过错程度;(3)违法行为的具体实施方式或手段;(4)违法行为的持续时间;(5)行为人的违法次数(初犯或再犯);(6)行为人改正违法行为的态度及所采取补救措施的效果等。

地方规范性文件对此进行了进一步细化,以《湖南省生态环境保护行政处罚裁量权基准规定(2021版)》为例,其将裁量因素具体化为:(1)违法行为所致环境污染、生态破坏的程度及社会影响;(2)行为人的主观过错程度;(3)违法行为的具体实施方式或手段;(4)违法行为的危害对象;(5)行为人的环境违法次数;(6)行为人改正违法行为的态度及补救措施的效果等。

通过考察法律、法规及地方规范性文件的相关规定可知,环境行政处罚自由裁量权的行使主要围绕以下核心要素展开:违法行为的环境危害性、行为人的主观过错程度、违法行为的频次、行为人的改正态度及补救效果等。这些要素共同构成了环境行政处罚裁量的基本考量体系,体现了环境行政处罚的特殊性与专业性。

3. 环境行政处罚裁量基准制度的优化与完善

《国务院办公厅关于进一步规范行政裁量权基准制定和管理工作的意见》从五个维度对行政裁量权基准制度提出了系统性要求:其一,明晰行政裁量权基准制定的职责权限;其二,精确界定行政裁量权基准的具体内容;其三,严格规范行政裁量权基准的制定程序;其四,强化行政裁量权基准的管理机制;其五,加大制度实施的保障力度。该意见要求各级行政机关结合本地区、本部门的行政管理实际,建立健全行政裁量权基准制度,规范行政裁量权的行使,为推进政府治理体系和治理能力现代化提供坚实的法治保障。

在环境行政处罚领域,裁量基准的制定必须严格遵循法定职权和程序要求。需要明确的是,行政裁量基准的制定权限属于"规定权"而非"设定权"的范畴。[1] 这一法律属性表明,行政裁量基准的制定实质上是对上位法既有规定的具体化和细化,而非创设新的权利义务关系。此处所指的"上位法"包括法律、行政法规、部门规章以及上级行政机关制定的行政裁量权基准。基于此,在环境行政处罚裁量基准的制定权限分配上,省、自治区、直辖市和设区的市、自治州人民政府及其生态环境主管部门有权依据法律、法规、规章以及上级生态环境部门制定的环境行政处罚裁量基准,制定适用于本行政区域的环境行政处罚裁量基准。县级人民政府及其生态环境主管部门则可在法定权限范围内,对上级生态环境部门制定的环境行政处罚裁量基准中涉及的"标准、条件、种类、幅度、方式、时限"等要素进行合理的细化和量化。

环境行政处罚裁量基准的内容设计应当充分体现地方执法实践需求。为避免裁量基准的同质化倾向,省、自治区、直辖市和设区的市、自治州人民政府以及县级人民政府及其生态环境主管部门在制定环境行政处罚裁量基准时,应当严格遵循过罚相当、宽严相济的基本原则。同时,鉴于环境问题的复杂性、专业性和利益多元化特征,为确保裁量基准制定的科学性和针对性,各地在制定地方性环境行政处罚裁量基准时,应当综合考虑违法行为的特殊性、区域社会经济发展水平、地方执法实践状况等多重因素,对环境行政处罚的具体情节、适用条件以及不予处罚、免予处罚、从轻减轻处罚、从重处罚等裁量阶次进行细致规定,力求制定出既符合地方特色又满足执法实际

---

[1] 参见胡建淼:《行政裁量权基准的属性、制定和适用》,载《中国司法》2022年第8期。

需求的环境行政处罚裁量基准。

在环境行政处罚裁量基准的实施过程中,应当严格落实说明理由制度。规范裁量基准的实施不仅要求执法人员严格遵守法律规范和裁量基准的规定,充分考虑相关因素,更要求执法人员在执法决定文书中进行充分的说理论证。[1] 需要说明的是,裁量基准本身并不等同于说明理由,不能因存在裁量基准而免除执法人员的说理义务。[2] 具体而言,执法人员应当在案件调查终结报告、行政处罚事先告知书、重大复杂案件集体讨论笔录、行政处罚决定书等法律文书中,详细载明环境行政处罚裁量基准的适用情况,并向行政相对人阐明裁量基准的规范依据、选择理由、适用原因以及政策考量因素等。说明理由制度的有效实施不仅能够充分保障行政相对人的知情权,而且有助于预防和减少行政争议,降低执法阻力,从而确保裁量基准得到切实有效的执行。

(二)过罚相当原则的适用

1. 过罚相当原则的适用实践。行政处罚作为行政机关依法对违反行政管理秩序的公民、法人或其他组织实施的法律制裁措施,通过减损权益或增设义务的方式实现惩戒功能,是维护市场秩序、优化营商环境的重要制度保障。《行政处罚法》第5条第2款明确规定:"设定和实施行政处罚必须以事实为依据,与违法行为的事实、性质、情节以及社会危害程度相当。"该条款确立了行政处罚的过罚相当原

---

[1] 参见王春业:《论行政裁量基准的动态体系论优化》,载《政法论坛》2023年第3期。

[2] 参见黄学贤、杨红:《行政裁量权基准有效实施的保障机制研究》,载《法学论坛》2015年第6期。

则,要求行政处罚的严厉程度必须与违法行为的严重性保持均衡,既不能过度惩戒,也不可惩戒不足,以确保行政处罚的公正性与合理性。就法理层面而言,过罚相当原则要求行政机关在作出行政处罚决定时,应当全面考量行为人的主观过错程度与客观危害后果,在严格执法的同时确保依法执法,审慎行使自由裁量权,实现处罚与过错的实质相当。

然而,在行政执法实践中,"小案重罚"等违反过罚相当原则的现象屡见不鲜。典型案例包括:陕西榆林"芹菜案"[1]中,个体经营者因销售5斤不合格芹菜获利20元而被处以6.6万元罚款;湖北"武昌鱼案"[2]中,餐饮经营者因销售两份兽药残留超标的菜品获利107元而被罚款5万元;四川宜宾"采耳店案"[3]中,个体经营者因开设采耳店被处以22万元罚款。这些案件引发了社会舆论的广泛关注,央广网等媒体对处罚的合法性与适当性发表了不同的意见。此类现象折射出两个深层次问题:一方面,行政执法部门面临执法困境;另一方面,行政处罚结果与社会公众认知存在显著偏差,导致公众对行政执法产生误解。2024年7月8日,在最高人民检察院举办的"行政检察与民同行 助力法治中国建设"新闻发布会上,张雪樵副检察长明确指出,实践中对小摊贩、小微企业的行政处罚存在违反过罚相当原则的现象,高额罚款不仅违背法律精神与公平正义要求,更损害当事人合法权益,影响其正常生产生活,不利于法治信仰的培育。检察机关应当依法履行法律监督职责,纠正此类不当执法行为。当前亟

---

[1] 参见陕西省榆林市中级人民法院行政判决书,(2020)陕08行终19号。
[2] 参见湖北省武汉市武昌区人民法院行政裁定书,(2021)鄂0106行审21号。
[3] 参见宜宾市翠屏区卫生健康局行政处罚决定书,宜翠卫健罚[2023]3号。

须解决的核心问题在于：如何准确评估"过"的程度，以及如何实现"罚"的相当性。这要求我们深入探讨过罚相当原则的适用标准，建立科学的裁量基准，完善执法监督机制，以确保行政处罚的合法性与适当性，实现法律效果与社会效果的统一。

2. 过罚相当原则的适用路径。过罚相当原则作为行政处罚领域的基本原则，其核心要义在于确立"无过不罚、小过小罚、大过重罚"的处罚梯度体系。这一原则的有效实施有赖于对"过"的程度进行客观、准确的评估，从而确保"罚"的适当性。[1] 具体而言，过罚相当原则的适用应当关注以下几个维度：首先，应当系统考量违法行为的主观过错程度。《行政处罚法》第33条第2款明确规定："当事人有证据足以证明没有主观过错的，不予行政处罚。"这一规定确立了主观过错在行政处罚中的基础性地位。同时，《生态环境行政处罚办法》第41条将"当事人的主观过错程度"明确列为生态环境行政处罚裁量时应当考虑的情节要素。这表明，行为人的主观过错程度是确定处罚标准的重要考量因素，体现了责任主义原则在行政处罚中的具体应用。其次，应当全面评估违法行为的社会危害程度。过罚相当原则要求行政处罚必须与违法行为的社会危害性保持均衡。《生态环境行政处罚办法》第41条将"违法行为造成的环境污染、生态破坏以及社会影响"纳入环境行政处罚的考量因素，第42条则将"没有造成生态环境危害后果"作为"轻微不罚"的适用情形。这种制度设计体现了对违法行为社会危害性的分层评估理念，有助于规范行政处

---

[1] 参见于志强、徐蕾：《优化营商环境背景下行政处罚过罚相当原则的适用》，载《浙江理工大学学报（社会科学）》2025年第1期。

罚裁量权的行使,防止"小过重罚"等不当现象的发生。再次,建议构建科学的违法行为危害性评价机制。相较于刑法领域对危害性评价的重视程度,行政处罚领域在这一机制的建构上仍显不足。虽然《行政处罚法》第57条规定"确有应受行政处罚的违法行为的,根据情节轻重及具体情况,作出行政处罚决定",但这一规定较为原则化。建立系统的危害性评价机制,有助于行政机关在裁量权范围内作出更为合理的处罚决定,避免机械适用法律导致的"一刀切"现象,从而实现处罚与过错的实质相当。最后,应当着力完善行政处罚清单制度。自《行政处罚法》(2021年修订)实施以来,各地积极探索建立不予处罚、减轻处罚、从轻处罚、从重处罚的"四张清单"制度,取得了显著成效。[1] 这一制度创新具有双重价值:一方面,通过明确各类处罚的具体适用情形,增强法律的可预见性,引导公众自觉守法;另一方面,规范行政机关的裁量行为,有效防范"小案重罚""重案轻罚"等过罚失当现象,实现行政权力的规范化运行。这一制度的完善对于推进过罚相当原则的实质化具有重要意义。

(三)生态环境领域不予行政处罚的适用

我国《行政处罚法》第33条确立了不予行政处罚的三种基本类型,包括"无危害不罚"、"首违不罚"以及"无主观过错不罚"。《生态环境行政处罚办法》第42条在此基础上,对生态环境领域的不予处罚情形作出了具体规定。各地生态环境部门相继制定了相应的规范性文件,标志着我国生态环境领域不予处罚的规范体系已初步形成。

---

[1] 例如,《吉林省生态环境领域不予行政处罚事项清单》《湖南省生态环境违法行为免罚事项清单(第一批)》。

然而，关于上述三类不予处罚情形的具体适用，在理论界与实务界仍存在诸多争议，亟待深入探讨。

1. "无危害不罚"的规范适用

《生态环境行政处罚办法》第42条第1款第1句规定："违法行为轻微并及时改正，没有造成生态环境危害后果的，不予行政处罚。"就法理层面而言，行政处罚本质上是对违法行为不法性的否定评价，危害后果并非行政处罚的构成要件，但其可作为衡量违法行为社会危害性的重要参考因素。因此，不予行政处罚的适用对象应当严格限定于轻微且未造成实际性危害后果的违法行为，对于具有严重社会危害性的行政违法行为则不应适用。

在行政执法实践中，需要严格区分"没有造成危害后果"与"危害后果轻微"这两个概念。后者可以作为不予行政处罚的裁量因素之一，但不应作为决定性要件。从行政法理角度，"危害后果"是指行政违法行为对行政法律规范所保护的法益造成的实际损害。[1] 具体到"没有造成危害后果"的认定，既包括因违法行为本身轻微而未产生危害后果的情形，也包括因行为人及时采取补救措施而最终未造成危害后果的情形。在具体认定过程中，应当综合考虑以下因素：违法行为持续时间、发生频率、是否造成人身或财产损害、影响范围以及社会影响程度等。这些因素不仅能够客观反映违法行为的社会危害程度，也为"无危害不罚"的适用提供了可操作的判断标准。[2]

---

〔1〕 参见熊樟林：《行政违法真的不需要危害结果吗？》，载《行政法学研究》2017年第3期。

〔2〕 参见何冰：《不予行政处罚制度的实践检视与优化路径》，载《江苏科技大学学报（社会科学版）》2024年第3期。

这一规范构造体现了行政处罚的谦抑性原则,既有利于实现生态环境保护目标,又能够避免过度干预市场主体经营活动,对于优化营商环境具有积极意义。然而,在具体适用过程中,仍需进一步明确"轻微"与"没有造成危害后果"的认定标准,以防止裁量权的滥用,确保法律适用的统一性和可预见性。

2."首违不罚"的规范适用

通过对吉林、广东和海南等典型省份以及北京这一典型直辖市在大气污染防治领域"首违不罚"规范文本的比较分析,可以发现各地在制度构造的核心要素认定上存在显著差异。这种差异主要体现在以下两个维度。

首先,在"首次违法"的认定标准上存在分歧。海南省采用"首次发现"标准,强调生态环境部门的首次发现行为,体现了行政主体视角;而北京市、广东省和吉林省则采用"初次违法"标准,侧重行政相对人的首次违法行为,体现了行为主体视角。这种认定标准的差异直接影响了制度的适用范围和执法效果。

其次,在"及时改正"的时间要求上缺乏统一标准。以超标排放大气污染物为例,吉林省规定24小时内完成整改,北京市设定10个工作日的改正期限,而广东、海南两省则仅作原则性规定。这种规范层面的不一致,导致制度适用存在地域差异,影响了法律适用的统一性和可预见性。

更为突出的问题是,各地在制定免罚清单时普遍存在"轻微不罚"与"首违不罚"构成要件的混淆现象。以《吉林省生态环境领域不予行政处罚事项清单》和《湖南省生态环境违法行为免罚事项清单(第一批)》为例,两者均在"初次违法"的基础上附加"未造成环境后果"的条件,实质上将"轻微不罚"的要件植入"首违不罚"制度中,这不仅提高了适用门槛,也压缩了制度的适用空间,有违制度设计的初衷。

为破解上述制度困境,建议从以下两个层面进行优化。其一,明确"首次违法"的内涵界定。目前学界和实务界对"首次"存在三种解释路径:行政主体首次发现说、行为人首次违法说以及双重首次说。根据《生态环境行政处罚办法》第42条第1款的规范意旨,应当采纳双重首次说,即同时满足行政主体首次发现和行为人首次违法的双重标准。这种解释既符合立法目的,也有利于平衡行政效率与相对人权益保护。其二,构建动态化的裁量基准调整机制。鉴于生态环境领域行政裁量与裁量基准之间的张力,建议建立免罚清单的动态调整机制。各地生态环境部门可在遵循上位法规定的前提下,根据执法实践需要,定期对免罚清单进行修订和完善,明确"首违不罚"的裁量权限边界,增强制度的适应性和可操作性。[1] 这种机制设计既有利于应对环境违法行为的复杂性和多样性,也能确保制度的规范性和稳定性。

3."无主观过错不罚"的规范适用

《生态环境行政处罚办法》第42条第1款确立了"无主观过错不罚"的基本原则,规定当事人能够提供充分证据证明其不存在主观过错的,应当不予行政处罚。然而,实证研究表明,地方立法在具体适用该原则时存在规范不统一的现象。以吉林、北京、广东和海南等地

---

[1] 参见彭中遥:《生态环境"首违不罚"的法理阐释与优化进路》,载《学习与实践》2024年第8期。

的规范文本为例,吉林省将行为人的主观状态明确限定为"非主观故意且无弄虚作假行为",而北京、广东和海南等地则未对此作出具体规定。这种规范层面的差异不仅影响了法律适用的统一性,也可能导致执法尺度的不一致。

为确保"无主观过错不罚"原则的正确适用,有必要从以下两个层面进行完善:一方面,通过法律解释方法,准确阐释上位法的立法原意,形成统一的适用标准;另一方面,在遵循上位法基本原则的前提下,细化地方性法规的具体规定,确保制度实施的规范性和可操作性。

基于上述分析,可以得出以下结论:虽然现行法律已经对不予处罚的适用情形作出原则性规定,但由于生态环境问题的复杂性和法律解释的差异性,地方规范在具体适用过程中仍存在与上位法不协调的现象。为解决这一问题,建议采取以下路径:首先,通过系统的法律解释,明确"不予行政处罚"的构成要件,形成统一的适用标准;其次,制定符合上位法精神的地方性环境行政处罚清单,为基层执法部门提供明确的操作指引;最后,通过完善裁量基准,规范执法部门的自由裁量权,确保法律适用的统一性和公正性。这一制度完善路径不仅有助于实现行政处罚的规范化,也能够促进生态环境保护与经济发展的协调统一。

法条链接

1.《大气污染防治法》

第八十一条 排放油烟的餐饮服务业经营者应当安装油烟净化设施并保持正常使用,或者采取其他油烟净化措施,使油烟达标排放,并防止对附近居民的正常生活环境造成污染。

禁止在居民住宅楼、未配套设立专用烟道的商住综合楼以及商住综合楼内与居住层相邻的商业楼层内新建、改建、扩建产生油烟、异味、废气的餐饮服务项目。

任何单位和个人不得在当地人民政府禁止的区域内露天烧烤食品或者为露天烧烤食品提供场地。

第一百一十八条 违反本法规定,排放油烟的餐饮服务业经营者未安装油烟净化设施、不正常使用油烟净化设施或者未采取其他油烟净化措施,超过排放标准排放油烟的,由县级以上地方人民政府确定的监督管理部门责令改正,处五千元以上五万元以下的罚款;拒不改正的,责令停业整治。

违反本法规定,在居民住宅楼、未配套设立专用烟道的商住综合楼、商住综合楼内与居住层相邻的商业楼层内新建、改建、扩建产生油烟、异味、废气的餐饮服务项目的,由县级以上地方人民政府确定的监督管理部门责令改正;拒不改正的,予以关闭,并处一万元以上十万元以下的罚款。

违反本法规定,在当地人民政府禁止的时段和区域内露天烧烤食品或者为露天烧烤食品提供场地的,由县级以上地方人民政府确定的监督管理部门责令改正,没收烧烤工具和违法所得,并处五百元以上二万元以下的罚款。

2.《行政处罚法》

第四条 公民、法人或者其他组织违反行政管理秩序的行为,应当给予行政处罚的,依照本法由法律、法规、规章规定,并由行政机关依照本法规定的程序实施。

第三节 环境信息公开

张某某诉上海市生态环境局、上海市人民政府信息公开告知及行政复议案

事实概要

原告:张某某
被告:上海市生态环境局、上海市人民政府
案号:(2022)沪7101行初638号

2022年6月22日,张某某向上海市生态环境局提出信息公开申请,要求公开某公司备案的突发环境事件应急预案、某事故报告信息、环境污染公共监测预警机制、某事故预警信息、启动的应急措施及全部相关环境监测数据。上海市生态环境局针对前述第1项及第3项申请作出答复后,就第2项、第4项及第5项申请作出被诉告知,称市应急管理局已启动事故调查工作,相关信息将于事故调查结束后依法公布。张某某对此不服,遂提起行政复议。上海市人民政府经审查后作出被诉复议决定,维持了被诉告知。张某某继而提起行政诉讼,请求撤销被诉告知并责令重新处理,同时请求撤销行政复议决定。

判决结果

上海铁路运输法院于2022年12月26日依法作出(2022)沪7101行初638号行政判决,裁定驳回张某某的诉讼请求。该判决宣判后,各方当事人均未在法定期限内提起上诉,故该判决已依法发生

法律效力。

案例述评

(一)张某某是否具备申请信息公开的主体资格

根据《政府信息公开条例》之规定,政府信息系指行政机关在履行行政管理职能过程中制作或获取的、以一定形式记录、保存的信息。保障公民、法人和其他组织依法获取政府信息的权利,有助于提升政府工作的透明度,推进法治政府建设,并充分发挥政府信息对公众生产、生活及经济社会活动的服务功能。该条例第27条明确规定,除行政机关主动公开的政府信息外,公民、法人或者其他组织可以向地方各级人民政府、对外以自己名义履行行政管理职能的县级以上人民政府部门(含本条例第10条第2款规定的派出机构、内设机构)申请获取相关政府信息。第29条进一步规定,申请政府信息公开可采用书面或口头形式。

张某某作为具备合法身份的公民,有权就属于政府信息公开范围的事项向行政机关提出信息公开申请。公开环境监测数据属于生态环境局的职责范围,且不属于国家秘密、商业秘密、个人隐私以及行政机关内部事务信息等依法不予公开的范畴。张某某就环境监测数据向生态环境局提出信息公开申请,其申请主体、申请事项、申请形式及申请程序均符合法律规定,故张某某具备申请政府信息公开的主体资格。

然而,《生产安全事故报告和调查处理条例》第28条规定:"事故调查组成员在事故调查工作中应当诚信公正、恪尽职守,遵守事故调查组的纪律,保守事故调查的秘密。未经事故调查组组长允许,事故调查组成员不得擅自发布有关事故的信息。"鉴于本案所涉事故正处于调查阶段，上海市生态环境局尚不具备公开相关环境监测数据的职责。因此，尽管张某某有权提出信息公开申请，但上海市生态环境局无法满足其申请中涉及的3项环境监测数据的公开请求。

(二)上海市生态环境局对部分申请公开信息不予答复的行为是否合法

行政机关在公开政府信息时，应当遵循"以公开为常态、不公开为例外"的基本原则，并秉持公正、公平、合法、便民的原则。除行政机关主动公开的政府信息外，行政机关还应当依法受理公民、法人或其他组织提出的政府信息公开申请，并及时作出答复。《政府信息公开条例》第36条第5项规定，申请公开的信息不属于本行政机关负责公开的，应当告知申请人并说明理由。此外，《生产安全事故报告和调查处理条例》第28条第2款明确规定："未经事故调查组组长允许，事故调查组成员不得擅自发布有关事故的信息。"第34条进一步规定："事故处理的情况由负责事故调查的人民政府或者其授权的有关部门、机构向社会公布，依法应当保密的除外。"鉴于本案所涉信息仍处于事故调查阶段，上海市生态环境局暂不具备公开相关信息的法定职责。

张某某申请获取的信息涉及涉案事故的相关数据。在法定期限内，上海市生态环境局已对第1项和第3项申请作出答复，但由于其余3项信息仍处于事故调查阶段且尚未依法公布，上海市生态环境局不负有公开相关信息的职责。上海市生态环境局作出被诉告知并说明了理由，其行为已依法履行了法定职责。

(三) 上海市人民政府的复议决定是否合法

上海市人民政府作出维持被诉告知的复议决定,符合相关法律规定。鉴于张某某申请公开的信息仍处于事故调查阶段,且相关信息的公开需待事故调查结束后依法进行,上海市生态环境局在调查期间并无发布相关信息的法定职责。因此,上海市人民政府的复议决定具有法律依据,符合法定程序。

(四) 法院的裁判依据

法院生效裁判认为,依据《生产安全事故报告和调查处理条例》第34条规定,事故处理的情况应由负责事故调查的人民政府或其授权的有关部门、机构向社会公布,但依法应当保密的情形除外。张某某申请获取的信息涉及涉案事故的相关数据,而本案所涉生产安全事故正处于调查阶段,上海市生态环境局在此期间并无公开张某某申请的相关信息的法定职责。因此,上海市生态环境局所作被诉告知具有法律依据。上海市人民政府作出维持被诉告知的复议决定,亦无不当之处。

本案中,张某某作为适格主体,依法享有申请政府信息公开的权利。针对其申请公开的5项信息,上海市生态环境局在其法定职责范围内,对其中2项信息予以公开。由于事故调查尚未结束,其余3项信息需待调查结束后依法公布。根据《生产安全事故报告和调查处理条例》的相关规定,上海市生态环境局在事故调查期间既无职责亦无权限公开相关信息。上海市生态环境局作出被诉告知并说明不予公开的理由,其行为符合法律规定,具有合法性。

案例延伸

(一)政府主动公开与依申请公开的区分

《政府信息公开条例》第 2 条规定,政府信息系指行政机关在履行行政管理职能过程中制作或获取的,以一定形式记录、保存的信息。该条例第三章与第四章分别对主动公开[1]和依申请公开[2]的情形作出了规定。主动公开是指行政机关应当主动公开涉及公众利益调整、需要公众广泛知晓或参与决策的政府信息。依申请公开则是指公民、法人或其他组织基于知情权的需要,向行政机关申请获取未主动公开的政府信息。

两者的主要区别在于:(1)公开主体与方式不同。主动公开是由负有法定职责的行政机关主动向社会公众公开信息;而依申请公开则是基于公民、法人或其他组织的申请,由行政机关根据申请内容提供相关信息。与主动公开相比,依申请公开增加了行政机关与行政相对人之间的互动,这对行政机关的政府信息公开工作提出了更高的要求。(2)公开范围不同。主动公开的范围包括行政法规、规章和规范性文件;机关职能、机构设置、办公地址、办公时间、联系方式、负责人姓名;国民经济和社会发展规划、专项规划、区域规划及相关政策等信息。依申请公开的信息通常不属于主动公开的范围,但申请人有权依法申请获取。主动公开主要针对需要全社会知晓的信息,

---

[1]《政府信息公开条例》第 19 条规定,对于涉及公众利益调整、需要公众广泛知晓或者需要公众参与决策的政府信息,行政机关应当主动公开。

[2]《政府信息公开条例》第 27 条规定,除行政机关主动公开的政府信息外,公民、法人或其他组织可以向地方各级人民政府、对外以自己名义履行行政管理职能的县级以上人民政府部门(含本条例第 10 条第 2 款规定的派出机构、内设机构)申请获取相关政府信息。

属于政府与全社会之间的关系,类似于"点对面"的关系;而依申请公开则针对仅需个别主体知晓的信息,类似于"点对点"的关系。(3)公开的时效性不同。主动公开强调信息的主动性和及时性。依据《政府信息公开条例》第 26 条之规定,"属于主动公开范围的政府信息,应当自该政府信息形成或者变更之日起 20 个工作日内及时公开。法律、法规对政府信息公开的期限另有规定的,从其规定"。而依申请公开的时效性则体现在该条例第 33 条的规定中,该条第 1 款、第 2 款规定,"行政机关收到政府信息公开申请,能够当场答复的,应当当场予以答复。行政机关不能当场答复的,应当自收到申请之日起 20 个工作日内予以答复;需要延长答复期限的,应当经政府信息公开工作机构负责人同意并告知申请人,延长的期限最长不得超过 20 个工作日"。(4)公开是否需要收费。主动公开的信息通常具有公共性和普遍性,原则上不收取费用。根据《政府信息公开条例》第 42 条规定,行政机关依申请提供政府信息,一般不收取费用,但若申请人申请公开信息的数量、频次明显超过合理范围,行政机关可以收取信息处理费。

综上所述,主动公开与依申请公开相辅相成,共同推动政府信息公开工作的透明化与规范化,为构建开放、透明的政府治理体系提供了制度保障。

(二)是否应对依申请公开中申请人的资格加以限制

传统观点认为,依申请公开的信息与主动公开的信息在本质上存在区别。前者仅与特定主体的利益相关,因而仅需向该特定主体公开;而后者则与公共利益相关,因而需向全社会公开。然而,这一观点引发了一个关键问题:若某信息仅与特定主体相关且仅需该特定主体知晓,则该信息可能已落入个人隐私或至少是个人信息的范畴,此时是否仍有公开的必要?

《国务院办公厅政府信息与政务公开办公室关于明确政府信息公开与业务查询事项界限的解释》(国办公开办函〔2016〕206号)指出:"不动产登记资料查询,以及户籍信息查询、工商登记资料查询等,属于特定行政管理领域的业务查询事项,其法律依据、办理程序、法律后果等,与《政府信息公开条例》所调整的政府信息公开行为存在根本性差别。当事人依据《政府信息公开条例》申请这类业务查询的,告知其依据相应的法律法规规定办理。"这一解释明确了政府信息公开与业务查询之间的区别。此外,《不动产登记资料查询暂行办法》第8条第1款规定:"不动产权利人、利害关系人申请查询不动产登记资料,应当提交查询申请书以及不动产权利人、利害关系人的身份证明材料。"这表明,不动产登记资料查询对申请人资格有特定要求,而政府信息公开则无此限制。

因此,有学者提出,依申请公开的对象仍然是公众应当知晓的信息,其范围与政府应当主动公开的信息并无本质区别。依申请公开的存在,主要是由于政府未履行主动公开义务,所以通过申请机制督促其公开。[1] 从这个意义上说,依申请公开更准确的表述应为"被动公开",其对象本质上是公众应当知悉的信息,因此不应对申请人的资格加以限制。

然而,尽管每一位合法公民均享有知悉政府信息的权利,但对于

---

[1] 参见王锴、周锐恒:《论政府信息公开中依申请公开的对象范围》,载《中南民族大学学报(人文社会科学版)》2022年第8期。

不正当的信息申请行为,仍需加以规范。《政府信息公开条例》第35条规定,"申请人申请公开政府信息的数量、频次明显超过合理范围,行政机关可以要求申请人说明理由。行政机关认为申请理由不合理的,告知申请人不予处理"。该条款并非对申请人资格的直接限制,而是针对申请数量或频次明显超出合理范围的情形,旨在减轻行政机关的行政负担,并督促申请人规范行使权利。只有在申请人无法提供合理理由时,行政机关方可拒绝处理其申请。

综上所述,依申请公开制度的核心在于保障公众对政府信息的知情权,而非对申请人资格加以限制。然而,为防止权利滥用,对于申请数量或频次明显超出合理范围的情形,行政机关有权要求申请人说明理由,以确保信息公开制度的公平与效率。

(三)是否应限定政府信息公开诉讼的申请人原告资格

政府信息公开诉讼与一般行政诉讼的区别在于,其诉讼结果具有向全社会公开的特性,因而此类诉讼在一定程度上具有公益诉讼或客观诉讼的性质。[1] 有学者指出,若对申请政府信息公开的资格限制过于宽松,允许所有公民提出申请,可能会导致申请权的不当使用。[2] 例如,申请人可能利用信息公开申请宣泄个人情绪、试图通过信息公开解决历史遗留问题、以公共利益之名行自我炒作之实,甚至存在滥用申请权或恶意诉讼的倾向。一方面,若不限制申请人资格,可能导致政府信息公开诉讼案件数量激增;另一方面,若为减少

---

[1] 参见王贵松:《信息公开行政诉讼的诉的利益》,载《比较法研究》2017年第2期。

[2] 参见李广宇、耿宝建、周觅:《政府信息公开非正常申请案件的现状与对策》,载《人民司法》2015年第15期。

诉讼而限制申请人资格,则可能违背政府信息公开制度的初衷。

从规范层面来看,《行政诉讼法》第 25 条第 1 款规定:"行政行为的相对人以及其他与行政行为有利害关系的公民、法人或者其他组织,有权提起诉讼。"该条款明确了行政诉讼原告需满足"有利害关系"的条件。理论上,若政府未依法主动公开信息,任何公民均有权对其提起诉讼。[1] 然而,在政府信息公开诉讼案件中,申请人与信息公开行为之间存在特定的利害关系,依据前述规定,应由申请人提起诉讼。这一观点在立法中得到了支持。《最高人民法院关于审理政府信息公开行政案件若干问题的规定》第 3 条规定:"公民、法人或者其他组织认为行政机关不依法履行主动公开政府信息义务,直接向人民法院提起诉讼的,应当告知其先向行政机关申请获取相关政府信息。对行政机关的答复或者逾期不予答复不服的,可以向人民法院提起诉讼。"该条款体现了客观诉讼的主观化,即将政府不公开信息这一损害公共利益的行为转化为损害特定公民知情权的行为。这一转化可通过基本权利的主观面向推定理论或保护规范理论加以解释。简而言之,申请人通过向政府提交信息公开申请,与政府的信息公开行为建立了利益联系,从而获得了提起诉讼的资格。《最高人民法院关于请求公开与本人生产生活科研等特殊需要无关政府信息的请求人是否具有原告诉讼主体资格问题的批复》中指出:"申请人申请公开的政府信息是否与本人生产、生活、科研等特殊需要有关,属于实体审理的内容,不宜作为原告的主体资格条件。"这意味着,即

---

[1] 参见程琥:《新条例实施后政府信息公开行政诉讼若干问题探讨》,载《行政法学研究》2019 年第 4 期;耿宝建、周觅:《新条例制度环境下政府信息公开诉讼的变化探析》,载《中国行政管理》2020 年第 2 期。

使申请人申请公开的政府信息与其个人的生产、生活、科研等特殊需要无关,只要其认为行政机关的答复或不予答复侵犯了其合法权益,其仍具备提起行政诉讼的原告资格。这一规定体现了对公民、法人或其他组织获取政府信息权利的保护,强调了政府信息公开的普遍性和重要性。因此,请求人是否具有原告资格并不取决于其与申请公开的信息是否存在特殊需要的关系,而是取决于其是否认为行政机关的行为侵犯了其合法权益。

然而,在实践中,这一规定并未得到完全规范化的应用。例如,在"溪鸣河公司诉沐川县人民政府信息公开案"[1]中,法院仍对"溪鸣河公司主张溪鸣电站、福尔溪电站、箭板电站的水位标高、水资源利用、质量安全等与其所有的光明电站的生产密切相关"进行了审查,这相当于变相对申请人的信息用途进行了实质性判断。

综上所述,尽管立法和司法解释明确了对申请人原告资格的宽松态度,但在司法实践中,仍存在对申请人原告资格进行隐性审查的现象。在政府信息公开诉讼中,如何维护公共利益与防止权利滥用,仍需进一步的理论探讨和制度完善。

(四)公众知情权与政府环境信息管理权的冲突与平衡

环境信息公开是保障公众知情权的重要渠道。从理论上看,环境信息公开不仅是公众知情权的体现,也是政府履行环境保护职责的重要方式。只有环境信息全面、透明地向公众公开,公民的环境知情权得到充分保障,公众才能有效参与环境行政决策活动,避免与其他主体产生不必要的利益冲突,从而成为真正了解自身处境并享有

---

[1] 参见四川省乐山市中级人民法院行政判决书,(2016)川11行初1号。

话语权的决策主体。[1]

然而,在实践中,公众与行政机关之间仍存在同一环境信息是否应当公开的分歧。公众往往认为某些环境信息应当公开,而行政机关则可能基于保障国家安全、公共利益等环境信息管理的需要认为不应当公开。因此,如何在保障公众知情权的同时,兼顾政府环境信息管理的合理需求,成为环境信息公开制度设计中的核心问题。

1. 环境信息公开与保守国家秘密的冲突与平衡

《政府信息公开条例》第14条规定:"依法确定为国家秘密的政府信息,法律、行政法规禁止公开的政府信息,以及公开后可能危及国家安全、公共安全、经济安全、社会稳定的政府信息,不予公开。"关于"国家秘密"的具体含义,《保守国家秘密法》第13条进一步明确:"下列涉及国家安全和利益的事项,泄露后可能损害国家在政治、经济、国防、外交等领域的安全和利益的,应当确定为国家秘密:(一)国家事务重大决策中的秘密事项;(二)国防建设和武装力量活动中的秘密事项;(三)外交和外事活动中的秘密事项以及对外承担保密义务的秘密事项;(四)国民经济和社会发展中的秘密事项;(五)科学技术中的秘密事项;(六)维护国家安全活动和追查刑事犯罪中的秘密事项;(七)经国家保密行政管理部门确定的其他秘密事项。政党的秘密事项中符合前款规定的,属于国家秘密。"

通常情况下,环境信息与国家在政治、经济、国防、外交等领域的

---

[1] 参见周珂、史一舒:《环境行政决策程序建构中的公众参与》,载《上海大学学报(社会科学版)》2016年第2期。

安全和利益之间的联系并不直观。然而,某些环境信息可能因与国家利益密切相关而被行政机关认定为不宜公开。在此类情况下,行政机关在裁量是否公开环境信息时拥有较大的自主权。若未能妥善处理可公开的环境信息与国家秘密之间的关系,不仅可能损害公众的知情权,还可能削弱政府的公信力,最终导致公共利益与政府权威的双重损失。例如,2006年,中国启动了全国土壤污染状况调查,原计划于2010年完成。然而,调查完成后,官方未公布详细结果,称相关数据涉及国家秘密。原环保部以"避免引起不必要的担忧和经济损失"为由,将土壤污染数据按国家秘密管理。这一做法引发了公众和专家对信息透明度的质疑。根据《政府信息公开条例》第19条以及《保守国家秘密法实施条例》第5条之规定,对涉及公众利益调整、需要公众广泛知晓或者需要公众参与决策的政府信息,行政机关应当主动公开;国家机关和涉及国家秘密的单位不得将依法应当公开的事项确定为国家秘密。土壤污染信息直接关系公众健康和环境安全,属于涉及公民、法人或其他组织切身利益的事项,行政部门应当依法主动公开。

实践中容易将应当依法主动公开的环境信息确定为国家秘密的根源在于,我国《政府信息公开条例》的效力位阶低于《保守国家秘密法》。当前的信息公开制度仍处于《保守国家秘密法》的框架之下,与国际通行的"公开为原则、保密为例外"原则相比,我国在实践中往往面临"保密为原则、公开为例外"的困境。[1] 为解决这一冲

---

[1] 参见王锡锌:《政府信息公开语境中的"国家秘密"探讨》,载《政治与法律》2009年第3期。

突,有学者提出,在平衡国家秘密与公众环境知情权时,一个既能保障公众环境知情权,又能兼顾国家安全和利益的切实可行的标准就是依据《保守国家秘密法实施条例》的规定,依法应当主动公开的政府环境信息不得被确定为国家秘密。[1] 此外,在修订政府信息公开相关法律法规时,应纳入明确条款,加强对国家机关以国家秘密为由拒绝公开应主动公开的环境信息的行为的约束,并为公众提供有效的监督途径。

简言之,环境信息公开与保守国家秘密之间的冲突需要通过完善法律法规、明确公开与保密的界限以及加强公众监督来解决。只有在保障国家安全的同时,充分尊重和实现公众的知情权,才能构建透明、高效的政府信息公开制度。

2. 基于"生产、生活、科研等特殊需要"的申请说明适用

《最高人民法院关于审理政府信息公开行政案件若干问题的规定》第12条规定,若申请人不能合理说明其申请获取政府信息系基于自身生产、生活、科研等特殊需要,且行政机关据此拒绝提供相关信息,人民法院应当判决驳回原告的诉讼请求。然而,关于"自身生产、生活、科研等特殊需要"的具体含义,现行法律并未作出明确界定,这导致在实践中行政机关工作人员常以申请人未能合理说明申请用途为由拒绝提供信息。这种现象已成为地方政府信息公开工作的短板,政府部门要求申请人说明申请用途并提供证明文件几乎已

---

[1] 参见严厚福:《公开与不公开之间:我国公众环境知情权和政府环境信息管理权的冲突与平衡》,载《上海大学学报(社会科学版)》2017年第2期。

成为常态。[1]

在孙某某诉萍乡市环保局不履行信息公开法定职责案[2]中,因在线监测平台多次显示萍乡市萍钢钢铁有限公司二氧化硫排放超标,孙某某向萍乡市环保局申请公开该公司的环评报告及相关文件。江西省萍乡市中级人民法院认为,孙某某作为在校学生,家住河北省邢台市,与江西省萍乡市无直接生活关联,且未提供证据证明申请信息与其生产、生活、科研相关。而且申请表中"所需信息的用途"一栏仅填写"保障公民知情权",未具体说明申请目的。法院认为,"保障公民环境知情权"并不等同于任何公民无须任何条件即可获取政府环境信息,因此萍乡市环保局不予公开涉案信息并不违反规定。

公众申请环境信息公开时,法律通常不要求其说明与申请信息之间的具体利益关系。大多数国家的政府信息公开制度对申请者资格未作限制,任何个人、法人组织甚至外国人均可申请信息公开。[3]然而,国外的做法仅能作为参考,中国的制度设计需结合本国实践。在实际操作中,行政机关在处理信息公开申请时,通常会考虑申请人的"生产、生活、科研等特殊需要",这反映了现实中的资源约束问题。一方面,中国各级政府的人员编制有限,负责信息公开工作的资源相对紧张。若允许任何人无理由申请政府环境信息公开,相关机关可能面临无法满足所有申请的困境。另一方面,在公众权利意识增强

---

[1] 参见张丽颖:《政府信息公开"三需要"的现实操作》,载《重庆社会科学》2015年第1期。

[2] 参见江西省萍乡市中级人民法院行政判决书,(2016)赣03行终7号。

[3] 参见杨小军:《论申请政府信息公开的资格条件》,载《国家行政学院学报》2011年第2期。

的背景下,若不对申请加以适当限制,可能导致知情权的滥用。

如何平衡公众知情权与政府信息公开能力之间的冲突,是一个亟待解决的问题。有学者通过调研和案例分析发现,在政府环境信息公开实践中,只要未超出合理工作量,对于未明确证明"生产、生活、科研等特殊需要"的申请,相关政府部门通常也会予以公开,而非一概拒绝。[1] 政府工作人员普遍认为,在不影响工作的前提下,为公众提供便利是可以接受的。然而,若法律取消"生产、生活、科研等特殊需要"的限制,这种原本可自由裁量的行为将转变为强制性法律义务,可能大幅增加工作量,并因未能履行义务而面临追责风险。因此,政府工作人员普遍反对全面取消"生产、生活、科研等特殊需要"的限制。

基于现实情况的分析,现阶段中国政府在环境信息公开方面的人力、物力和财力与发达国家仍存在一定的差距。若全面取消对申请条件的限制,不再要求申请人基于"生产、生活、科研等特殊需要"提出申请,可能导致政府负担过重,同时也不利于公众培养珍惜权利的意识。因此,在现有条件下,适当保留对申请用途的说明要求,并对"合理说明"进行扩大解释,既有助于合理分配有限的行政资源,也能在一定程度上防止权利滥用,从而实现公众知情权与政府信息公开能力的有效平衡。

(五)完善政府环境信息公开的监督机制

在我国,环境信息知情权与公众利益密切相关。《政府信息公开

---

[1] 参见严厚福:《公开与不公开之间:我国公众环境知情权和政府环境信息管理权的冲突与平衡》,载《上海大学学报(社会科学版)》2017年第2期。

条例》第五章"监督和保障"通过一系列规定,构建了一个相对完整的监督与保障体系。该体系在制度建设、人员管理、信息披露、权益保障等多个维度,为政府信息公开工作的有效实施提供了制度支持,旨在提升政府工作的透明度,促进法治政府建设,并保障公民、法人和其他组织的合法权益。然而,具体到环境信息公开领域,仍需进一步加强监督力度、细化操作流程、提高公众参与度,以充分发挥其制度效能。

为确保政府依法及时、准确、完整地公开环境信息,不仅需要强化行政机关的内部监督,还应将社会公众的监督纳入监督体系,形成多元化的监督机制。具体而言,可从以下几个方面着手:第一,政府应加强系统内部的自我监督,将环境信息公开责任细化至具体科室和个人,并将其纳入个人及领导的绩效考核体系。对于未能有效履行环境信息公开职责的人员和领导,应根据情节严重程度给予警告、降职等相应处罚,以增强工作人员的责任意识。此外,可借鉴日本的经验,设立信息公开审查会。当公众申请政府环境信息公开遭遇不作为时,信息公开审查会应及时介入并作出公正裁决,确保公众的合法诉求得到有效回应。第二,加大媒体监督力度。在信息时代,媒体在信息传播中扮演着关键角色。针对政府环境信息公开不力或无故拒绝公开的情况,可借助传统媒体和互联网媒体进行监督。传统媒体凭借其专业性和权威性,能够深入挖掘事件背后的原因;互联网媒体则可以其传播速度快、覆盖面广的特点,迅速引发社会关注。应充分发挥两者的优势,形成监督合力,促使政府重视并改进环境信息公开工作。第三,扩大公众监督渠道。公众是环境信息公开监督的重要力量。以网络为依托,公众形成了"自媒体",可随时随地对政府环境信息公开工作进行监督,对政府部门形成无形压力。各级政府作为环境信息公开的义务主体,应积极收集公众意见,针对不同意见主动与公众沟通交流,形成良好的互动机制。

法条链接

1.《政府信息公开条例》

第三十六条　对政府信息公开申请,行政机关根据下列情况分别作出答复:

(一)所申请公开信息已经主动公开的,告知申请人获取该政府信息的方式、途径;

(二)所申请公开信息可以公开的,向申请人提供该政府信息,或者告知申请人获取该政府信息的方式、途径和时间;

(三)行政机关依据本条例的规定决定不予公开的,告知申请人不予公开并说明理由;

(四)经检索没有所申请公开信息的,告知申请人该政府信息不存在;

(五)所申请公开信息不属于本行政机关负责公开的,告知申请人并说明理由;能够确定负责公开该政府信息的行政机关的,告知申请人该行政机关的名称、联系方式;

(六)行政机关已就申请人提出的政府信息公开申请作出答复、申请人重复申请公开相同政府信息的,告知申请人不予重复处理;

(七)所申请公开信息属于工商、不动产登记资料等信息,有关法律、行政法规对信息的获取有特别规定的,告知申请人依照有关法律、行政法规的规定办理。

2.《生产安全事故报告和调查处理条例》

第二十八条　事故调查组成员在事故调查工作中应当诚信公正、恪尽职守,遵守事故调查组的纪律,保守事故调查的秘密。

未经事故调查组组长允许,事故调查组成员不得擅自发布有关事故的信息。

第三十四条 事故处理的情况由负责事故调查的人民政府或者其授权的有关部门、机构向社会公布,依法应当保密的除外。

第四节 行 政 补 偿

某家庭农场诉山东省临沂市河东区自然资源局、山东省临沂市河东区人民政府行政补偿及行政复议案

事实概要

原告:某家庭农场

被告:山东省临沂市河东区自然资源局、山东省临沂市河东区人民政府

案号:(2023)鲁行再31号

某家庭农场于2021年4月向山东省临沂市河东区自然资源局(以下简称河东区自然资源局)提交了"国家赔偿申请",主张其自2015年起种植的30亩莲藕自2019年起遭受野鸭啃食,至2020年秋季,野鸭数量剧增,尽管采取了多种防护措施,但莲藕及种苗仍遭受严重损失,经济损失达10余万元,故请求依法予以补偿。河东区自然资源局所属公益事业单位——山东省临沂市河东区某发展中心作出《不予受理国家补偿申请的决定书》。对此,该家庭农场申请行政复议,山东省临沂市河东区人民政府(以下简称河东区人民政府)于2021年6月7日作出行政复议决定,撤销河东区自然资源局的《不予

受理国家补偿申请的决定书》,并责令其限期重新作出处理。

2021年6月25日,河东区自然资源局联合街道林业站及某村村委会工作人员对该家庭农场的莲藕种植地进行了现场勘查。勘查结果显示,藕塘周边无人干扰,生态环境良好,在藕塘相邻的苗圃地发现3只白鹭,并在茂密荷叶下发现1只成年野鸭及6~7只未成年野鸭。经鉴定,该野鸭为绿头鸭,属国家三级保护动物。2021年7月,河东区自然资源局再次作出《不予受理国家补偿申请的决定书》。该家庭农场遂再次申请行政复议。在行政复议审理过程中,河东区自然资源局提交了某咨询服务中心出具的《关于绿头鸭对莲藕危害的鉴定意见书》。该鉴定意见书分析认为,河东区境内绿头鸭种群数量有限,对莲藕及种苗造成的损失微乎其微。基于此,河东区人民政府于2021年10月作出行政复议决定,维持河东区自然资源局的《不予受理国家补偿申请的决定书》。

对此,该家庭农场提起行政诉讼,请求撤销涉案行政复议决定及《不予受理国家补偿申请决定书》,确认河东区自然资源局及河东区人民政府的行政行为违法,并判令其依法作出补偿决定。

判决结果

山东省临沂市河东区人民法院于2022年5月5日作出(2022)鲁1312行初15号行政判决,裁定驳回某家庭农场的诉讼请求。某家庭农场不服一审判决,依法向山东省临沂市中级人民法院提起上诉。山东省临沂市中级人民法院于2022年8月25日作出(2022)鲁13行终388号行政判决,裁定驳回上诉,维持原判。

此后,某家庭农场向山东省高级人民法院申请再审。山东省高级人民法院于 2023 年 6 月 30 日作出(2023)鲁行申 265 号行政裁定,决定提审本案。提审后,山东省高级人民法院于 2023 年 8 月 20 日作出(2023)鲁行再 31 号行政判决,判决如下:(1)撤销山东省临沂市河东区人民法院作出的一审行政判决及山东省临沂市中级人民法院作出的二审行政判决;(2)撤销河东区人民政府作出的行政复议决定;(3)撤销河东区自然资源局作出的《不予受理国家补偿申请的决定书》;(4)责令河东区自然资源局于本判决生效后 60 日内报请当地人民政府对某家庭农场依法作出补偿决定。

案例述评

(一)关于河东区自然资源局两次作出不予受理国家补偿申请决定行为的合法性分析

河东区自然资源局在两次行政决定中均以绿头鸭对某家庭农场种植的莲藕及其种苗造成的损失未达到申请国家补偿的标准为由,拒绝受理该家庭农场的补偿申请。然而,该局的处理方式存在明显瑕疵。具体而言,当某家庭农场向山东省临沂市河东区某发展中心汇报相关情况并提出现场调查申请时,该单位未能及时响应并组织现场调查工作,这一行为违反了行政程序合法性原则。行政程序的合法性原则要求行政机关在作出行政决定时,必须遵循法定程序,确保事实认定的准确性和充分性。由于未能及时开展现场调查,相关事实未能得到充分核实,该局据此作出的《不予受理国家补偿申请的决定书》缺乏充分的事实依据,其合法性存疑。

此外,根据《野生动物保护法》及相关法规规定,行政机关在受理国家补偿申请时,应当依法履行调查职责,确保事实认定的客观性和全面性。河东区自然资源局未能及时履行调查职责,导致其行政决定缺乏充分的事实支撑,违反了行政行为的正当程序原则。因此,该局两次作出的不予受理决定在程序和实体上均存在明显不足,其合法性难以成立。

(二)关于河东区人民政府第二次行政复议决定的合法性分析

河东区人民政府在第二次行政复议决定书中维持了河东区自然资源局作出的《不予受理国家补偿申请的决定书》,该决定存在显著瑕疵。具体而言,行政复议机关未能充分考量河东区自然资源局在作出原行政行为时存在的程序违法问题。原行政机关在未及时组织现场调查、未充分履行法定调查职责的情况下,即作出不予受理决定,违反了行政程序合法性原则及依法行政的基本要求。根据《行政复议法》及相关法律规定,行政复议机关应当对原行政行为的合法性、合理性进行全面审查,尤其应对程序合法性予以重点关注。然而,河东区人民政府在复议过程中未能纠正原行政机关的程序违法行为,亦未对相关事实进行充分核查,导致其作出的复议决定缺乏事实依据和法律支持。这一行为不仅违背了行政复议制度的监督功能,也未能体现依法行政的基本原则。因此,河东区人民政府第二次作出的行政复议决定存在明显不当,依法应予撤销。

(三)关于某家庭农场遭受损失的分析

根据某家庭农场提供的证据,在食物资源匮乏期间,某家庭农场种植的莲藕遭到大量绿头鸭啃食,导致藕塘成为绿头鸭的主要觅食场所。绿头鸭作为国家三级保护动物,其活动对农场的莲藕种植造成了显著的经济损失,该损失与野生动物行为之间存在明确的因果关系。

值得注意的是,某家庭农场在发现莲藕遭受野生动物啃食后,并未采取任何非法手段伤害野生动物,而是通过驱赶、设置假人、燃放鞭炮等非伤害性措施试图减少损失。这一行为充分体现了某家庭农场对野生动物保护的高度重视,符合《野生动物保护法》的立法宗旨,值得充分肯定和鼓励。

根据《野生动物保护法》第19条的规定,因保护该法所规定的野生动物而造成人员伤亡、农作物或其他财产损失的,应由当地人民政府依法予以补偿。因此,对于某家庭农场因保护野生动物而遭受的实际损失,人民政府应当依法履行补偿职责,以体现对公民合法权益的保护及对野生动物保护行为的支持。

(四)法院的审判依据分析

本案中,某家庭农场种植的莲藕因被绿头鸭啃食而遭受损失,尽管某家庭农场采取了合理的非伤害性措施,但仍未能避免严重的经济损失。根据《野生动物保护法》的相关规定,在损失事实清楚、因果关系明确的情况下,当地人民政府应当依法予以补偿。然而,河东区自然资源局在未充分查明事实的情况下,两次作出不予受理国家补偿申请的决定,违反了法定程序及实体法律规定。河东区人民政府在行政复议过程中亦未能纠正原行政机关的错误,其行政复议决定同样存在违法情形。一审法院和二审法院未支持某家庭农场的诉讼请求,但山东省高级人民法院在再审程序中查明,某家庭农场因绿头鸭啃食其种植的莲藕而遭受损失的事实清楚,因果关系明确,且农场提供的证据足以形成完整的证据链。

山东省高级人民法院的裁判具有重要的法律意义和社会价值。首先,法院准确查明了案件事实,明确了损失与野生动物活动之间的因果关系,认可了某家庭农场在保护野生动物方面的积极行为。其次,在法律适用上,法院严格依据《野生动物保护法》第19条的规定,明确了某家庭农场符合生态补偿的法定情形,纠正了行政机关的错误决定。最后,在程序上,法院通过再审程序保障了当事人的诉讼权利,规范了行政行为的合法性要求,体现了司法对行政权力的有效监督。

案例延伸

(一)野生动物致害的生态补偿

野生动物致害指野生动物的活动直接或间接造成的侵害人身权和财产权的一种事实状态。从损害结果的角度来看,野生动物致害可分为人员伤亡致害和财产损失致害。前者指野生动物直接对人类身体或精神造成的伤害;后者则指野生动物对农林作物、家畜及其他财产造成的破坏,从而导致经济损失。根据致害行为与被害人之间的关系,野生动物致害可分为直接致害和间接致害。直接致害是指野生动物的行为直接造成的损害,其损失通常可直接量化;而间接致害则是指野生动物活动导致被害人可预期利益的损失,如采取防护措施以避免野生动物侵害或保护野生动物而导致的经济损失。

人与野生动物的冲突是全球范围内普遍存在且日益严重的现实问题,也是野生动物保护领域面临的最普遍和最紧迫的挑战之一。针对这一问题,国际社会主要采取两种应对策略:一是通过预防性措施减少野生动物致害的发生,例如,通过狩猎和诱捕控制野生动物种群数量、制订和实施科学的土地利用规划、利用围栏等设施区隔人类与野生动物的活动范围;二是通过事后救济措施,如迁移受影响的居民或提供经济补偿,缓解人类对野生动物的抵触情绪。

我国《野生动物保护法》第 19 条第 1 款和第 2 款明确规定:"因保护本法规定保护的野生动物,造成人员伤亡、农作物或者其他财产损失的,由当地人民政府给予补偿。具体办法由省、自治区、直辖市人民政府制定。有关地方人民政府可以推动保险机构开展野生动物致害赔偿保险业务。有关地方人民政府采取预防、控制国家重点保护野生动物和其他致害严重的陆生野生动物造成危害的措施以及实行补偿所需经费,由中央财政予以补助。具体办法由国务院财政部门会同国务院野生动物保护主管部门制定。"由此可见,我国目前对野生动物致害事件主要采取行政补偿的方式进行事后救济,政府依据相关法规进行审核并发放补偿款项。这一制度设计的法理依据主要体现在以下两个方面:首先,野生动物并非民事主体,无法承担赔偿责任[1];其次,我国实行野生动物资源国家所有权制度,野生动物资源归国家所有。[2] 因此,由国家承担野生动物致害事件造成的损失具有法律上的正当性,受害人可根据现行野生动物致害补偿制度向当地人民政府申请补偿。然而,目前我国野生动物致害补偿制度还存在不足。

1. 从立法体系的角度来看,我国野生动物致害补偿制度的构建主要依赖于授权立法模式,但这种模式在一定程度上影响了制度的完整性与系统性。现行野生动物致害补偿制度的立法框架主要由以

---

[1] 参见冯子轩:《生态伦理视阈中的野生动物保护立法完善之道》,载《行政法学研究》2020 年第 4 期。
[2] 参见庄超:《野生动物意外致害的国家补偿责任探析》,载中华环保联合会编:《中国环境法治》2010 年卷,法律出版社 2011 年版。

下几类规范构成:其一,法律。以《野生动物保护法》为核心,该法第19条明确规定了因保护野生动物造成人身伤亡或财产损失的补偿责任。其二,行政法规。如《陆生野生动物保护实施条例》以及国务院发布的相关行政法规解释。其三,地方性法规。各地根据实际情况制定了相关法规,如《北京市野生动物保护管理条例》、《河北省陆生野生动物保护条例》以及《上海市中华鲟保护管理条例》等。其四,地方政府规章。根据《野生动物保护法》第19条的授权,省级人民政府制定了具体的补偿办法,如《安徽省陆生野生动物造成人身伤害和财产损失补偿办法》。总体而言,国家层面的立法主要集中于野生动物保护领域,而地方层面的立法则逐步向环境资源保护、自然保护区管理等相关领域延伸。

根据《野生动物保护法》第19条的规定,野生动物致害补偿的"具体办法"由省级人民政府制定,而中央财政补助的"具体办法"则由国务院财政部门会同国务院野生动物保护主管部门制定。这种立法模式体现了一种典型的"法条授权"逻辑,即授权机关通过法律、法规或规章中的特定条款进行授权立法。[1] 在这种模式下,地方人大及设区的市人民政府仅能在上位法既有规定的框架内,从增强针对性和可操作性的角度进行细化立法,而省级人民政府则被赋予了"创制"上位法未明确规定内容的权力。

然而,《野生动物保护法》第19条对授权立法的规定存在一定的局限性。首先,该条款仅概括性地规定"具体办法由省、自治区、直辖

---

[1] 参见江国华、梅扬、曹榕:《授权立法决定的性质及其合宪性审查基准》,载《学习与实践》2018年第5期。

市人民政府制定",但并未强制要求被授权主体"应当"制定相关办法。这意味着立法的推进在很大程度上依赖于省级人民政府的立法能动性。其次,该条款未明确规定若省级人民政府未履行立法职责应承担何种法律责任。如果地方野生动物致害案件频发,而地方政府怠于立法、消极立法或回避立法,缺乏明确的法律责任追究机制,可能导致立法进程停滞,进而影响制度的有效实施。

野生动物致害补偿制度的完整性与系统性是实现野生动物保护的重要前提与基础。在授权立法的模式下,国务院有关部门及省级人民政府的立法能动性对制度的落地与实施具有决定性作用。特别是省级人民政府,若其未能及时制定具体的补偿办法,可能导致整个野生动物致害补偿制度陷入瘫痪状态,难以发挥其应有的功能。[1] 因此,完善授权立法机制、明确立法责任、强化立法监督,是确保野生动物致害补偿制度有效运行的关键所在。

2. 野生动物致害补偿制度实施中的问题。从野生动物致害补偿制度的实际运行情况来看,主要存在以下问题:第一,补偿标准总体偏低。由于历史与地理环境,野生动物主要聚集在我国西部地区,这些地区多为经济欠发达的老少边穷地区。首先,这些地方政府的财政能力有限,难以对受害人的全部损失进行足额补偿。[2] 其次,由于补偿经费存在较大缺口,大多数地区的补偿范围仅限于直接损失,而忽略了间接损失,实际补偿金额远低于受害人的实际损失。此外,

---

〔1〕 参见秦鹏、向往:《生物多样性保护视域下野生动物致害补偿制度的立法完善》,载《中国软科学》2023年第4期。

〔2〕 参见曹明德、王良海:《对修改我国〈野生动物保护法〉的几点思考——兼论野生动物资源生态补偿机制》,载《法律适用》2004年第11期。

由于地区间经济发展水平差异较大,实践中存在相同致害结果在不同区域补偿标准差异显著的现象。更有甚者,部分地方政府因财政紧张,将申报的补偿资金挪用于扶贫等其他事项,进一步削弱了补偿制度的实际效果。第二,受害人申请补偿的程序障碍。从求偿程序的角度来看,受害人向政府申请野生动物致害补偿面临诸多困难。一方面,根据现行补偿办法的规定,受害人在遭受野生动物侵害后,需主动提出申请,并提交包括申请表、现场照片、录像在内的相关证据材料,同时需详细说明财产损失情况,以启动补偿程序。然而,野生动物致害事件的受害人多为农民,其文化水平普遍较低,难以独立完成复杂的申请材料准备工作,这导致他们在申请补偿时面临较大障碍。另一方面,野生动物补偿金由地方财政支付,而补偿金的发放通常延迟至次年,这种长时间的延迟使受害人无法及时获得经济补偿,进而对其生活与生产造成严重影响。第三,补偿金发放缺乏有效监督。从补偿金的履行结果来看,现行法律仅规定"经调查属实并确实需要补偿的,由当地人民政府按照有关规定给予补偿",但对于补偿支付环节的监督机制并未作出明确规定。实践中,大部分地区仅对野生动物致害造成的直接损失进行补偿,而将间接损失及野生动物致害导致的收入减少排除在补偿范围之外。这种补偿范围的局限性,加之缺乏有效的监督机制,导致补偿金的发放过程存在透明度不足、公平性欠缺等问题,进一步削弱了补偿制度的公信力与实效性。综上所述,野生动物致害补偿制度在实施过程中面临补偿标准偏低、申请程序复杂、补偿金发放延迟及监督机制缺失等多重问题。这些问题的存在不仅影响了受害人的合法权益,也制约了野生动物保护工作的有效开展。因此,亟须通过完善立法、优化程序、加强监督等措施,进一步提升野生动物致害补偿制度的科学性与可操作性。

(二)国家生态补偿的性质分析

《生态保护补偿条例》第2条第2款规定:"本条例所称生态保护补偿,是指通过财政纵向补偿、地区间横向补偿、市场机制补偿等机制,对按照规定或者约定开展生态保护的单位和个人予以补偿的激励性制度安排。生态保护补偿可以采取资金补偿、对口协作、产业转移、人才培训、共建园区、购买生态产品和服务等多种补偿方式。"结合该条例,国家生态补偿的性质可以从以下几个维度进行解析:第一,国家生态补偿的核心目标是通过财政纵向补偿、地区间横向补偿以及市场机制补偿等多种方式,对按照规定或约定参与生态保护的单位和个人进行补偿,从而形成一种激励性制度安排。其根本目的在于调动各方主体参与生态保护的积极性,促进生态保护与经济社会发展的有机融合,实现生态效益与经济效益的双赢。第二,生态补偿制度在运行机制上体现了政府主导、社会参与与市场调节的有机结合。政府通过财政资金投入、政策引导等方式发挥主导作用,确保生态补偿的公共性与公平性。同时,其鼓励企业、社会组织及个人通过市场机制参与生态保护补偿,形成多元化的补偿主体与资金来源,增强制度的可持续性。第三,生态补偿的性质具有复合性,既包括对生态功能或生态价值的补偿,也涵盖对因生态保护而受损的经济利益的补偿。这种双重补偿机制不仅体现了对生态系统服务价值的认可,也兼顾了生态保护过程中相关利益主体的经济诉求,从而在生态保护与经济发展之间找到了平衡点。第四,生态补偿的方式呈现多样化特征,具体包括财政转移支付、设立专项生态补偿资金、建立市场交易机制(如碳排放权交易、生态产品交易等)、产业扶持与生态补偿相结合等。这些多样化的补偿方式不仅丰富了生态补偿的实施路径,也为不同区域和主体提供了灵活的选择空间,增强了制度的适应性与实效性。综上所述,国家生态补偿是一种兼具激励性、公共性、复合性及法律保障性的制度安排。其旨在通过多元化的补偿机制与方式实现生态保护与经济社会发展的有机融合,为构建人与自然和谐共生的现代化格局提供了重要的制度支撑。

(三)市场化生态补偿模式

市场化生态补偿作为生态补偿制度的下位概念,其核心特征在于通过市场化或准市场化手段实现生态补偿的目标。与传统的政府主导型生态补偿相比,市场化生态补偿在参与主体、补偿方式及运行机制等方面均呈现出显著差异,具体可从以下几个方面进行分析。

1.市场化生态补偿的特征。(1)参与主体的广泛性。在政府主导的生态补偿模式中,补偿主体通常为各级政府,而市场化生态补偿的参与主体不仅包括政府,还涵盖企业、社会组织及个人等多元市场主体。此外,受偿主体也更为多元化,不仅包括因生态保护政策(如休耕、禁渔)而利益受损的群体,还涵盖主动参与生态建设和保护的主体,从而实现了补偿对象的扩展与优化。(2)补偿方式的多样性。市场化生态补偿突破了传统财政转移支付的单一模式,引入了多种市场化的补偿手段。例如,通过签订生态补偿协议、税费减免、人才培养、生态公益岗位设置等方式,实现了补偿方式的创新与多样化。这种多元化补偿机制不仅增强了生态补偿的灵活性,也提高了资源配置的效率。(3)法律框架的约束性。尽管市场化生态补偿强调市场主体的自愿参与,但其运行必须在法律框架内展开。

市场化生态补偿缺乏政府主导模式中的行政强制力,但其合法性依赖于明确的法律规范与政策支持,以确保补偿行为的公平性与可持续性。

2. 市场化生态补偿的实践困境。(1)法律法规的缺失与不统一。当前,我国在市场化生态补偿领域的立法尚处于探索阶段。《宪法》和《环境保护法》仅对生态补偿作出原则性规定,而具体到市场化生态补偿,相关法律条文多为鼓励性表述,缺乏对补偿主体、标准、方式等核心要素的具体规范。地方层面虽开展了大量立法实践,但存在区域分布不均衡、地方特色过强等问题,导致地方性法规的普适性不足,难以在全国范围内推广。此外,各地经济发展水平差异显著,补偿标准与方式的不统一进一步削弱了制度的公平性与激励效果。(2)生态环境资源的产权界定模糊。生态环境资源的产权归属直接影响市场化生态补偿机制的有效性。当前,我国生态环境资源的产权结构尚不清晰,制约了市场化补偿机制的推进。(3)生态资源价值核算体系的缺失。科学的生态资源价值核算体系是市场化生态补偿的基础。生态资源价值包括有形价值(如森林、水资源、野生动物等)与无形价值(如空气质量、健康福祉、区域发展机遇等)。当前,我国尚未建立统一的生态资源价值核算标准,导致补偿金额的确定缺乏科学依据。为此,需健全价值核算指标,探索科学的计算方法(如效果评价法、收益损失法、旅行费用法等),为生态补偿市场化提供技术支持。(4)生态保护区市场主体资格的缺失。生态保护区作为重要的生态资源载体,其市场化经营能力受到市场主体资格缺失的限制。当前,生态保护区多局限于小规模交易活动(如碳排放权交易),难以充分发挥其经济潜力。赋予生态保护区市场主体资格,有助于推动保护性开发(如森林轮伐、生态旅游、水权交易等),同时,可通过市场化经营筹集资金(如银行贷款、生态资源抵押、保险等)。然而,在赋予市场主体资格的同时,需严格规范生态保护区的义务,确保生态资源的保护与国有资产的保值增值。

3. 市场化生态补偿的推进路径。为推进市场化生态补偿的健康发展,需从以下几个方面着手:完善法律法规体系,明确市场化生态补偿的主体、标准与方式;明晰生态环境资源的产权归属,构建产权形成与流转机制;建立科学的生态资源价值核算体系,为补偿金额的确定提供依据;赋予生态保护区市场主体资格,推动保护性开发与市场化经营;加强区域间合作与国际合作,建立跨区域生态资源保护协调机制,解决跨区域环境利益纠纷。

综上所述,市场化生态补偿作为一种创新性制度安排,具有参与主体广泛、补偿方式多样、运行机制灵活等优势,但其有效实施依赖于完善的法律法规、清晰的产权界定、科学的核算体系以及明确的市场主体资格。通过系统化推进相关制度建设,市场化生态补偿有望在生态保护与经济发展之间实现更高水平的平衡。

法条链接

《野生动物保护法》

第二条第二款 本法规定保护的野生动物,是指珍贵、濒危的陆生、水生野生动物和有重要生态、科学、社会价值的陆生野生动物。

第十九条 因保护本法规定保护的野生动物,造成人员伤亡、农作物或者其他财产损失的,由当地人民政府给予补偿。具体办法由省、自治区、直辖市人民政府制定。有关地方人民政府可以推动保险机构开展野生动物致害赔偿保险业务。

有关地方人民政府采取预防、控制国家重点保护野生动物和其他致害严重的陆生野生动物造成危害的措施以及实行补偿所需经费,由中央财政予以补助。具体办法由国务院财政部门会同国务院野生动物保护主管部门制定。

在野生动物危及人身安全的紧急情况下,采取措施造成野生动物损害的,依法不承担法律责任。

第五节 行政赔偿

韩某兴诉上海市静安区人民政府芷江西路街道办事处、上海市静安区生态环境局等扣押财物及行政赔偿案

事实概要

原告:韩某兴

被告:上海市静安区人民政府芷江西路街道办事处、上海市静安区生态环境局

案号:(2022)沪7101行初212号、(2023)沪03行终193号

韩某兴系某餐厅的经营者,其将餐厅租赁给郭某梅直接经营,双方在内部协议中约定,若行政机关禁止营业导致无法经营,韩某兴须将租赁费用退还给郭某梅。后因周边居民投诉该餐厅存在烧烤油烟扰民问题,上海市静安区生态环境局(以下简称静安生态局)与上海市静安区人民政府芷江西路街道办事处(以下简称芷江西路街道办)多次进行现场执法。2021年9月,静安生态局作出《责令改正违法

行为决定书》,要求餐厅立即停止从事产生油烟废气的餐饮服务项目。2021年10月19日晚,静安生态局与芷江西路街道办再次联合至餐厅执法。韩某兴提供的现场视频及图片显示,静安生态局工作人员在餐厅内进行监督检查,而餐厅外则有身着城管制服的人员及其他人员将相关物品搬上城管执法车辆。此外,韩某兴提供的另一段视频显示,当晚执法后,有人将烧烤炉返还至餐厅门口,但韩某兴拒绝接收。同时,韩某兴依据内部协议将租赁费用退还给郭某梅。

韩某兴提起行政诉讼,请求法院判令:(1)确认芷江西路街道办与静安生态局强行搬走其财物的行为违法;(2)判令芷江西路街道办与静安生态局赔偿其烧烤炉损失6800元、收款机损失4000元、电动车充电器损失100元、凳子损失100元,以及房屋租赁损失96,000元(按每月8000元,计算1年)。

另查明,芷江西路街道办在另案中向法院出具的回复称,当晚街道办与区环保执法部门联合开展整治行动。区环保执法部门负责行政执法检查,街道综合行政执法队责令违法行为人将店外用于制售烧烤的食材及相关物品清理入室。鉴于该店经营人员多次违反规定且不听劝阻,第三方市容管理人员(物业公司工作人员)为防止其再次违法经营,遂将店内用于制作烧烤的烧烤炉运送至他处暂时存放。芷江西路街道办在核查过程中,已与物业公司沟通并让物业公司将暂存的烧烤炉归还。此外,自2021年8月1日起,涉及市容环境卫生管理等城管领域的行政执法事项由街道办事处在本辖区内行使相应的行政执法权。

本案的核心争议在于芷江西路街道办与静安生态局的执法行为是否合法,以及韩某兴主张的财产损失是否应予赔偿。通过对执法行为的合法性审查及损失事实的认定,法院依法作出裁判。

判决结果

上海铁路运输法院于2022年11月28日作出(2022)沪7101行初212号行政判决,主要内容如下:(1)确认芷江西路街道办于2021年10月19日对韩某兴实施的强制扣押行为,包括扣押其烧烤炉、收款机、电动车充电器及凳子等物品,违反了相关法律规定;(2)判令芷江西路街道办在判决生效之日起10日内,向韩某兴赔偿上述财物损失共计7100元;(3)驳回韩某兴提出的其他诉讼请求。对此判决,韩某兴及芷江西路街道办均不服,遂向上海市第三中级人民法院提起上诉。上海市第三中级人民法院于2023年7月3日作出(2023)沪03行终193号行政判决,裁定驳回上诉,维持原判。

案例述评

(一)芷江西路街道办与静安生态局执法行为的合法性分析

判断本案中芷江西路街道办与静安生态局的执法行为是否合法,需从以下两个维度进行审查:

1. 行政主体的职权范围与性质。本案涉及的扣押财物行为具有暂时性,其目的在于制止行政相对人继续实施违法行为。根据《行政强制法》第2条的规定,该行为属于行政强制措施。芷江西路街道办基于法律规定,具有实施行政强制措施的权限。然而,物业公司作为第三方主体参与扣押行为,其合法性存疑。根据法院查明的事实,物业公司并非基于行政授权实施扣押行为,而是受芷江西路街道办委托进行管理。根据《行政强制法》第17条的规定,行政强制措施权不得委托。因此,芷江西路街道办将扣押财物的行为委托物业公司实施,已构成行政违法。

2.行政程序的合法性。根据法院查明的事实,芷江西路街道办在实施扣押行为时,未依法履行程序性义务,具体表现为未制作扣押清单、未记录执法过程等。根据《行政强制法》第18条、第24条的规定,行政机关实施行政强制措施时,应当制作现场笔录、扣押清单等书面材料,并依法送达行政相对人。芷江西路街道办未遵守上述程序性规定,构成程序违法。静安生态局出具的《责令改正违法行为决定书》属于行政命令或行政强制行为,但其内容与本案中扣押财物的行为无直接关联。此外,静安生态局在执法当晚实施了监督检查行为,但未直接参与扣押财物的实施。因此,静安生态局的执法行为不存在违法情形。

综上所述,芷江西路街道办作为具有法定职权的行政主体,在实施扣押财物行为时,既存在职权委托违法的情形,又未履行法定程序,构成行政违法,应当对其实施的行政强制措施承担法律责任。物业公司作为受委托方,其行为虽不具有独立性,但因芷江西路街道办的委托行为违法,物业公司的参与行为亦不具有合法性。

(二)韩某兴所主张的损失是否具有法律依据

在判断行政相对人韩某兴的损失主张是否合理时,应依据《国家赔偿法》所规定的赔偿范围进行审查。韩某兴主张的损失可分为两部分:一是直接的财产损失,二是基于民事合同关系所产生的损失。

就财产损失部分而言,根据《国家赔偿法》第4条及第36条的规定,行政机关违法对财产采取查封、扣押、冻结等行政强制措施的,受害人有取得赔偿的权利。若行政机关应当返还的财产已灭失,则应支付相应的赔偿金。本案中，韩某兴主张的烧烤炉、收款机、电动车充电器及凳子等物品的损失，属于直接财产损失，芷江西路街道办应依法承担赔偿责任。然而，在涉案烧烤炉被归还时，韩某兴未及时接收并妥善保管，未尽到避免损失进一步扩大的注意义务，因此其对烧烤炉的损失也应承担部分责任。综上，韩某兴的财产损失主张虽具有法律依据，但其主张的具体赔偿数额并不完全合理。

就基于民事合同关系所产生的损失而言，此类损失不属于行政赔偿的范围。根据《国家赔偿法》的规定，受害人主张的损失应与违法行政行为之间存在直接的因果关系。本案中，涉案房屋的租赁关系系由韩某兴与郭某梅通过民事合同约定，后经法院判决解除（另案处理）。韩某兴主张的租金损失与行政机关的扣押行为之间并无直接因果关系，即行政机关的扣押行为并未直接影响租赁合同的效力。因此，韩某兴请求赔偿房屋租赁费用的主张缺乏法律依据。

（三）对法院审判行为的评述

芷江西路街道办作为辖区内市容环境卫生管理的主体，依法享有对城管领域事项的行政执法权，具备实施扣押行为的法定职权。现场搬离物品的车辆为城管执法车辆，且人员身着城管制服，与芷江西路街道办的回复内容相互印证。芷江西路街道综合行政执法队依法以芷江西路街道办名义承担相关执法工作，相应的法律责任应由芷江西路街道办承担。涉案物业公司受芷江西路街道办委托实施管理工作，其自认涉案行为应视为行政机关或其委托单位实施的行为，相应的法律责任仍应由芷江西路街道办承担。静安生态局提供的证据表明其在执法过程中并未实施扣押行为，而韩某兴提供的证据亦不足以证明静安生态局参与了扣押行为。因此，芷江西路街道办被认定为具有法定职权的责任主体。

根据《行政诉讼法》及相关司法解释的规定，原告请求行政赔偿时，原则上应对违法行政行为造成的损害及其程度承担举证责任。然而，《最高人民法院关于审理行政赔偿案件若干问题的规定》（以下简称《行政赔偿司法解释》）规定了两种举证责任倒置的情形：（1）第11条第1款规定，在行政行为被确认违法的情况下，原则上原告应就违法行政行为是否造成损害及损害程度承担举证责任，但因被告原因导致原告无法举证的，举证责任倒置，由被告承担举证责任；（2）第12条规定，原告主张其在被限制人身自由期间受到身体伤害，被告否认相关损害事实及损害与违法行政行为之间存在因果关系的，被告应提供相应证据予以证明。上述规定体现了行政赔偿举证责任的公平合理分配。在本案中，法院认为，行政相对人在对违法行政强制措施主张赔偿时，应对损害事实提供初步证据。但行政机关未依法制作书面决定等导致扣押物品难以查清的，通过文义解释属于"被告原因导致原告无法举证"的情形，适用举证责任倒置。根据《行政强制法》第24条第1款规定："行政机关决定实施查封、扣押的，应当履行本法第十八条规定的程序，制作并当场交付查封、扣押决定书和清单。"芷江西路街道办未能举证证明其履行了相关法律法规对扣押程序的法定要求，如依法制作扣押清单、执法记录等反映被扣押物品具体品类及原始状态的证据材料。因此，应由芷江西路街道办承担举证不能的责任。

在举证责任倒置且芷江西路街道办举证不能的情况下，法院依法采用事实推定[1]认定案件事实,并确定金钱损害赔偿范围。综合全案证据、韩某兴主张物品损失的合理性考量以及对相关物品保管注意义务的责任承担等因素,法院酌定芷江西路街道办赔偿损失共计7100元。涉案房屋的租赁关系系由韩某兴与郭某梅通过民事合同约定,后经法院判决解除,韩某兴所主张的租金损失与行政机关的扣押行为之间不存在因果关系,故法院对其租金损失的主张不予支持。

案例延伸

(一)行政强制措施的特征

准确把握行政强制措施的认定标准,关键在于理解其特征。依据《行政强制法》第2条第2款关于行政强制措施的法定定义,并结合行政法理论,可以发现,行政强制措施具有如下特征:

1.行政强制措施是一种"限权性"行为。行政强制措施是一种限权性行政行为而非处分性行政行为,表现为对当事人权利的限制而非剥夺。在行政强制措施中,无论是行政机关对公民人身自由的限制,还是对法人财产的查封,均体现为对当事人人身自由权或财产权的一种限制。

2.行政强制措施是一种"暂时性"行为。行政强制措施是行政机关在行政管理过程中为维护行政管理秩序而采取的暂时性手段,其

---

[1] 采用事实推定认定案件事实须满足以下条件:(1)原告难以举证证明财产损失;(2)原告的举证困境由被告的行政程序违法行为引起;(3)原告提供初步证据证明其财产遭受损害;(4)受损害的物品在合理范围内;(5)法官根据已知事实结合日常生活经验法则推论出另一事实;(6)推定结果仅适用于生产经营财产。

本身并非管理的最终目标。[1] 采取行政强制措施并未达到也不可能达到管理上的封闭结果,它是为实现另一种处理结果服务的。例如,对当事人财产的扣押本身并非目的,因而不可能是永久的,其旨在防止财产转移,确保事后的处理结果得以实施。行政强制措施作为一种暂时性行为,亦可理解为一种中间性行为,与作为最终性行为的行政处罚、行政裁决和行政强制执行等行为存在显著区别。

3. 行政强制措施是一种"可复原性"行为。在行政强制措施执行之前,相关个人的人身自由权和财产权维持在其原有的状态;一旦该措施被执行,这些权利便转为受限状态。当行政强制措施被解除或其法定期限届满时,个人的权利应当恢复至原先未受限制的状态。这体现了行政强制措施的"可复原性"特征,而行政处罚或行政执行通常不具备此特性。

4. 行政强制措施是一种"从属性"行为。作为辅助性手段,行政强制措施为另一种主要的行政行为提供支持,具备预防性和保障性的特征。例如,限制个人的人身自由旨在阻止该个体进一步对社会造成危害;而查封财产的目的则是防止相关资产被转移,确保后续处理决定得以执行。《行政强制法》第2条第2款明确指出,采取此类措施的主要目的包括"制止违法行为、防止证据损毁、避免危害发生、控制危险扩大等情形",这充分体现了行政强制措施所具有的预防性和保障性特点。

综上所述,行政强制措施的认定需结合其限权性、暂时性、可复

---

[1] 参见胡建淼:《关于〈行政强制法〉意义上的"行政强制措施"之认定——对20种特殊行为是否属于"行政强制措施"的评判和甄别》,载《政治与法律》2012年第12期。

原性及从属性等法律特征,通过行为属性、职权范围及实施人员的隶属关系等多方面进行综合审查,以确保对其性质及合法性的准确判断。

(二)行政强制措施与行政强制执行的区别

第一,功能定位的区别。行政强制措施作为一种行政行为,具有显著的保障性特征。《行政强制法》将其功能定位为"为制止违法行为、防止证据损毁、避免危害发生、控制危险扩大等情形"。其核心目的在于保障行政管理秩序的遵守,特别是为后续行政行为的有效作出提供支持。相比之下,行政强制执行的功能则在于实现行政决定的内容。行政强制执行所针对的行政决定范围广泛,包括行政命令、行政处罚、行政征收等具有执行内容的行政行为。尽管行政强制措施也具有一定的执行性,但其本质是对行政强制措施决定的执行;而行政强制执行则通过强制手段确保行政决定的最终实现。简言之,行政强制措施以"保障性"为核心,旨在维护秩序;而行政强制执行则以"执行性"为核心,旨在实现秩序。

第二,行为性质的区别。行政强制措施属于中间行政行为,而行政强制执行则属于最终行政行为。中间行政行为是指在整个行政行为过程中,该行为仅为其中一个环节,其作出并未代表事件处理完毕。行政强制措施的"中间性"通过其"暂时性"得以体现。例如,《行政强制法》中规定的查封、扣押、冻结等措施,均非行为的最终目的,而是为保障后续行政行为的实施而采取的暂时性手段。相比之下,最终行政行为是指在整个行政行为过程中,该行为已对某一事项作出最终处理,具有封闭性。行政强制执行即具备这一特征。部分行政行为可能在作为基础行为的行政决定阶段已经封闭(如当事人主动履行行政处罚决定），也可能在行政执行阶段才封闭。但无论如何，行政强制执行始终是行政行为的最终封闭点。[1]

第三，义务性质的区别。行政强制措施与行政强制执行在当事人义务性质上存在显著差异。行政强制措施针对的是当事人负有的"不作为"和"容忍"义务，而行政强制执行则针对当事人负有的"作为"义务。从《行政强制法》的立法表达来看，其理论基点是"履行义务"。行政强制执行，无论是行政机关自行执行还是申请人民法院执行，均以当事人在规定期限内未履行行政决定为前提，其本质是强制当事人履行"作为"义务的行为。例如，行政强制执行通常在当事人未履行"作为"义务时启动，通过直接或间接手段强制实现当事人的作为义务。而在行政强制措施的实施中，当事人并不存在"作为"义务，仅需履行"不作为"或"容忍"义务。

综上所述，行政强制措施与行政强制执行在功能定位、行为性质及义务性质等方面存在显著区别。前者以保障性为核心，属于中间行政行为，针对当事人的"不作为"或"容忍"义务；后者以执行性为核心，属于最终行政行为，针对当事人的"作为"义务。这些区别不仅体现了二者在行政法体系中的不同定位，也为实践中准确识别和适用相关制度提供了理论依据。

（三）行政赔偿中直接损失的认定

《国家赔偿法》第36条对财产损失的类型进行了具体列举，并确立了"直接损失"的赔偿机制。然而，对于"直接损失"的具体定义，司

---

[1] 参见胡建淼：《"行政强制措施"与"行政强制执行"的分界》，载《中国法学》2012年第2期。

法实践中存在不同的观点。基于对"直接损失"概念的廓清,《行政赔偿司法解释》第 29 条对此作出明确规定:"下列损失属于国家赔偿法第三十六条第八项规定的'直接损失':(一)存款利息、贷款利息、现金利息;(二)机动车停运期间的营运损失;(三)通过行政补偿程序依法应当获得的奖励、补贴等;(四)对财产造成的其他实际损失。"值得注意的是,无论是《国家赔偿法》还是《行政赔偿司法解释》,均未对"直接损失"的范围作出严格限定。因此,有必要通过法教义学的方法对"直接损失"进行解释,以更精准地把握行政赔偿的范围,实现法律的目的。

对于"直接损失"的定义,学界与实务界一直存在不同的理解。传统观点认为,直接损失是指直观的、实在的损失,而间接损失则指可得利益的减少,即受害时尚不存在,但如果不受侵害,受害人在通常情况下应当或能够获得的利益。[1] 简言之,直接损失是已有利益的消灭,而间接损失则是可得利益的减少。传统观点以"时间"作为区分直接损失与间接损失的主要标准。然而,随着司法实践的发展,这一标准已不再适用。《行政赔偿司法解释》第 29 条第 2 项规定的"机动车停运期间的营运损失"以及第 3 项规定的"通过行政补偿程序依法应当获得的奖励、补贴等",均明确将可增加而未增加的利益纳入"直接损失"的范畴。这表明,"直接损失"的范围已不再局限于已有利益的消灭,而是扩展至某些可得利益的减少。此外,从语义学角度来看,"直接"一词的含义是"不经过中间事物的"或"不通过第三者的",而"间接"则指"隔开、不连接的",二者并不涉及"现实"与"未来"的区分。因此,将

---

[1] 参见江必新、梁凤云、梁清:《国家赔偿法理论与实务》,中国社会科学出版社 2010 年版,第 871 页。

"时间"作为判断"直接损失"的唯一标准并不符合语义学的基本逻辑。

事实上,从侵权行为与损害结果之间的因果关系角度分析"直接损失"更为合理。根据这一思路,直接损失不仅包括现有利益的消灭,还包括侵权行为导致的未来必然可得利益的减损。最高人民法院行政审判庭副庭长郭修江法官认为,《国家赔偿法》中的"直接损失"实质上等同于"实际损失",其不仅包括直接的物质财产损失,还包括利息、机动车停运期间的营运损失以及当事人依法应当获得的奖励、补贴等同类性质的可得利益损失。[1] 这一解释突破了传统观点中"时间"因素的限制,将"直接损失"的范围扩展至"实际损失",即包括现有损失和未来必然可得的利益。这种解释更符合《国家赔偿法》的立法意图,即通过赔偿机制弥补行政违法行为造成的实际损害。

在可得利益损失的认定中,有必要区分必然可得利益与可能可得利益。必然可得利益是指在没有侵权行为的情况下,受害人必然能够获得的利益;而可能可得利益则是指受害人可能但不确定能够获得的利益。根据《国家赔偿法》的精神,必然可得利益应被纳入直接损失的范畴,而可能可得利益则不应被纳入赔偿范围。例如,《行政赔偿司法解释》第29条规定的机动车停运期间的营运损失以及企业停产期间的租金损失,均属于必然可得利益,应被认定为直接损失。

综上所述,"直接损失"的认定是行政赔偿制度中的核心问题之一。直接损失的认定应综合考虑以下因素:损失是否具有客观存在性,是否能够被计算和确定;损失是否与侵权行为具有直接的因果关

---

[1] 参见郭修江:《行政赔偿案件审理规则》,载《公法研究》2023年第1期。

系;损失是否属于必然可得的利益;赔偿是否符合公平原则,是否能够有效弥补受害人的实际损失。通过上述标准的综合运用,可以更准确地界定"直接损失"的范围,避免因过度扩张或不当限缩而影响《国家赔偿法》的实施效果。在具体案件中,应综合考虑损失的客观性、因果关系、利益的必然性以及赔偿的公平性,以实现《国家赔偿法》的立法目的,保障受害人的合法权益。

法条链接

1.《行政强制法》

第二条 本法所称行政强制,包括行政强制措施和行政强制执行。

行政强制措施,是指行政机关在行政管理过程中,为制止违法行为、防止证据损毁、避免危害发生、控制危险扩大等情形,依法对公民的人身自由实施暂时性限制,或者对公民、法人或者其他组织的财物实施暂时性控制的行为。

行政强制执行,是指行政机关或者行政机关申请人民法院,对不履行行政决定的公民、法人或者其他组织,依法强制履行义务的行为。

第九条 行政强制措施的种类:

(一)限制公民人身自由;

(二)查封场所、设施或者财物;

(三)扣押财物;

(四)冻结存款、汇款;

(五)其他行政强制措施。

第十八条 行政机关实施行政强制措施应当遵守下列规定:

(一)实施前须向行政机关负责人报告并经批准;

(二)由两名以上行政执法人员实施;

(三)出示执法身份证件;

(四)通知当事人到场;

(五)当场告知当事人采取行政强制措施的理由、依据以及当事人依法享有的权利、救济途径;

(六)听取当事人的陈述和申辩;

(七)制作现场笔录;

(八)现场笔录由当事人和行政执法人员签名或者盖章,当事人拒绝的,在笔录中予以注明;

(九)当事人不到场的,邀请见证人到场,由见证人和行政执法人员在现场笔录上签名或者盖章;

(十)法律、法规规定的其他程序。

第十九条 情况紧急,需要当场实施行政强制措施的,行政执法人员应当在二十四小时内向行政机关负责人报告,并补办批准手续。行政机关负责人认为不应当采取行政强制措施的,应当立即解除。

第二十四条 行政机关决定实施查封、扣押的,应当履行本法第十八条规定的程序,制作并当场交付查封、扣押决定书和清单。

查封、扣押决定书应当载明下列事项:

(一)当事人的姓名或者名称、地址;

(二)查封、扣押的理由、依据和期限;

(三)查封、扣押场所、设施或者财物的名称、数量等;

(四)申请行政复议或者提起行政诉讼的途径和期限;

(五)行政机关的名称、印章和日期。

查封、扣押清单一式二份,由当事人和行政机关分别保存。

2.《行政诉讼法》

第三十八条 在起诉被告不履行法定职责的案件中,原告应当提供其向被告提出申请的证据。但有下列情形之一的除外:

(一)被告应当依职权主动履行法定职责的;

(二)原告因正当理由不能提供证据的。

在行政赔偿、补偿的案件中,原告应当对行政行为造成的损害提供证据。因被告的原因导致原告无法举证的,由被告承担举证责任。

3.《国家赔偿法》

第四条 行政机关及其工作人员在行使行政职权时有下列侵犯财产权情形之一的,受害人有取得赔偿的权利:

(一)违法实施罚款、吊销许可证和执照、责令停产停业、没收财物等行政处罚的;

(二)违法对财产采取查封、扣押、冻结等行政强制措施的;

(三)违法征收、征用财产的;

(四)造成财产损害的其他违法行为。

第六节 行政复议

某生物技术公司不服上海市某区生态环境局行政处罚申请行政复议案

申请人:某生物技术公司

被申请人:上海市某区生态环境局

2023年7月13日,被申请人上海市某区生态环境局在对申请人某生物技术公司进行现场检查时,发现该公司存在未按要求贮存危险废物、实验室项目配套环境保护设施未经验收即投入使用等违法行为。2023年7月27日,被申请人再次进行现场检查,发现申请人已采取部分整改措施,包括将危险废物贮存在防爆柜中并粘贴危险废物标识,与第三方签订了《环境影响评价技术服务合同》和《竣工环保验收技术服务合同》。然而,申请人尚未完成配套环境保护设施的竣工验收。2023年10月27日,被申请人依据相关法律法规,对申请人作出罚款44万余元的行政处罚决定。

申请人对该行政处罚决定不服,主张其违法行为情节轻微且已及时改正,未造成实际危害后果,符合生态环境部颁布的《生态环境行政处罚办法》中关于"违法行为轻微并及时改正,没有造成生态环境危害后果"不予行政处罚的规定。基于此,申请人向上海市某区人民政府申请行政复议,请求撤销上述行政处罚决定。

行政复议机构经审查认为,本案涉及申请人的多个实验项目,且存在多项违法行为,案情较为复杂。为全面查明案件事实,保障当事人的程序权利,行政复议机构决定组织双方当事人进行听证。在听证过程中,申请人与被申请人围绕事实认定、执法程序及裁量标准等核心问题进行了充分的质证与辩论。被申请人指出,尽管申请人已完成部分整改措施,但由于配套环境保护设施尚未完成竣工验收,仍存在对生态环境造成危害的风险,因此不符合《生态环境行政处罚办法》中关于"违法行为轻微并及时改正"而不予行政处罚的适用条件。申请人对此表示理解,但仍主张其实验项目产生的危险废物对生态环境影响较小,且未完成竣工验收系第三方服务机构的排期问题所致,故认为涉案行政处罚明显过重。

案件结果

在行政复议机构的主持与协调下,被申请人同意依据法定裁量基准,对申请人的轻微违法行为重新作出处理决定。同时,申请人承诺在规定的期限内完成配套环境保护设施的竣工验收工作。基于双方对事实认定及法律适用的共识,申请人与被申请人最终达成和解,并依法签署了和解协议。随后,申请人当场撤回了行政复议申请,本案得以妥善解决。

案例述评

(一)某生物技术公司是否完成整改的认定

在初次现场检查中,上海市某区生态环境局已明确指出某生物技术公司存在未按要求贮存危险废物、实验室项目配套环境保护设施未经竣工验收即投入使用等违法行为。在后续的第二次检查中,尽管某生物技术公司已采取部分整改措施,包括将危险废物贮存于防爆柜并粘贴危险废物标识,与第三方签订了《环境影响评价技术服务合同》及《竣工环保验收技术服务合同》,且相关环境保护设施已建成并处于正常运行状态,但由于第三方服务机构的排期问题,配套环境保护设施的竣工验收程序尚未完成。

从形式要件来看,由于竣工验收程序未完成,某生物技术公司的整改措施尚未完全符合法定要求。然而,从实质效果角度分析,环境保护设施的建成与运行已显著降低了环境污染的风险。尽管其整改行为存在一定的形式瑕疵,但考虑到该公司积极采取整改措施并取得了实质性的环境风险防控效果,其整改行为在实质上应得到肯定。这种形式与实质的分离评价,体现了行政法中对行政行为合理性审查的灵活性,同时也反映了在行政执法中兼顾程序正义与实质正义的价值取向。

(二)上海市某区生态环境局行政处罚裁量是否过重

上海市某区生态环境局以某生物技术公司未完成配套环境保护设施竣工验收为由,认定其整改不到位,并作出罚款44万余元的行政处罚决定。本案的核心争议在于行政处罚的裁量是否适当,尤其是在被处罚人已采取整改措施并取得实际效果的情况下,处罚是否过重。

行政处罚的适当性需同时考察形式合法性与实质合理性。形式合法性要求处罚符合法定程序与依据,而实质合理性则强调处罚应与违法行为的性质、情节及社会危害性相适应。根据《建设项目环境保护管理条例》第19条规定,建设项目配套环境保护设施经验收合格后方可投入生产或使用。本案中,被处罚人未完成验收程序,形式上构成违法。但该处罚的实质合理性存疑。理由如下:首先,某生物技术公司在首次现场检查后,已针对环境保护问题采取了相应的整改措施,环保设施已建成并投入运行。其次,环保设施的运行已取得实质性防控效果,显著降低了生态环境风险。最后,未完成竣工验收的原因在于第三方机构的排期问题,而非公司自身的主观过错,且该情况并未影响环保设施的正常运行。鉴于某生物技术公司已采取有效措施并取得实际成效,仅因形式要件未满足而认定其整改不到位,并处以高额罚款,显然存在处罚过重的问题。

本案涉及生态环境领域中的危险废物储存等专业技术性较强的议题。行政复议机关依法适用听证程序,确保双方当事人充分陈述意见,从而使行政复议机关全面了解申请人的争议背景及实质诉求,准确把握案件的核心争议点,为后续的调解与和解提供了程序保障。本案中,行政复议机关创新性地将"听证"与"和解"机制有机结合,通过听证程序,组织双方当事人对案件事实进行陈述、申辩、举证及质证,赋予申请人当面表达利益诉求的机会。在了解到申请人虽未完成环保设施竣工验收,但设施已建成并正常运行,且已实际降低生态环境风险的情况下,行政复议机关适时介入协调,推动双方对话协商,寻求各方均可接受的解决方案,最终促成双方达成和解。此举不仅有效化解了行政争议,还通过释法明理,增强了申请人的合规经营意识。

案例延伸

(一)行政复议的听证程序

行政复议听证是指行政复议机关在适用普通程序办理行政复议案件时,组织相关当事人通过陈述、申辩、举证、质证等方式,查明案件事实的审理过程。其核心目的是为当事人提供一个质证与辩论的平台,同时为行政复议机关查明案件事实提供支持。从行政复议听证程序的立法来看,目前我国尚未制定专门规范行政复议听证程序的单行法,相关规定主要散见于《行政复议法》、《行政复议普通程序听证办法》以及地方人民政府制定的规范性文件中。2023年修订的《行政复议法》将听证的适用情形明确分为"应当听证"和"可以听证"两类。对于重大、疑难、复杂的案件,必须适用听证程序;而对于其他案件,行政复议机关可依职权或依申请人申请决定是否适用听证程序。2024年,司法部发布的《行政复议普通程序听证办法》在《行政复议法》的基础上,对听证的具体情形、程序等内容进行了细化规定,为行政复议案件的审理提供了更为透明和规范的程序保障,从而进一步提升了行政复议的公正性与实效性。在地方立法层面:大多数省级行政区通过地级市人民政府制定规范性文件来规范听证程序,如《长沙市行政复议听证程序规定》;少数省级行政区则由省级人民政府直接制定相关规定,如《辽宁省行政复议听证程序规定》;此外,部分省级政府部门还专门制定了适用于本系统的行政复议听证程序规定,如《江西省司法厅办理行政复议案件工作规则》。

中国式行政法治现代化是中国式法治现代化的重要组成部分和核心任务。[1] 行政权作为国家权力中最需制约的权力,其法治化是实现政府行为受正义之法约束的关键。[2] 在中国行政法治现代化体系中,行政复议制度承担着化解行政纠纷主渠道的功能,而行政复议听证程序则是全过程人民民主价值的具体体现。在行政复议听证程序的运行过程中,全过程人民民主的价值主要体现在民主管理、民主监督和民主协商三个方面。

第一,民主管理是行政复议听证程序的核心价值之一,其在行政复议制度中发挥着桥梁与纽带的作用,紧密联结着民主监督与民主协商。行政复议作为一种以行政机关为主体的民主管理行为,其听证程序蕴含了丰富的民主管理价值。首先,听证程序显著提升了公众参与的积极性。在行政复议听证程序中,公众参与的积极性主要体现在申请人能够基于自身意愿参与听证会,并可申请证人、鉴定

---

[1] 参见吴欢:《中国式行政法治现代化与国家治理现代化的内在逻辑》,载《哈尔滨工业大学学报(社会科学版)》2023年第1期。
[2] 参见张一雄:《整体系统观下中国行政法治现代化的内涵与完善》,载《江苏社会科学》2023年第2期。

人、专家辅助人等出庭作证,发表鉴定意见与专业观点。公众参与为社会治理注入了多元化的资源,有助于持续提升社会治理的能力与水平,从而有力推进国家治理体系和治理能力现代化进程。其次,行政复议听证程序有效促进了民智的发挥。民主管理的科学性在于其能够汇聚公众智慧,充分发挥民意与民智的关键作用。行政复议听证程序贯穿行政复议的各个环节,进一步凸显了其民主管理价值,为行政争议的公正解决提供了制度保障。

第二,民主监督是对行政复议听证程序中民主管理过程及其结果的系统性审视与评价。行政复议听证程序的民主监督价值主要体现在行政权力的约束、审查信息的公开以及问责路径的明确三个方面。首先,对行政权力的合理约束是行政复议听证程序民主监督的核心目标之一。相较于传统的书面审查模式,听证程序能够实现对行政权力更为细致和深入的自我监督,将权力严格限定在制度框架内,从而达到有效约束行政权力的目的,这构成了该程序民主监督价值的关键体现。其次,公开透明的听证程序为公众参与行政复议提供了重要渠道,进一步彰显了其民主监督价值。通过听证程序的公开性,公众得以对行政行为的合法性与合理性进行监督,从而增强行政复议的透明度和公信力。此外,明确的问责路径也是民主监督的重要手段。对于行政复议机关及其工作人员而言,听证程序中形成的详细听证笔录、听证证据目录等资料为错案问责提供了重要依据。这些资料有助于行政复议机关作出更为公正的审查决定,减少非法律因素对行政纠纷处理结果的不当干扰,为行政权的规范运行和行政争议的公正解决提供了制度保障。

第三,行政复议听证程序的民主协商价值主要体现在平等参与、有序参与和多元参与三个维度。该程序通常由行政复议机关主持，申请人与被申请人在此框架下展开协商，相较于诉讼程序的对抗性，行政复议听证程序更倾向于协商性。行政复议机关秉持"高效便民、有错必纠"的原则，平等保障各方参与者的程序性权利，从而使听证程序呈现协商性的特征。通过民主协商，当事人能够直接参与问题解决过程，而非被动等待行政复议机关的书面审查结果。这不仅提升了行政复议决定的说服力与可信度，还增强了社会公众对基础治理工作的认同感与参与意愿，进一步推动了行政法治的完善与纠纷解决机制的优化。

(二)行政复议的调解程序

依据1990年《行政复议条例》(已失效)以及《关于〈中华人民共和国行政复议法(草案)〉的说明》之规定，行政复议是行政机关自我纠正错误的一种重要监督制度。[1] 当时，理论界普遍认为行政法的核心是控制行政权，公权不可处分是行政控权的应有逻辑，而调解的前提是当事人可以处分实体权利。此外，在当时的背景下，行政复议制度旨在对被申请行政行为的合法性、合理性进行实质审查。[2] 行政机关与相对人之间仍然是服从与支配的关系。若在行政复议过程中允许申请人与被申请人进行调解，容易引发危机，使调解难以确保双方意愿的真实表达，出现以压促调、以拖促调甚至诱导或胁迫调解的情况。因此，在行政复议创设初期，调解程序在行政复议中不存在

---

[1] 参见杨景宇:《关于〈中华人民共和国行政复议法(草案)〉的说明——1998年10月27日在第九届全国人民代表大会常务委员会第五次会议上》，载《中华人民共和国全国人民代表大会常务委员会公报》1999年第3期。

[2] 参见宋雅芳主编:《行政复议法通论》，法律出版社1999年版，第53页。

适用的空间。

随着社会经济的发展和法治建设的推进,行政复议不仅成为行政机关自我纠正的工具,更成为一种重要的纠纷解决机制,旨在通过法定程序化解公民与政府之间的矛盾。1999年《行政复议法》(已修订)删除了禁止调解条款,2007年《行政复议法实施条例》将行政复议作为"解决行政争议"的重要机制,由此,行政复议制度实现了从"内部监督"到"解决行政争议"的深刻转型。在此过程中,调解程序被引入行政复议中,并逐渐显现出其独特的价值和作用。这种发展得益于实践与理论的双重作用。一方面,地方行政复议实践中大量运用调解并取得良好效果,拓展了调解适用范围,如将行政合同、行政裁决等纳入调解范围,甚至通过兜底条款实质拓展复议调解适用范围。[1] 另一方面,自由裁量处分的理论发展也促进了调解制度的引入。立法机关无法应对中国快速发展时期日益精细的行政管理需求,通过赋予行政机关一定的自由裁量权可以确保其享有对行政权的处分空间。不确定法律概念、行政裁量幅度等意味着行政机关不再受立法机关完全羁束,允许双方在法律规定的范围内通过协商、合意解决纠纷,在行政复议制度中引入调解程序在理论上具有正当性。[2]

在行政争议实质性化解背景下,行政复议的调解制度又得到了新的发展。行政争议实质性解决于2010年5月举行的全国法院行政审判工作座谈会上提出。2019年2月,最高人民法院印发《关于深化人

---

[1] 参见黄辉:《行政复议调解的制度演进与适用逻辑——兼论〈行政复议法〉相关条款的修订》,载《法学杂志》2024年第5期。

[2] 参见卢护锋、王欢:《论行政纠纷的调解解决——以〈行政复议法实施条例〉第50条为例》,载《政法论丛》2008年第1期。

民法院司法体制综合配套改革的意见——人民法院第五个五年改革纲要(2019—2023)》,以正式文件形式要求行政诉讼制度应当追求"行政争议实质性化解"。2020年6月,最高人民法院印发《关于行政机关负责人出庭应诉若干问题的规定》,首次以司法解释形式明确规定行政机关负责人出庭应诉应当"就实质性解决行政争议发表意见"。2020年中央全面依法治国委员会第三次会议将行政复议的功能定位为"实质性化解行政争议"。《行政复议法》也回应了制度发展的关切,《行政复议法(修订)(征求意见稿)》(2020年)将"发挥行政复议化解行政争议的主渠道作用"纳入立法目的。《司法部关于〈中华人民共和国行政复议法(修订)(征求意见稿)〉的说明》(2020年)将"应调尽调"作为复议调解的基本原则。《行政复议法》(2023年)对原规定进行了大范围的改动,并将"调解原则与适用范围"从草案的"行政复议受理"调整至"总则"。作为一种柔性、灵活的行政争议化解方式,调解具有尊重双方意愿、相互妥协让步、减少对抗的显著优势,既能够弥补决定性解决方式的不足,迅速修复行政相对人与行政机关之间的关系,也能够围绕当事人利益问题展开讨论,维护被申请人利益。

行政复议调解范围的大小直接决定了行政复议调解能在多大范围内发挥化解行政争议的作用。[1] 为避免行政复议调解范围设定不当引发的制度功能受限问题,《行政复议法》修订时在制度导向上对行政复议的审理构造进行了调整。2023年修订的《行政复议法》以行政争议为中心构建审理构造,从理论上突破了行政复议调解范围的限制,

---

[1] 参见邓佑文:《行政复议调解的现实困境、功能定位与制度优化》,载《中国行政管理》2023年第1期。

使调解不再因案涉行政行为的类型而存在禁区。《行政复议法》(2023年)确立了概括性规定与否定性排除相结合的模式[1]，实质拓展了行政复议调解的适用范围。为提高行政复议调解的适用性和可操作性，应当进一步明确可复议调解事项以及否定性排除事项的具体类型。

具体而言，可复议调解事项包括：第一，行政机关根据法律法规赋予的自由裁量权所作出的具体行政行为。行政机关所作的自由裁量行为在法律规定范围内具有合法性，其自主处置的裁量空间属于其权力范围。司法实践中，可适用调解的自由裁量行为集中体现在行政处罚领域，复议机关一般不改变行为性质认定，而是对罚款数额进行调解。[2] 第二，行政赔偿或行政补偿。行政赔偿或行政补偿属于对行政相对人作出的授益行政行为，具有可自由处分性。行政复议作为实质性化解纠纷的主渠道，理应在行政赔偿或行政补偿案件中适用调解。第三，行政协议。《最高人民法院关于审理行政协议案件若干问题的规定》第23条规定了行政协议案件可以进行调解。行政复议作为化解行政协议争议的主渠道，理应可以适用调解。第四，行政裁决、行政确权。在行政复议程序中，申请人与第三人可就民事纠纷进行协商。行政机关据此协商成果与申请人达成调解协议，从而一并解决行政与民事争议。[3] 在当今诉讼爆炸、司法机关积案重重的情

---

[1]《行政复议法》第5条规定，行政复议机关办理行政复议案件，可以进行调解。调解应当遵循合法、自愿的原则，不得损害国家利益、社会公共利益和他人合法权益，不得违反法律、法规的强制性规定。

[2] 参见黄辉：《行政复议调解的制度演进与适用逻辑——兼论〈行政复议法〉相关条款的修订》，载《法学杂志》2024年第5期。

[3] 参见方世荣：《我国行政诉讼调解的范围、模式及方法》，载《法学评论》2012年第2期。

形下,将行政裁决、行政确权纳入行政复议的调解范围不失为一个适当的举措。此外,各地方政府也根据行政复议实施情况作出规定,将社会影响较大、事实认定或法律适用困难的案件纳入行政复议的调解范围,[1]以达到实质性化解行政争议的目的,实现利益最大化。

否定性排除事项包括:第一,涉及国家利益的事项不适用调解。涉及国家主权、安全、国防、外交等国家利益的事项,行政机关或行政相对人无权对其进行处分,其应被排除在复议调解范围之外。第二,涉及公共利益的事项不适用调解。公共利益关乎不特定多数人的生命或财产安全,其公共性质决定了此类利益不可被处分且不存在协商余地。第三,违反法律、法规强制性规定的事项不适用调解。违反法律、法规强制性规定的事项不具有可处分性,因此也应排除在行政复议调解范围之外。

法条链接

1.《行政复议法》

第五条 行政复议机关办理行政复议案件,可以进行调解。

调解应当遵循合法、自愿的原则,不得损害国家利益、社会公共利益和他人合法权益,不得违反法律、法规的强制性规定。

第五十条 审理重大、疑难、复杂的行政复议案件,行政复议机构应当组织听证。

行政复议机构认为有必要听证,或者申请人请求听证的,行政复议

---

[1] 参见《山西省行政复议调解和解办法》第5条、《邵阳市行政复议调解和解办法》第4条、《莆田市人民政府行政复议调解和解规定》第3条、《南宁市行政复议调解处理办法》第8条。

机构可以组织听证。

听证由一名行政复议人员任主持人,两名以上行政复议人员任听证员,一名记录员制作听证笔录。

2.《生态环境行政处罚办法》

第四十二条 违法行为轻微并及时改正,没有造成生态环境危害后果的,不予行政处罚。初次违法且生态环境危害后果轻微并及时改正的,可以不予行政处罚。

当事人有证据足以证明没有主观过错的,不予行政处罚。法律、行政法规另有规定的,从其规定。

对当事人的违法行为依法不予行政处罚的,生态环境主管部门应当对当事人进行教育。

第七节　行政强制执行

涞源县某养殖场诉河北省涞源县人民政府等行政强制执行案

事实概要

原告:涞源县某养殖场

被告:河北省涞源县人民政府等

案号:(2019)冀06行初263号、(2020)冀行终236号、(2020)最高法行申15297号

2019年4月至5月,涞源县某养殖场因环境污染问题引发多起信访举报事件。经中共河北省委、河北省人民政府环境保护督察工作领导小组办公室调查核实,该养殖场存在违反禁养区管理规定的

持续经营行为。针对该违法行为,相关行政部门相继作出多项行政决定:涞源县畜牧业发展服务中心先后两次发出责令停产搬迁告知书,责令其停止经营并立即搬迁;保定市生态环境局涞源县分局制发环境监察现场通知书,责令其停止在禁养区内的违法经营行为;涞源县自然资源和规划局发出责令停止违法行为通知书,责令其立即停止施工建设违法行为。基于上述行政决定,2019年7月12日,有关部门对该养殖场实施了强制拆除措施,导致其建筑物、树木、室内物品、地上附着物及家禽等财产遭受重大损失。该养殖场认为其合法权益受到侵害,遂依法向法院提起行政诉讼,请求确认强制拆除行为违法。

本案经河北省保定市中级人民法院一审审理,于2019年12月18日作出(2019)冀06行初263号行政裁定,驳回原告诉讼请求。原告不服一审裁定,以诉讼请求具有正当性为由向河北省高级人民法院提起上诉。河北省高级人民法院经审理,于2020年5月8日作出(2020)冀行终236号行政裁定,维持原判,驳回上诉。原告的诉讼请求虽经两级法院审理均未获支持,但其仍坚持其合法权益应受法律保护的主张,遂向最高人民法院申请再审。最高人民法院经审查,于2021年12月15日作出(2020)最高法行申15297号行政裁定,指令河北省高级人民法院对本案进行再审。

判决结果

本案历经一审、二审及再审审查程序,各级法院的裁判结果如下:

河北省保定市中级人民法院于2019年12月18日作出(2019)冀06行初263号行政裁定,依法驳回涞源县某养殖场的诉讼请求。

河北省高级人民法院于2020年5月8日作出(2020)冀行终236号行政裁定,维持原审法院裁判结果。二审法院经审理认为,被诉行政行为性质上属于代履行行为,依据《行政诉讼法》相关规定,不属于行政诉讼受案范围,故再次驳回上诉人的诉讼请求。

最高人民法院于2021年12月15日作出(2020)最高法行申15297号行政裁定,明确指出二审法院在法律适用上存在错误。最高人民法院经审查认为,行政机关在未依法作出强制拆除决定的前提下即实施拆除行为,不符合代履行的法定要件。据此,最高人民法院指令河北省高级人民法院进行再审,以纠正法律适用错误,并对被诉强制拆除行为的合法性作出准确认定。

案例述评

经一审法院审理查明,2019年4月至5月,相关行政机关虽先后向养殖场送达了责令停产搬迁告知书、环境监察现场通知书及责令停止违法行为通知书等文件,要求其停业搬迁或停止违法行为,但始终未依法作出针对养殖场房屋及其他地上附着物的强制拆除决定或恢复原状的行政处理决定。因此,从行政行为要件的构成来看,被诉拆除行为不符合代履行的法定构成要件,其性质应认定为行政机关实施的直接强制执行行为。二审法院将被诉行为定性为代履行行为,并据此认定其不属于行政诉讼受案范围,从而作出驳回起诉的裁判。最高人民法院依法指令河北省高级人民法院再审,以期准确界定被诉行为的法律性质,并就其是否属于行政诉讼受案范围作出正确判断。由此可见,本案的核心争议焦点在于被诉强制拆除行为是否具有行政诉讼的可诉性,其判定关键在于对该行为是否构成行政法意义上的代履行行为进行准确界定。

(一)被诉行政行为法律性质之界定——代履行构成要件分析

依据《行政强制法》之规范意旨[1],代履行作为行政强制执行的方式之一,其法定构成要件可从以下三个维度进行解构:其一,形式要件层面,行政机关须依法作出课以行政相对人排除妨碍、恢复原状等特定义务之行政决定;其二,程序要件层面,行政相对人须存在逾期未履行且经催告仍不履行之事实状态;其三,实质要件层面,行政相对人不履行义务之行为须已产生或即将产生危害交通安全、造成环境污染或破坏自然资源等不利后果。基于上述要件体系,可对本案被诉行为之法律性质进行系统检视。

首先,就形式要件而言,2019 年 4 月至 5 月,涞源县畜牧业发展服务中心虽先后两次向养殖场送达责令停产搬迁告知书,保定市生态环境局涞源县分局作出环境监察现场通知书,涞源县自然资源和规划局亦发出责令停止违法行为通知书,然细究上述行政行为之内容,其仅止于要求行政相对人停止经营、立即搬迁或停止违法行为,并未包含对养殖场房屋及其他地上附着物实施强制拆除、恢复原状之具体决定。鉴于代履行行为必须以明确、具体的行政决定为前提,本案显然欠缺代履行之核心形式要件。

其次,就程序要件与实质要件而言,尽管养殖场因环境问题屡遭

---

[1]《行政强制法》第 50 条规定:"行政机关依法作出要求当事人履行排除妨碍、恢复原状等义务的行政决定,当事人逾期不履行,经催告仍不履行,其后果已经或者将危害交通安全、造成环境污染或者破坏自然资源的,行政机关可以代履行,或者委托没有利害关系的第三人代履行。"

信访举报,且存在位于禁养区持续经营之事实,但行政机关在未依法作出强制拆除决定的前提下,即于2019年7月12日径行实施强制拆除行为。此种情形下,既不存在行政相对人逾期不履行之事实状态,亦未经法定催告程序,程序要件明显缺失。同时,虽然代履行的适用范围涵盖危害环境等情形,但其适用必须以合法有效的行政决定为基础,不能仅因存在环境问题即推定代履行成立,对于实质要件的认定亦须严格遵循法定标准。

综上所述,本案被诉强制拆除行为因欠缺代履行之核心形式要件,且程序要件与实质要件均未获满足,不符合代履行之法定构成要件体系。据此,该行为之法律性质应界定为行政机关实施的直接强制执行行为,而非代履行行为。

(二)代履行行为可诉性之法理分析

代履行行为是否具有行政诉讼可诉性,需从实定法规范与行政法理论两个维度进行深入探讨。

《行政诉讼法》第12条采用列举式立法技术,明确规定了行政诉讼的受案范围。其中,第1款第1项将行政处罚类行为纳入受案范围,包括行政拘留、暂扣或吊销许可证和执照、责令停产停业等;第2项则明确将行政强制措施与行政强制执行纳入司法审查范围。代履行作为行政强制执行的下位概念,从体系解释的角度,理应属于行政诉讼受案范围。这一立法安排体现了行政诉讼制度的核心价值取向——为行政相对人提供有效的权利救济渠道。当行政机关通过代履行等方式实施行政行为,对行政相对人的合法权益造成不利影响时,赋予行政相对人司法救济权符合权利保障的法治原则。

从行政行为的效力理论出发,行政行为具有公定力、确定力、拘束力与执行力等特征。代履行作为行政机关运用公权力实现行政目的之手段,其本质上属于高权行政行为。根据权力制约理论,任何公权力的行使都必须受到有效监督,这是现代法治国家的基本原则。若将代履行行为排除在司法审查范围之外,将导致行政权力失去必要制约,增加权力滥用的风险。司法审查不仅为行政相对人提供了权利救济途径,同时也发挥着监督行政机关依法行政的重要功能,有助于确保行政行为的合法性与合理性。

本案中,二审法院以被诉行为属于代履行为由,认定其不属于行政诉讼受案范围,这一裁判理由存在明显瑕疵。首先,从规范层面看,代履行作为行政强制执行方式,本就属于《行政诉讼法》明确规定的受案范围;其次,从理论层面看,将代履行排除在司法审查之外,有违权力制约原则。具体到本案事实,行政机关在未依法作出强制拆除决定的情况下径行实施拆除行为,已构成程序违法,且对行政相对人的财产权益造成实质损害。此种情形下,更应通过司法审查机制对行政行为的合法性进行判断,以实现权利救济与权力监督的双重目的。

(三)被诉行政行为可诉性之法律分析

在判定本案被诉行政行为是否具有行政诉讼可诉性时,需从事实认定与法律适用两个层面进行系统考察。

在事实认定层面,2019年7月12日,行政机关对涞源县某养殖场实施了强制拆除行为,导致养殖场房屋、树木、室内物品、地上附着物及家禽等财产遭受严重损害。值得注意的是,虽然相关行政机关此前曾作出责令停产搬迁告知书、环境监察现场通知书及责令停止违法行为通知书等行政行为,但上述行为仅止于要求行政相对人停止经营或搬迁,并未包含对房屋及附着物实施强制拆除、恢复原状的具体决定。在此情形下,行政机关径行实施的强制拆除行为已对行政相对人的财产权益造成实质性侵害。

在法律适用层面,依据《行政诉讼法》第12条之规定,人民法院应当受理行政相对人对行政强制措施和行政强制执行行为提起的诉讼。本案中,被诉强制拆除行为在性质上属于典型的行政强制执行,符合行政诉讼受案范围的规范要件。从行政诉讼制度的价值取向来看,其核心功能在于为行政相对人提供权利救济,同时实现对行政权力的司法监督。当行政机关的强制执行行为对行政相对人合法权益造成侵害时,赋予行政相对人司法救济权具有充分的正当性基础。二审法院将被诉行为定性为代履行行为并据此否定其可诉性,这一裁判理由存在明显瑕疵。根据《行政强制法》第50条之规定,代履行的实施必须以行政机关依法作出要求行政相对人履行特定义务的行政决定为前提,且需满足逾期未履行、经催告仍不履行等程序要件。本案中,行政机关在未作出强制拆除决定的情况下即实施拆除行为,显然不符合代履行的法定构成要件,不能以此为由否定被诉行为的可诉性。

综合事实认定与法律适用之分析,本案被诉强制拆除行为具有明确的可诉性。行政机关在欠缺合法行政决定的情况下实施强制拆除,已构成对行政相对人财产权益的违法侵害。基于权利救济与权力监督之双重考量,法院应当依法受理本案,并对被诉行政行为的合法性进行全面审查,以实现行政诉讼制度的规范功能。

案例延伸

(一)环境行政代履行的制度优势

1. 环境修复的及时性保障功能。环境行政代履行制度通过行政权的及时介入,有效克服了环境修复的滞后性问题。在突发环境事件中,如2020年某化工企业苯泄漏事故,行政机关通过启动代履行程序,委托专业机构在48小时内完成污染物清理,较之传统司法救济程序显著提升了环境修复效率,实现了环境公益的及时保护。也就是当义务人不履行环境义务时,环境行政代履行能及时介入,实现生态环境的修复,维护环境公益。

2. 污染者负担原则的制度化表达。环境行政代履行制度通过费用追缴机制,将污染者负担原则转化为具体的制度设计。以2021年长江流域某企业违法排污案为例,行政机关在完成代履行后,依法向企业追缴治理费用860万元,既实现了环境责任的内部化,也对潜在污染者形成有效威慑。

3. 行政效能提升的制度支撑。环境行政代履行制度契合现代行政法效率价值取向。行政机关凭借其专业能力与资源优势,能够快速整合治理力量,突破传统救济程序的时间局限,提高生态环境修复效率。

4. 现代环境治理理念的实践载体。环境行政代履行制度彰显了公私合作、最小损害和环境善治理念。[1] 其通过公私合作机制引入专业机构参与治理,遵循最小损害原则选择治理方案,强化环境义务

---

[1] 参见唐绍均、蒋云飞:《环境行政代履行制度:优势、困境与完善》,载《中州学刊》2016年第1期。

的刚性约束,提升环境执法的权威性。

(二)环境行政代履行的功能定位

在生态环境损害治理的宏观框架中,环境行政代履行占据至关重要的地位,其功能定位不仅具有深刻的理论意涵,更在实践中发挥着不可替代的作用。

环境行政代履行的功能定位具有独特的理论内涵。一方面,其核心功能定位在于行为义务的不变性与履行方式的转化性。[1] 行为义务的不变性意味着无论履行主体为何,其最终目标均在于修复受损生态环境,实现生态环境的改善与恢复。例如,在矿山生态修复中,无论是矿山企业自行履行修复义务,还是由行政机关代履行,其最终目标均在于使矿山生态环境达到既定的修复标准。履行方式的转化性则体现了行政权的积极介入。当责任主体逾期未履行修复义务时,行政机关可代履行或委托第三方代履行,这一机制充分发挥了行政权的高效性与主动性,从而保障生态环境损害治理工作的顺利实施。

另一方面,环境行政代履行在生态环境损害的预防与救济中承担兜底与应急功能,并为成本回收提供了法律依据。在生态环境损害预防方面,当其他预防措施失效时,环境行政代履行可作为最后的保障手段介入。例如,在可能发生的环境污染事件中,若企业未按规定采取预防措施,行政机关可通过代履行实施预防行为,以避免损害的发生。在应急方面,一旦生态环境损害事件突发,环境行政代履行

---

[1] 参见范伟:《生态环境损害治理中行政代履行的体系展开——基于公法治理模式的分析》,载《河海大学学报(哲学社会科学版)》2024年第6期。

能够迅速启动,及时采取措施控制损害范围的扩大。例如,在突发水污染事件中,行政机关可立即组织力量进行污染物清理,以保障周边居民用水安全与生态系统的稳定性。同时,环境行政代履行的实施也为后续成本回收提供了明确依据,从而确保责任主体承担相应的费用。

从学理视角分析,环境行政代履行的功能定位契合了生态环境损害有效治理与及时治理的双重目标。在有效治理方面,行政机关凭借其专业能力与资源调配优势,能够对生态环境损害进行科学评估与合理修复。相较于私法治理模式下可能出现的责任推诿与赔偿不到位等问题,环境行政代履行能够更直接地针对损害行为采取治理措施,从而保障治理效果。例如,在大型工业污染场地的修复中,行政机关可组织专业团队制订全面的修复方案,并监督其实施,以确保修复工作达到预期的生态环境标准。在及时治理方面,环境行政代履行能够避免烦琐的法律程序与责任认定纠纷导致的治理延误。在生态环境损害发生后,时间因素至关重要,越早实施治理,生态环境恢复的可能性越大,损害的进一步扩大也能得到有效遏制。这与环境行政代履行的应急功能相呼应,使其能够在第一时间对损害事件作出反应。

(三)环境行政代履行的适用范围

在生态环境治理的宏观框架下,环境行政代履行的适用范围是一个兼具理论复杂性与实践重要性的核心问题。清晰界定其适用范围,对于充分发挥该制度的效能、实现生态环境的有效治理具有重要的理论与实践意义。

从理论层面来看,环境行政代履行的适用范围应紧密围绕其制度目的展开。环境行政代履行制度的设立旨在解决环境义务履行不足的问题。这意味着,当环境义务人未能履行或无法履行其环境义务,且该义务的履行对生态环境的维护与修复具有关键意义时,环境行政代履行制度便具备了适用的前提条件。

然而,在实践中,环境行政代履行的适用范围面临诸多挑战。首先,现行法律体系内部存在冲突,导致环境行政代履行的适用范围模糊不清。我国《行政强制法》第50~52条对环境行政代履行及其程序作出了规定,但这些条款与环境单行法的相关规定存在不一致之处。例如,在涉及水资源保护的案件中,《行政强制法》与《水污染防治法》对代履行的适用条件和范围规定存在差异,导致行政机关在面对水污染问题时,难以准确判断是否适用代履行程序,从而影响了治理效率。其次,环境行政代履行缺乏明确的授权性规定,进一步加剧了其适用范围的模糊性。[1] 由于缺乏清晰的法律指引,行政机关在面对复杂多样的环境问题时,难以确定哪些情形属于环境行政代履行的适用范围。例如,对于小型企业的轻微环境违法行为,是否应纳入代履行范围,实践中缺乏明确标准,导致行政机关的执法尺度不一,影响了制度的统一性与权威性。

为明确环境行政代履行的适用范围,需从以下几个方面进行完善。首先,应在明确环境行政代履行特殊性的基础上,优先适用环境单行法的规定,并在未明确规定代履行的环境单行法中补充相关制度。这是因为环境单行法通常针对特定的环境领域和问题,规定更

---

[1] 参见李义松、周雪莹:《我国环境行政代履行制度检视》,载《学海》2021年第1期。

为具体和详细,能够更好地指导实践。例如,在大气污染防治领域,《大气污染防治法》应明确规定在哪些情形下可以适用环境行政代履行,以便行政机关在面对大气污染问题时能够有法可依。其次,应根据生态环境修复的实际需要,明确环境行政代履行的授权性规定。应通过制定专门的法律条款或司法解释,对环境行政代履行的适用范围进行详细列举和界定,以减少实践中的争议。例如,可以明确规定在生态环境损害已经发生且责任人无法履行修复义务,或者不及时履行将对生态环境造成重大损害的情况下,行政机关有权启动代履行程序。最后,应适当扩大环境行政代履行的适用范围。随着环境问题的日益复杂化和多样化,现有的适用范围可能无法满足实际需求。除了传统的环境污染治理领域,在生态破坏修复、自然资源保护等方面,也应考虑适当扩大环境行政代履行的适用范围。例如,在一些生态脆弱地区的生态修复工作中,如果责任主体难以承担修复任务,行政机关可以通过环境行政代履行确保生态修复工作的顺利实施。

(四)环境行政代履行主体的监管责任

环境行政代履行主体的监管责任在环境法治领域中占据至关重要的地位。作为环境治理的核心手段之一,环境行政代履行不仅对受损生态环境的修复具有显著作用,还在维护环境公共利益方面发挥着不可替代的作用。环境行政代履行主体的监管责任,不仅是确保代履行行为合法性与有效性的关键要素,更是实现环境治理目标的重要保障,其背后蕴含着丰富的理论内涵与学术探讨价值。

从理论层面分析,环境行政代履行主体的监管责任根植于行政法的基本原则。行政合法性原则要求行政机关在实施环境行政代履行监管时,必须严格遵循法律规定的权限与程序。例如,在对行政机关或其委托的第三方代为履行的过程进行监管时,从生态环境修复方案的拟订,到具体修复措施的实施,再到修复效果的评估与验收,均需依据明确的法律规范与程序要求,以确保行政权力的合法行使,防止权力滥用。与此同时,行政合理性原则要求监管行为不仅需具备合法性,还应具备适当性与合理性。例如,在履行费用的管理与追缴过程中,既要确保污染者承担相应的责任,又需兼顾其实际经济能力与社会公平性,避免因过度追缴或不合理的费用分担而引发新的社会问题。

从学理视角探讨,环境行政代履行主体监管责任的核心问题在于各部门职责的划分与协调。由于环境问题的复杂性与系统性,环境行政代履行往往涉及多个行政部门的协同合作。在生态环境修复过程中,生态环境部门、自然资源部门、农业农村部门等均可能参与其中,因此,建立科学合理的协调机制至关重要。分阶段、分部门明确责任主体,可以有效提升环境行政代履行的治理效率。例如:在生态环境修复方案的拟订阶段,生态环境部门可凭借其专业优势与环境标准的主导地位发挥核心作用;而在具体实施阶段,自然资源部门对土地资源的管理经验以及农业农村部门对农村生态环境的深入了解,均可为修复工作提供有力支持。此外,细化行政监管规则,明确各部门在各阶段的具体职责、权力范围及行为规范,有助于避免职责不清或相互推诿的现象,同时确保程序性规定的严格遵守,防止对行政相对人合法权益的侵害。

资金保障机制的完善是环境行政代履行主体监管责任的重要组成部分。生态环境修复往往需要巨额资金投入,而公共资金的支持是确保修复工作顺利进行的关键。一方面,履行费用的垫付问题需得到明确规范。实践中,通常由公共资金先行垫付,再由行政机关向污染者追缴,或通过环保公益组织以诉讼形式向环境义务人提出包括履行费用在内的赔偿请求。在这一过程中,行政机关需严格监管资金的垫付与追缴程序,确保资金使用的透明度与合理性。另一方面,拓宽公共资金来源是保障资金可持续性的重要途径。信贷、税收、保险等多元化金融手段,可以为环境行政代履行提供长期稳定的融资渠道。同时,加强对履行费用支出的审计监督,明确公共资金的启用条件、使用范围及监管方式,有助于防止资金低效使用,确保资金效益的最大化。尽管"污染者付费"原则明确了污染者应对生态环境损害承担责任,但由于污染行为的外部性,公众在享受经济利益的同时也承担了生态环境损害的后果。因此,公共资金对环境行政代履行费用的支持不仅是现实需求,也是公众权利与义务平衡的体现。

此外,公众参与机制的完善与利害关系人权益的保护也是环境行政代履行主体监管责任的重要内容。环境行政代履行的公益性决定了其必须广泛吸纳公众意见,尤其是利益相关者的参与。明确公众参与的时间节点,使其能够在关键决策阶段充分表达意见,有助于提升公众参与的效率与效果。同时,完善信息披露机制,确保公众能够及时、准确地获取环境行政代履行的进展信息,不仅可以增强公众对行政机关履行职能的监督能力,还能减少因信息不对称而引发的误解与抵触情绪。例如,在生态环境修复方案的公示阶段,广泛征求公众意见有助于提升方案的科学性与合理性,使其更符合当地实际情况,从而增强修复工作的社会接受度。

综上所述,环境行政代履行主体的监管责任涵盖了行政职责划分、资金保障机制及公众参与机制等多个关键领域。对这些问题的深入探讨,不仅有助于进一步完善环境行政代履行制度,还能提升环境治理的法治化水平,为实现生态环境的有效保护与可持续发展提供坚实的理论支撑与实践指导。

> **法条链接**
>
> **1.《行政强制法》**
>
> 第五十条 行政机关依法作出要求当事人履行排除妨碍、恢复原状等义务的行政决定,当事人逾期不履行,经催告仍不履行,其后果已经或者将危害交通安全、造成环境污染或者破坏自然资源的,行政机关可以代履行,或者委托没有利害关系的第三人代履行。
>
> **2.《行政诉讼法》**
>
> 第十二条 人民法院受理公民、法人或者其他组织提起的下列诉讼:
>
> (一)对行政拘留、暂扣或者吊销许可证和执照、责令停产停业、没收违法所得、没收非法财物、罚款、警告等行政处罚不服的;
>
> (二)对限制人身自由或者对财产的查封、扣押、冻结等行政强制措施和行政强制执行不服的;
>
> (三)申请行政许可,行政机关拒绝或者在法定期限内不予答复,或者对行政机关作出的有关行政许可的其他决定不服的;
>
> (四)对行政机关作出的关于确认土地、矿藏、水流、森林、山岭、草原、荒地、滩涂、海域等自然资源的所有权或者使用权的决定不服的;
>
> (五)对征收、征用决定及其补偿决定不服的;
>
> (六)申请行政机关履行保护人身权、财产权等合法权益的法定职责,行政机关拒绝履行或者不予答复的;

(七)认为行政机关侵犯其经营自主权或者农村土地承包经营权、农村土地经营权的；

(八)认为行政机关滥用行政权力排除或者限制竞争的；

(九)认为行政机关违法集资、摊派费用或者违法要求履行其他义务的；

(十)认为行政机关没有依法支付抚恤金、最低生活保障待遇或者社会保险待遇的；

(十一)认为行政机关不依法履行、未按照约定履行或者违法变更、解除政府特许经营协议、土地房屋征收补偿协议等协议的；

(十二)认为行政机关侵犯其他人身权、财产权等合法权益的。

除前款规定外,人民法院受理法律、法规规定可以提起诉讼的其他行政案件。

第三章　环境刑事诉讼案例评析

第一节　生态破坏刑事犯罪

田某阳、沈某贤危害国家重点保护植物案

事实概要

公诉机关：湖北省神农架林区人民检察院

被告：田某阳、沈某贤

案号：（2021）鄂9021刑初86号

2021年6月28日17时许，田某阳与沈某贤在未经任何行政许可的情况下，于湖北省神农架林区红坪镇5组沙坪子一处废弃采石场附近的山林中，非法采挖国家一级重点保护植物红豆杉24株及小叶黄杨13株。采挖行为完成后，二人将上述树苗临时存放于红坪镇一栋未完工房屋的一楼楼道内。

同年6月30日，沈某贤乘坐田某阳驾驶的小型货车，试图将非法采挖的树苗运输至巴东县。在途经神农架林区木鱼镇青天袍交通执法卡点时，被执勤民警当场查获。同日，涉案树苗被移送至神农架国家公园管理局科学研究院生物多样性保护研究实验室，由专业技术人员进行移栽。经过近两个月的精心养护，至2021年8月15日，林业技术人员确认所有树苗均已成活。

田某阳与沈某贤因涉嫌危害国家重点保护植物罪被提起公诉。到案后,二人如实供述了非法采挖及运输树苗的犯罪事实。法院经审理查明,田某阳、沈某贤违反国家森林法规,擅自采挖国家一级重点保护植物红豆杉 24 株及小叶黄杨 13 株,情节严重,其行为已构成危害国家重点保护植物罪。二人共同实施采挖、运输行为,属于共同犯罪,综合考量不易区分主从犯。在量刑时,法院充分考虑了田某阳、沈某贤的坦白情节及认罪认罚态度,依据《刑法》相关规定,依法从轻、从宽处罚。

判决结果

在本案中,被告人田某阳与沈某贤构成危害国家重点保护植物罪,湖北省神农架林区人民法院经依法审理,作出如下判决:被告人田某阳被判处有期徒刑 3 年,缓刑 4 年,并处罚金 3000 元;被告人沈某贤被判处有期徒刑 3 年,缓刑 4 年,并处罚金 3000 元。

该判决宣判后,控辩双方均未提出上诉,检察机关亦未提起抗诉,判决已依法生效并具备法律效力。

案例述评

(一)对犯罪事实的认定

在本案中,犯罪事实的认定依托专业机构科学的鉴定以及完整的证据链条,确保了司法判决的公正性和准确性。

1. 委托专业机构的关键作用

在认定田某阳、沈某贤的犯罪事实时,委托专业机构鉴定是关键环节。红豆杉是否属于国家重点保护植物,普通人难以准确判断,需要专业知识和技术支持。原国家林业局森林公安司法鉴定中心凭借其专业能力,对送检的 1～24 号植物检材进行鉴定,确定其为红豆杉科红豆杉属红豆杉,属于中国《国家重点保护野生植物名录第一批》(1999 年)中的一级保护植物。这一鉴定结论为后续认定犯罪事实提供了科学依据,是判定被告人行为违法性的重要基础。

2. 完整证据链条的支撑

完整的证据链条进一步夯实了犯罪事实的认定。从行为发生来看,2021 年 6 月 28 日 17 时许,被告人田某阳、沈某贤在湖北省神农架林区红坪镇 5 组沙坪子废弃采石场附近山林非法采挖红豆杉 24 株、小叶黄杨 13 株,这一行为有相应的时间、地点和行为描述,初步形成行为证据。6 月 28 日当晚二人将树苗存放于未完工房屋一楼楼道,6 月 30 日运输途中在神农架林区木鱼镇青天袍交通执法卡点被民警查获,这一系列行为形成了连贯的过程证据。再加上被告人到案后均如实供述,与上述客观证据相互印证,形成了完整的证据闭环。同时,涉案树苗的状态也成为证据链条的一部分,6 月 30 日涉案树苗被移送专业移栽,8 月 15 日确定全部成活,这不仅证实了树苗的存在和流转过程,也在量刑时作为生态修复情况的考量因素。

在本案中,专业机构鉴定提供了专业判断依据,完整的证据链条从行为发生、过程到结果,全方位地支撑了犯罪事实的认定,使整个司法过程严谨、公正,符合法律程序和司法实践要求。

(二) 对共同犯罪的认定

法院认定田某阳与沈某贤构成共同犯罪,这一认定具有合理性且符合法理依据。根据《刑法》第 25 条之规定,共同犯罪是指二人以上共同故意实施的犯罪行为。在本案中,田某阳与沈某贤共同实施了非法采挖红豆杉及小叶黄杨的行为,其主观方面表现为共同的犯罪故意,即明知红豆杉、小叶黄杨系国家重点保护植物,仍决意实施采挖行为;客观方面则表现为共同实施了采挖、运输树苗的行为,二人分工协作,共同完成了危害国家重点保护植物的犯罪行为。因此,法院认定二人构成共同犯罪,符合刑法关于共同犯罪的构成要件。

在共同犯罪的主从犯判定问题上,法院认为,基于二被告人在共同犯罪中的地位与作用,不易区分主从犯。从犯罪过程来看,二人共同参与了采挖行为,并在运输环节紧密配合,虽然在具体行为分工上可能存在细微差异,但难以明确界定何者起主要作用、何者起次要作用。从司法实践的角度看,区分主从犯的主要目的在于根据各犯罪人的罪责程度实现精准量刑,以确保罪责刑相适应原则的贯彻。在本案中,即便未对主从犯进行明确划分,法院通过综合考量其他量刑情节,如被告人的坦白情节、认罪认罚态度等,也能够实现对二人的公正量刑。这一判定体现了法官在审理案件时对具体案情的全面分析与审慎裁量,避免了机械适用主从犯划分规则,从而确保了司法裁判的公正性与合理性。

(三)量刑情节的综合考量

在量刑过程中,法院对多种情节进行了全面考量,充分体现了刑罚裁量的全面性与公正性。首先,被告人田某阳、沈某贤具有坦白情节。根据《刑法》第67条第3款之规定,犯罪嫌疑人如实供述自己罪行的,可以从轻处罚。本案中,二被告人在到案后如实供述了非法采挖及运输红豆杉及小叶黄杨树苗的犯罪事实,其坦白情节为法院依法从轻处罚提供了明确的法律依据。

其次,被告人田某阳、沈某贤认罪认罚。依据《刑事诉讼法》第

15 条之规定,认罪认罚从宽制度是我国刑事司法制度的重要创新,旨在鼓励犯罪嫌疑人、被告人主动认罪悔罪,以提高诉讼效率、节约司法资源,同时体现刑罚的教育与改造功能。在本案中,二被告人认罪认罚的态度表明其对自身行为的违法性具有明确认知,并愿意接受法律制裁。法院依法对其从宽处理,不仅符合认罪认罚从宽制度的立法初衷,也体现了宽严相济的刑事政策精神。

此外,法院还特别考量了生态环境修复这一情节。本案中,涉案的树苗经专业移栽后全部成活,生态环境损害得以最大限度地修复。在环境资源类刑事案件中,生态环境修复情况是量刑的重要参考因素之一。这一做法彰显了现代司法理念对生态环境保护的重视,将刑罚的功能从传统的惩罚犯罪延伸至修复被破坏的生态环境,实现了法律效果、社会效果与生态效果的有机统一。

(四)对生态破坏类刑事案件审理的指导意义

本案对生态破坏类刑事案件的审理具有重要的指导意义。生态破坏类刑事案件与环境污染类犯罪存在显著区别,其审理理念与方法需结合生态系统的特殊性进行针对性调整。

首先,生态破坏类刑事案件直接侵害生态系统的组成要素。以本案为例,非法采挖红豆杉及小叶黄杨的行为不仅破坏了生物多样性,还对生态平衡造成了不可逆的损害。与环境污染类犯罪侧重于污染治理不同,生态破坏类刑事案件的审理更注重生态修复的实际效果。本案中,涉案树苗经专业移栽后全部成活,法院在量刑时重点考量了这一生态修复成果,体现了其对生态恢复与保护的重视,同时也彰显了司法实践在追求生态与法律平衡方面的努力。

其次,生态破坏行为的认定往往涉及复杂的生态学知识,因此需依赖专业鉴定机构的科学支持。本案中,原国家林业局森林公安司法鉴定中心对涉案植物种类的鉴定成为定罪的关键依据。与环境污染类犯罪通过污染物检测确定危害程度不同,生态破坏类案件在物种鉴定、生态影响评估等方面对专业技术与机构的依赖性更强。这种科学权威的鉴定结果为案件审理提供了坚实的证据基础,确保了司法裁判的准确性与公信力。

再次,在生态破坏类案件中,考量行为人的主观恶性与人身危险性具有重要意义。本案中,被告人如实供述犯罪事实并认罪认罚,反映出其主观恶性相对较小。这与部分环境污染类犯罪中企业或个人为追逐经济利益而恶意排污的行为存在明显区别。法院在量刑时兼顾这些因素,既充分发挥了刑罚的教育与改造功能,又依据个体差异实现了罪责刑相适应的原则。

最后,生态破坏行为不仅影响当地生态环境,还可能对居民生活造成间接损害。因此,审理此类案件需注重法律效果与社会效果的平衡。公开透明的审判程序,不仅传递了生态保护的法治理念,还提升了公众的生态环境保护意识,对潜在的生态破坏行为形成了有效威慑。这种审理方式有助于营造全社会共同保护生态环境的良好氛围,实现法律效果与社会效果的有机统一。

综上所述,生态破坏类刑事案件的审理在维护法律公正的同时,更加强调对生态环境的实质性保护。通过科学的鉴定、全面的量刑考量以及社会效果的平衡,此类案件的审理为生态环境法治建设提供了重要的实践参考。

案例延伸

(一) 环境刑事司法的特征与功能

在当代社会,随着环境问题的日益严峻,环境刑事司法作为保护生态环境的重要法律手段,其独特特征与功能逐渐成为学界关注的焦点。环境刑事司法不仅承载着传统刑事司法的惩罚功能,还兼具修复生态环境、实现可持续发展的特殊使命。

1. 环境刑事司法的特征

(1) 责任功能的复合性。环境刑事司法在责任功能上呈现出显著的复合性特征,即同时具备"惩罚犯罪"与"修复损害"的双重功能。[1] 这一特征与传统刑事司法单纯侧重于对犯罪人的惩罚形成鲜明对比。在环境犯罪领域,犯罪行为往往对生态环境造成严重破坏,若仅对犯罪人施以刑罚,难以有效恢复受损的生态环境。因此,环境刑事司法将环境修复责任纳入其中,不仅要求对犯罪行为进行法律制裁,还致力于通过修复措施使遭受破坏的生态环境尽可能恢复至原有状态。例如,在非法采矿案件中,犯罪人除需承担有期徒刑等刑罚外,还需履行矿山生态环境修复义务,如土地复垦、植被恢复等。这种复合性责任功能体现了环境刑事司法对环境利益保护的全面考量,既强调对犯罪行为的否定性评价,又注重对生态环境的实质修复,从而实现了惩罚与修复的有机统一。

(2) 责任方式的多元化。环境刑事司法在责任方式上呈现出多元化的特征,具体表现为环境修复责任的多样化适用形式。首先,

---

[1] 参见徐本鑫:《刑事司法中环境修复责任的多元化适用》,载《北京理工大学学报(社会科学版)》2019年第6期。

环境修复责任可作为量刑情节。法官在对环境刑事案件的犯罪人量刑时,会综合考虑其是否积极履行环境修复义务。若犯罪人主动承担修复责任,可依法酌情从轻处罚,以体现宽严相济的刑事政策。其次,环境修复责任可作为非刑罚处罚措施。对于情节较轻的环境犯罪行为,法院可责令犯罪人进行环境修复而不判处刑罚,如此,既可达到教育与惩戒的目的,又有助于生态环境的恢复。最后,环境修复责任还可作为刑事附带民事赔偿方式。通过民事诉讼程序,法院可要求犯罪人对环境损害进行经济赔偿,并将赔偿金用于环境修复工作。这种多元化的责任方式适应了不同类型环境犯罪案件的特点,能够更精准地实现环境刑事司法的目标,体现了司法实践的灵活性与创新性。

(3)司法环境的复杂性。环境刑事司法的实施环境具有显著的复杂性特征。刑事司法环境可分为内环境与外环境。与法院刑事司法活动相关的各种因素,如司法主体、社会体制及司法观念等,共同构成了复杂的司法环境。[1] 在环境刑事司法中,这种复杂性尤为突出。一方面,环境犯罪涉及环境科学、生态学、地质学等多个专业领域的知识,这对司法主体的专业素养提出了更高要求。司法人员需具备跨学科知识储备,才能准确认定犯罪事实并正确适用法律。另一方面,社会公众对环境问题的关注度与价值观念差异,以及社会体制中不同部门之间的协调配合问题,均会对环境刑事司法的实施效果产生重要影响。例如,在处理企业环境污染案件时,法院可能面临地方经济发展与环境保护之间的利益权衡,以及

---

[1] 参见李杰:《论刑事司法环境的改善》,载《人民论坛》2012年第26期。

环保部门与司法部门之间信息沟通与协作机制的挑战。这种复杂性要求环境刑事司法在实施过程中,既要注重法律适用的准确性,又要兼顾社会效果与生态效果的平衡。

2.环境刑事司法的功能

环境刑事司法作为现代法治体系的重要组成部分,其功能不仅体现在对犯罪行为的制裁与威慑,还涵盖生态环境的修复与保护,以及法治理念的传播与普及。

(1)制裁与威慑功能。环境刑事司法通过对环境犯罪行为的刑事制裁,彰显了法律的权威性与严肃性。刑事司法活动的公正性与效率性是衡量社会法治进程的重要指标,而对环境犯罪的制裁正是这种公正性的集中体现。犯罪人因环境犯罪行为被判处有期徒刑、罚金等刑罚,不仅是对其犯罪行为的法律否定,也向社会传递了明确的信号:任何破坏生态环境的行为都将受到法律的严厉惩处。这种制裁机制对潜在的环境刑事案件犯罪人具有显著的威慑作用,能够有效预防和遏制环境犯罪行为的发生。例如,通过对重大环境污染案件的公开审判与严厉判决,相关企业能够深刻认识到环境犯罪的严重后果,从而自觉遵守环境保护法律法规,避免实施污染环境的行为。这种制裁与威慑功能不仅维护了法律的尊严,也为生态环境的可持续发展提供了坚实的法治保障。

(2)环境修复与保护功能。环境刑事司法的核心功能之一是实现生态环境的修复与保护。以渤海溢油事件为例,我国环境司法制度的不断完善旨在更好地保护生态环境,而环境刑事司法在这一过程中发挥了不可替代的作用。[1] 责令犯罪人承担环境修复责任,能够直接促使受损的生态环境得到有效恢复。例如,在森林火灾案件中,法院要求犯罪人补种树木、恢复森林植被,这不仅有助于修复生态系统的平衡与功能,还体现了环境刑事司法对生态环境的实质性保护。此外,环境刑事司法的严格法律规定与执法程序,也对潜在的生态环境破坏者形成了强大的威慑力,使其不敢轻易实施破坏行为,从而在一定程度上维护了生态系统的稳定性与环境的完整性。这种修复与保护功能,体现了环境刑事司法在实现生态正义方面的独特价值。

(3)促进法治理念传播功能。环境刑事司法不仅是对具体案件的处理,还具有促进法治理念传播的重要功能。良好的刑事司法环境有助于实现社会的公平正义,而环境刑事司法正是通过其司法实践,向社会公众传播了环境保护的法治理念。通过对环境犯罪案件的公开审判与宣传,公众能够深入了解环境犯罪的构成要件、法律后果以及环境保护的重要性,从而增强环保意识与法治观念。例如,一些地方开展环境犯罪典型案例的巡回宣讲活动,使公众认识到环境保护与自身利益息息相关,进而自觉遵守环保法律法规,积极参与到环境保护行动中。这种法治理念的传播,不仅提升了公众的法律素养,也为构建生态文明社会营造了良好的法治氛围。

环境刑事司法具有责任功能复合性、责任方式多元化、司法环境复杂性等特征,同时发挥着制裁与威慑、环境修复与保护、促进法治

---

〔1〕 参见周艳:《对我国环境刑事司法制度的认识与思考——以渤海溢油事件为例》,载《北方经贸》2012年第8期。

理念传播等多重功能。深入理解这些特征与功能,对于完善我国环境刑事司法制度、加强生态环境保护具有重要的理论指导意义。在未来的发展中,环境刑事司法需进一步探索与创新,以更好地适应环境保护的现实需求,为建设美丽中国提供坚实的法律保障。

(二)环境刑事司法中"认购碳汇从宽"的适用

在生态环境保护与刑事司法深度融合的时代背景下,"认购碳汇从宽"作为一种创新性司法机制,逐渐成为学界与实务界关注的焦点。该机制不仅承载着修复受损生态环境的功能,还推动了传统刑事司法理念的革新。

1. "认购碳汇从宽"的理论基础

(1)生态恢复性司法理念的内涵

生态恢复性司法理念是对传统刑事司法理念的重大突破,其核心在于强调对受损生态环境的修复与恢复,而非单纯依赖对犯罪行为的惩罚。传统刑事司法以报应主义为基础,主要通过对犯罪人的刑罚来实现威慑与惩戒功能。然而,生态恢复性司法理念将生态环境的修复置于核心地位,追求生态、社会与法律效果的有机统一。生态环境修复责任的法理内涵不断扩展,为生态恢复性司法理念的实践提供了理论支持。该理念认为,环境犯罪行为不仅破坏了法律秩序,还对生态环境造成了实质性损害。因此,司法活动应致力于恢复被破坏的生态平衡,使生态环境尽可能恢复至受损前的状态,从而实现生态正义与法律正义的双重目标。

(2)"认购碳汇从宽"机制与生态恢复性司法理念

"认购碳汇从宽"机制与生态恢复性司法理念高度契合。首先,认购碳汇的行为本质上是对受损生态系统碳汇功能的一种修复方式。认购碳汇,可以增加碳汇量,吸收大气中的二氧化碳,缓解温室效应,从而间接修复受损的生态系统功能。这与生态恢复性司法理念中强调生态环境修复的目标相一致。其次,"从宽"的设定体现了生态恢复性司法理念中的恢复与补偿原则。在环境刑事司法中,犯罪人通过认购碳汇为生态修复作出贡献,司法机关据此对其从轻处罚,这既体现了对犯罪人的教育改造,又促进了生态环境的恢复,实现了刑罚的谦抑性与生态保护紧迫性的有机结合。这种契合性不仅丰富了生态恢复性司法理念的实践形式,也为"认购碳汇从宽"机制提供了坚实的理论支撑。

"认购碳汇从宽"机制在生态恢复性司法理念的引领下,对传统司法理念进行了多方面的革新。首先,在司法目的上,该机制从单纯惩罚犯罪转向修复生态环境与惩罚犯罪并重。传统司法侧重对犯罪行为的制裁,而"认购碳汇从宽"机制将生态修复作为重要目标,使司法活动更具生态保护导向。其次,在司法主体上,该机制打破了传统司法中司法机关单一主导的局面,引入了市场主体和社会力量。犯罪人通过认购碳汇参与生态修复,企业和社会组织也可以通过碳汇交易等方式为生态保护贡献力量,从而形成了多元共治的生态司法格局。最后,在司法方式上,该机制从单一的刑罚处罚转向多元化的责任承担方式。除了传统的刑罚手段外,"认购碳汇从宽"机制还允许犯罪人通过经济补偿、生态修复等方式承担责任,丰富了司法实践的手段与路径。

2."认购碳汇从宽"的适用范围

"认购碳汇从宽"作为环境刑事司法中的一项创新机制,其适用范围的界定直接关系该机制的实际效果与司法公正性。然而,当前司法实践中,该机制的适用范围存在模糊性问题,亟须通过理论探讨与实践完善加以解决。

在司法实践中，"认购碳汇从宽"机制的适用范围存在显著的不明确性。由于缺乏具体的法律依据与统一的操作标准，各地法院在适用该机制时存在较大差异，其适用范围呈现出宽严不一的现象。[1]一方面，部分地区的适用标准过于宽泛，其将"认购碳汇从宽"机制扩展至各类环境犯罪案件，而未充分考虑案件的具体情节及碳汇功能与案件之间的关联性。例如，在某些非法采矿案件中，尽管采矿行为对生态环境造成了破坏，但其与碳汇功能的关联性较弱，适用"认购碳汇从宽"机制缺乏合理性，却仍被纳入适用范围。另一方面，部分地区的适用标准过于狭窄，未能充分发挥该机制在生态修复中的积极作用。例如，在一些森林资源破坏案件中，尽管森林碳汇功能受到显著损害，但因对"认购碳汇从宽"机制适用范围的理解偏差，该机制未能得到有效适用。这种适用范围的不一致性不仅影响了"认购碳汇从宽"机制的实际效果，也削弱了其司法公信力。

为明确"认购碳汇从宽"机制的适用范围，宜将其限定于生态系统碳汇功能受损的环境犯罪案件中。只有在生态系统碳汇功能受到损害的情况下，认购碳汇才能够有针对性地对受损的生态环境进行修复，实现生态修复与司法裁判的精准对接。[2]具体而言，在森林砍伐案件中，若大量树木被砍伐导致森林碳汇功能显著下降，犯罪人通过认购碳汇可以在一定程度上弥补碳汇损失，此时适用"认购碳汇从宽"机制具有合理性与必要性。然而，对于与碳汇功能无关的环境

---

[1] 参见金自宁、宋洋溢:《环境刑事司法中适用"认购碳汇从宽"的实践反思与制度调进》，载《南京工业大学学报（社会科学版）》2024年第1期。

[2] 参见李华琪、程妙铮:《生态环境修复责任视域下"认购碳汇"司法适用探析》，载《环境生态学》2024年第12期。

犯罪案件,如非法排放危险废物导致土壤污染但未直接影响碳汇功能的案件,则不宜适用该机制。

此外,为确保"认购碳汇从宽"机制的适用更加精准与合理,还需进一步明确碳汇功能受损的认定标准与评估方法。具体包括:第一,科学评估碳汇功能受损程度。应通过环境科学、生态学等领域的专业评估,确定案件是否对生态系统碳汇功能造成了实质性损害。第二,制定统一的适用标准。在立法或司法解释中明确"认购碳汇从宽"机制的适用条件,避免各地法院在适用时出现标准不一的现象。第三,加强司法与专业机构的协作。在案件审理过程中,引入专业机构对碳汇功能受损情况进行评估,为司法裁判提供科学依据。上述措施,可以有效解决"认购碳汇从宽"机制适用范围模糊的问题,确保其在环境刑事司法中的精准适用,从而更好地实现生态修复与司法公正的双重目标。

3."认购碳汇从宽"的适用位序

"认购碳汇从宽"作为环境刑事司法中的一项创新机制,其适用位序的明确性直接关系到生态修复的效果与司法裁判的公正性。然而,当前司法实践中,该机制的适用位序存在界定不清的问题,亟须通过理论探讨与实践完善加以解决。

在司法实践中,"认购碳汇从宽"机制的适用位序存在显著的不明确性。目前,"认购碳汇"作为替代性修复责任,其与其他修复方式之间的关系,缺乏明确的优先顺序规定。这种位序不清的现象可能导致生态修复效果不佳,甚至影响司法裁判的公正性。例如,在某些案件中,犯罪人可能优先选择认购碳汇作为修复方式,而忽视了更为直接有效的修复措施,如对受损土地的直接修复或对污染水体的治理。这种选择虽然在一定程度上体现了对生态环境的间接修复,但未能从根本上解决直接的环境损害问题。以某河流污染案件为例,若犯罪人直接选择认购碳汇,而未对河流中的污染物进行清理,尽管碳汇对生态系统具有一定的间接修复作用,但河流的直接污染问题并未得到有效解决,生态修复效果大打折扣。这种适用位序的混乱不仅削弱了生态修复的实际效果,也影响了"认购碳汇从宽"机制的司法公信力。

为规范"认购碳汇从宽"机制的司法适用,应明确"认购碳汇"作为替代性修复责任的适用顺位。具体而言,应遵循"直接修复优先,替代修复补充"的原则,即在生态修复过程中,优先采用直接修复方式,只有在直接修复无法实现或效果不佳时,才考虑适用"认购碳汇"等替代性修复方式。例如,在工业污染导致河流生态系统受损的案件中,首先应要求污染企业采取直接治理措施,如清理污染物、修复河道生态等。只有在直接治理无法完全恢复河流生态功能,或由于技术、经济等原因无法实施直接治理时,方可考虑通过认购碳汇弥补河流生态系统碳汇功能的损失。

此外,为确保修复方式选择的科学性与合理性,还需建立修复方式选择的评估机制。具体包括:第一,修复效果评估。根据生态环境受损的具体情况,评估不同修复方式的可行性与效果,优先选择能够直接恢复生态功能的修复措施。第二,修复成本评估。综合考虑修复成本与经济效益,确保修复方式的经济可行性。第三,结合现有技术水平,选择技术上可行的修复方式,避免技术限制导致修复失败。通过上述措施,可以明确"认购碳汇从宽"机制的适用顺位,确保生态修复的科学性与有效性,同时提升司法裁判的公正性与公信力。

4. "认购碳汇从宽"的量刑标准

"认购碳汇从宽"作为环境刑事司法中的一项创新机制,其量刑标准的统一性直接关系司法公正性与生态修复效果。然而,当前司法实践中,该机制在量刑尺度上存在显著差异,亟须通过理论探讨与实践完善加以规范。

在司法实践中,"认购碳汇从宽"机制的量刑标准存在轻缓化与尺度不一的问题。由于缺乏统一的量刑指导规范,不同地区、不同法院在适用该机制时,量刑结果差异较大,严重影响了司法的公正性与权威性。例如,在 A 地区,犯罪人认购一定数量的碳汇后,法院对其从轻判处有期徒刑 1 年;而在 B 地区,相同情况下的犯罪人仅被从轻判处拘役 6 个月。这种量刑差异不仅削弱了"认购碳汇从宽"机制的实施效果,还容易引发公众对司法公正性的质疑。此外,量刑尺度的不统一还可能导致犯罪人对司法裁判的信任度下降,进而影响该机制的推广与应用。

为规范"认购碳汇从宽"机制的量刑标准,应从以下几个方面入手:第一,制定统一的碳汇损失测量标准。科学测量生态系统碳汇功能的损失量是确定量刑标准的前提。只有通过准确的碳汇损失测量,才能为犯罪人认购碳汇的数额提供科学依据,进而为量刑从宽幅度的确定奠定基础。为此,建议引入环境科学、生态学等领域的专业评估方法,建立统一的碳汇损失测量标准,确保测量结果的科学性与权威性。第二,建立科学的量刑计算公式。在确定碳汇损失量的基础上,应建立一套科学的量刑计算公式,将碳汇认购数额与量刑从宽幅度进行量化关联。具体而言,可以先根据碳汇损失量确定基础量刑,再根据犯罪人认购碳汇的比例对量刑进行相应调整。例如,认购碳汇数额达到碳汇损失量 50% 的,可从轻处罚 20%;认购数额达到 100%

的,可从轻处罚40%。这种量化关联不仅能够提高量刑的透明度,还能增强司法裁判的可预测性。第三,出台配套立法与监管制度。为确保"认购碳汇从宽"机制的量刑标准统一,建议通过立法或司法解释明确其量刑标准与适用程序。同时,应构建科学的监管制度,对"认购碳汇从宽"的实施过程进行严格监督,防止量刑不公与权力滥用。例如,可以设立专门的监督机构,对碳汇认购数额的确定、量刑从宽幅度的计算等环节进行全程监督,确保司法裁判的公正性与透明度。第四,建立案例指导制度。发布典型案例,为各级法院在量刑时提供参考,是促进量刑统一的有效途径。建议最高人民法院定期发布"认购碳汇从宽"机制的典型案例,明确量刑标准与适用规则,为各级法院提供统一的裁判指引。这种案例指导制度不仅能够减少量刑差异,还能提升司法公信力。

"认购碳汇从宽"作为一种创新的生态环境司法机制,在生态恢复性司法理念的指引下,具有重要的理论价值与实践意义。然而,在其司法适用过程中,仍存在适用范围模糊、适用位序不清、量刑标准不一等问题。明确理论基础、规范适用范围、厘清适用位序以及制定统一的量刑标准,可以不断完善这一机制,使其在生态环境保护和刑事司法实践中发挥更大的作用,为实现生态环境的全面修复与社会的可持续发展提供坚实的法治保障。

▶▶▶ **法条链接**

1.《刑法》

第六十七条第三款 犯罪嫌疑人虽不具有前两款规定的自首情节,但是如实供述自己罪行的,可以从轻处罚;因其如实供述自己罪行,避免特别严重后果发生的,可以减轻处罚。

第三百四十四条　违反国家规定,非法采伐、毁坏珍贵树木或者国家重点保护的其他植物的,或者非法收购、运输、加工、出售珍贵树木或者国家重点保护的其他植物及其制品的,处三年以下有期徒刑、拘役或者管制,并处罚金;情节严重的,处三年以上七年以下有期徒刑,并处罚金。

2.《刑事诉讼法》

第十五条　犯罪嫌疑人、被告人自愿如实供述自己的罪行,承认指控的犯罪事实,愿意接受处罚的,可以依法从宽处理。

第二节　环境污染刑事犯罪

长兴某环保科技公司等污染环境案

事实概要

被告单位:长兴某环保科技公司

被告人:夏某某

案号:(2022)浙05刑初7号

2015年9月9日,长兴某环保科技公司正式成立,并于2018年至2021年被列为湖州市重点排污单位。该公司的主要经营范围包括污水处理及相关技术咨询服务。被告人夏某某作为该公司生产经营负责人,直接负责公司污水处理工作的管理与实施。

根据《城镇污水处理厂污染物排放标准》(GB 18918 – 2002)的

相关规定,经处理后,长兴某环保科技公司排放的废水中化学需氧量(COD)浓度限值为 50 mg/L。然而,该公司曾多次因 COD 等指标超标而受到行政处罚。具体而言,在 2019 年 3 月 11 日、2019 年 7 月 8 日以及 2020 年 5 月 28 日,该公司因超标排放问题分别受到行政处罚,累计罚款金额 128 万余元。

2020 年 12 月至 2021 年 1 月,为规避监管并避免因超标排放再次受到处罚,长兴某环保科技公司分七次从外部购入"COD 去除剂",包括水剂和粉剂两种形态,总量达 3.275 吨。在夏某某的直接指挥或授意下,公司员工将这些"COD 去除剂"投加至污水处理的末端环节,意图干扰自动监测设施,使最终排放废水中的 COD 监测值低于实际浓度。

值得注意的是,所购入的"COD 去除剂"中,水剂盛装于无任何标识的蓝色塑料桶内,粉剂则包装于白色蛇皮袋中,袋上虽标注"COD 去除剂"字样,但未标明生产厂家、具体成分及作用机制等关键信息。

2021 年 5 月 12 日,湖州市生态环境局长兴分局对长兴某环保科技公司进行现场检查。检查过程中,执法人员在该公司废水出水口、二沉池等多处发现水泵、吨桶等可疑物品,并查获尚未使用的"COD 去除剂"水剂和粉剂,从而证实了该公司违法投加"COD 去除剂"的行为。

经检测,该公司购买并使用的"COD 去除剂"中,粉剂的氯酸钠含量为 66.2%,水剂的氯酸钠含量为 0.064%。进一步调查表明,氯酸钠作为所谓的"COD 去除剂"并不能实际降低废水中的 COD 浓度,其作用仅限于干扰 COD 测定过程,导致监测结果低于真实值,从而对 COD 自动监测数据产生误导。

在掌握充分证据后,公安机关于 2021 年 5 月 19 日将夏某某抓获。夏某某到案后,如实供述了公司购买并投加"COD 去除剂"的全部事实,未作任何隐瞒。

判决结果

浙江省湖州市中级人民法院于 2022 年 6 月 2 日作出(2022)浙 05 刑初 7 号刑事判决,判决结果如下:(1)被告单位长兴某环保科技公司因犯污染环境罪,被判处罚金 20 万元,该罚金须于本判决生效之日起 1 个月内缴纳完毕。(2)被告人夏某某因犯污染环境罪,被判处有期徒刑 1 年,缓刑 1 年 6 个月,并处罚金 2 万元。缓刑考验期限自判决确定之日起计算,罚金须于本判决生效之日起 1 个月内缴纳完毕。(3)扣押物品的处理:扣押的记事本 1 本,由扣押机关依法予以发还;其余扣押物品由扣押机关依法进行处理。

案例述评

(一)污染环境罪构成要件的认定

被告单位长兴某环保科技公司通过投加含有氯酸钠成分的"COD 去除剂"干扰自动监测设施,排放含有污染物 COD 的废水。控方认为该行为构成污染环境罪,而辩方辩称其行为未对环境造成严重污染或其不知投加的物质会干扰监测设施等。法院判定重点排污单位通过投加"COD 去除剂"干扰自动监测设施排放废水的行为已构成污染环境罪,且行为人是否知晓"COD 去除剂"具体成分和原理、排放废水的具体含量、时长等不影响行为定性。

污染环境罪是指违反国家规定,排放、倾倒或者处置有放射性的废物、含传染病病原体的废物、有毒物质或者其他有害物质,严重污染环境的行为。结合本案,可从犯罪构成的四个要件,即主体、主观方面、客体、客观方面来进行分析。

1. 主体

污染环境罪的主体可以是自然人,也可以是单位。在本案中,被告单位长兴某环保科技公司作为依法成立的经营污水处理及相关技术咨询的企业,被确定为湖州市重点排污单位,负有特殊的环保责任和义务。被告人夏某某系该公司生产经营负责人,直接负责污水处理工作,属于单位犯罪中直接负责的主管人员。两者都符合污染环境罪的主体要件。

2. 主观方面

污染环境罪在主观方面表现为故意,包括直接故意和间接故意。从本案事实来看,长兴某环保科技公司先后七次购买"COD 去除剂",并指使员工将其投加至污水处理末端,目的是逃避监管、防止被处罚,主观上积极追求干扰自动监测设施、虚假降低监测值的结果,具有明显的直接故意。被告人夏某某在公司的指示下参与实施该行为,同样存在主观故意。

3. 客体

污染环境罪侵犯的客体是国家防治环境污染的管理制度和公民的生命健康、财产安全等环境权益。长兴某环保科技公司作为重点排污单位,其违法投加"COD 去除剂"干扰自动监测设施的行为,破坏了国家对污水处理及污染物排放监测的管理制度,可能导致超标的污水未经有效处理就排入环境,危害公众的生命健康和生态环境安全,侵犯了污染环境罪的客体。

4. 客观方面

污染环境罪客观上表现为违反国家规定,排放、倾倒或者处置有放射性的废物、含传染病病原体的废物、有毒物质或者其他有害物质,严重污染环境的行为。在本案中,该公司违反了《城镇污水处理厂污染物排放标准》等国家规定,投加含有氯酸钠成分的"COD 去除剂",干扰自动监测设施,致使所排放废水中污染物 COD 的监测值比实际偏低,这种干扰监测、虚假降低监测值的行为本身足以认定其实施了严重污染环境的客观行为。此外,行为人是否知道"COD 去除剂"具体成分和降低 COD 值原理,以及排放废水的具体含量等,均不影响行为定性,只是量刑时考虑的因素。

(二)量刑情节的认定

量刑情节是指在量刑时,影响对犯罪分子判处刑罚轻重的各种主客观事实情况,其分为法定量刑情节和酌定量刑情节,它们共同作用于法官对刑罚的裁量,确保刑罚既符合法律规定,又契合案件具体情况。

1. 法定量刑情节

法定量刑情节由法律明确规定,法官在量刑时必须予以考虑。其包括从轻、减轻或免除处罚情节——自首,即犯罪后自动投案,如实供述自己罪行,可从轻或减轻处罚,犯罪较轻的能免除处罚;立功,如揭发他人犯罪行为,经查证属实,或提供重要线索从而得以侦破其他案件,可从轻或减轻处罚,有重大立功表现的可减轻或免除处罚;坦白,虽不构成自首,但如实供述罪行,可从轻处罚,若避免特别严重后果发生的,可减轻处罚;从犯,在共同犯罪中起次要或辅助作用,应从轻、减轻处罚或免除处罚;胁从犯,被胁迫参加犯罪,应按照犯罪情节减轻处罚或免除处罚;又聋又哑的人或盲人犯罪,可以从轻、减轻或免除处罚。另外,还包括从重处罚情节——累犯,即被判处有期徒刑以上刑罚的犯罪分子,刑罚执行完毕或赦免后,5年内再犯应判有期徒刑以上刑罚之罪,应当从重处罚(过失犯罪和不满18周岁犯罪除外);教唆不满18周岁的人犯罪,应从重处罚。

2. 酌定量刑情节

酌定量刑情节由法官根据案件实际情况自由裁量,常见的如下:(1)犯罪手段:手段残忍、恶劣程度影响量刑,如暴力手段犯罪通常比非暴力手段犯罪量刑重;(2)犯罪的时空及环境条件:在特殊时间(如自然灾害、疫情期间)、地点(如学校、医院等人员密集场所)犯罪,社会影响大,量刑会加重;(3)犯罪对象:侵害弱势群体(老人、儿童、残疾人)或特殊对象(如救灾物资),处罚更重;(4)犯罪造成的危害结果:危害结果严重程度,如伤亡人数、财产损失大小,是量刑的重要依据;(5)犯罪分子的一贯表现:一贯遵纪守法的人犯罪,与有多次违法犯罪记录的人相比,量刑可能较轻;(6)犯罪后的态度:犯罪后积极赔偿被害人损失、真诚悔罪、主动消除危害后果,量刑时可从轻考虑。

3. 结合本案的量刑情节认定

(1)法定量刑情节

被告人夏某某归案后如实供述购买并投加"COD去除剂"的事实,符合坦白情节。根据《刑法》规定,可从轻处罚。其坦白行为使案件事实快速查明,提高了司法效率,体现了其对自身行为的认识和悔悟。

被告单位长兴某环保科技公司和被告人夏某某均自愿认罪认罚并签署具结书。依据《刑事诉讼法》相关规定,依法可从宽处理。这既提高了诉讼效率,又体现了对其权利的保障和对其悔罪态度的认可。

(2)酌定量刑情节

被告单位作为环保企业,本应履行污水处理、保护环境的职责,却为逃避监管实施污染环境行为,社会影响恶劣,比一般企业犯罪危害更大。法院酌情从重处罚,体现了对这种违背行业使命和社会责任行为的严厉谴责。

除认罪认罚外,被告单位和被告人还在案发后配合司法机关调查处理,以积极态度悔罪,降低了人身危险性,量刑时可将其作为酌定从轻情节考虑。

(三)刑罚的适用

刑罚的适用是刑事审判中的核心环节,需依据犯罪事实、性质、情节以及社会危害程度,严格依照法律规定进行裁量。在本案中,刑罚的适用体现了法律的严谨性与公正性。

结合《刑法》的规定[1],本案中,被告单位长兴某环保科技公司作为重点排污单位,违法投加含有氯酸钠成分的"COD去除剂"干扰自动监测设施,排放含污染物COD的废水,符合污染环境罪的构成要件,依法应受刑罚处罚。

---

[1]《刑法》第338条第1款规定,违反国家规定,排放、倾倒或者处置有放射性的废物、含传染病病原体的废物、有毒物质或者其他有害物质,严重污染环境的,构成污染环境罪。

对于被告单位长兴某环保科技公司,法院判处罚金20万元。判处罚金体现了对单位犯罪经济制裁的刑罚目的。单位作为经济活动主体,通过污染环境获取非法利益的,罚金刑可剥夺其违法所得,增加其违法成本,防止其再次犯罪。同时,该公司作为环保企业,本应承担污水处理、保护环境的社会责任,却实施污染环境的行为,社会危害性更为恶劣,法院在量刑时酌情从重处罚,符合罪责刑相适应原则。

被告人夏某某作为公司生产经营负责人,直接负责污水处理工作,其行为也构成污染环境罪。法院判处其有期徒刑1年,缓刑1年6个月,并处罚金2万元。有期徒刑是对犯罪行为的严厉制裁,体现了法律对其犯罪行为的否定评价。而适用缓刑,是考虑到夏某某归案后如实供述自己的罪行,具有坦白情节,依法可以从轻处罚。同时,夏某某自愿认罪认罚,并签署了认罪认罚具结书,依据相关法律规定,依法可以从宽处理。这既体现了对其悔罪态度和配合司法机关办案的肯定,也有助于节约司法资源,实现法律效果与社会效果的统一。

罚金的判处对夏某某个人也是一种经济制裁,可警示其认识到犯罪行为的后果。在量刑时,行为人是否知道"COD去除剂"的具体成分和降低COD值的原理,以及所排放废水中COD的具体含量、排放时长、投加数量、对水体具体造成的危害等,虽不影响行为定性,但作为量刑情节予以考虑。若能查明废水对水体造成严重危害,或排放时长较长、投加数量巨大,可能会加重刑罚;反之,若危害相对较小,可在量刑时适当从轻。

本案中,刑罚的适用严格依据法律规定,充分考虑了犯罪事实、情节以及被告人的认罪态度等因素,既对污染环境的犯罪行为给予了严厉打击,又体现了刑罚的教育和改造功能,实现了法律的公平正义,对类似案件的审判具有重要的参考价值。

案例延伸

(一)环境刑事犯罪中单位犯罪的认定

在环境刑事犯罪领域,单位犯罪的认定是准确打击环境污染违法犯罪行为、有效保护生态环境的关键环节。随着环境污染问题日益严峻,单位作为环境污染的重要主体之一,其犯罪认定的科学性和准确性备受关注。

1. 单位犯罪的主体认定

传统单位犯罪主体认定理论主要建立在犯罪主体论基础之上,然而在司法实践中追究单位刑事责任时,该理论体系却显现出明显的局限性。特别是在环境刑事犯罪领域,单位犯罪主体的认定标准存在显著的理论与实践脱节现象。部分企业通过构建复杂的法人治理结构和多元化经营模式,试图规避单位犯罪主体的法律责任。以大型化工企业环境污染案件为例,涉事企业往往以分支机构具有独立法人资格、经营决策权分散等抗辩事由,否认其作为单位犯罪主体的刑事责任,这给司法机关的认定工作带来了实质性困难。

为解决上述理论困境,有必要在学理层面重构单位犯罪制度体系,通过引入单位监督过失理论,构建二元制的单位犯罪认定模式。具体而言,在认定单位犯罪主体时,不仅应当考察单位的组织形式、决策机制等结构性要素,更应当着重评估单位对其内部成员行为的监督管理职责履行情况。以环境监测机构出具虚假报告协助企业逃避环保监管的案件为例,司法机关不应局限于追究直接责任人员的刑事责任,而应当将环境监测机构认定为单位犯罪主体。这是因为环境监测机构在开展业务活动过程中,未能切实履行其监督管理义务,客观上导致了环境污染风险的扩大,具有明显的可归责性。

2. 单位犯罪的归责认定

在单位污染环境犯罪的归责认定中,司法者应遵循"危害结果的出现—认定单位刑事责任—处罚单位—处罚个人"的司法逻辑。这一逻辑强调单位被追究刑事责任是单位犯罪成立的前提。例如,在某造纸厂违规排放污水导致河流严重污染的案件中,首先要确定河流污染这一危害结果的发生,其次要分析造纸厂在决策、管理等方面是否存在导致污染的过错,进而认定单位的刑事责任,最后对单位和相关责任人员进行处罚。只有严格遵循这一司法逻辑,才能确保归责认定的准确性和公正性。

此外,在追究环境污染企业监督过失责任时,要关注其自有特点。应防止将企业与从业人员的注意义务混同,防止将"由单位决策"与"为单位谋利"视为犯罪成立的必备要件。企业的注意义务在于建立健全的环保管理制度和监督机制,而从业人员的注意义务在于遵守相关规定和操作规程。在一些案例中,企业内部管理可能混乱,未能有效监督从业人员的行为,从而导致环境污染,但企业本身并没有直接的污染决策和谋利目的。此时,不能因为缺乏"由单位决策"与"为单位谋利"的表象,就否定单位的刑事责任。

3. 单位犯罪的量刑因素认定

当前环境刑事案件在量刑方面存在问题,如多元化惩罚机制缺位,按所属职责确定"直接负责的主管人员和其他责任人员"范围不够明确。在司法实践中,对于单位犯罪的量刑往往较为单一,主要以罚款为主,对单位的其他惩罚措施如停业整顿、限制业务范围等运用较少。同时,在确定具体责任人员时,由于缺乏明确的标准,容易出现责任认定不准确的情况。例如,在某矿业公司非法采矿案件中,对于公司高管和普通员工的责任划分不够清晰,导致量刑存在偏差。

立法上应建立多元化惩罚机制,除了罚款外,还应根据单位犯罪的情节和危害程度,规定停业整顿、吊销许可证、限制市场准入等惩罚措施。在量刑时,要综合考虑单位的污染行为对生态环境的破坏程度、单位的主观恶性、单位的整改措施和效果等因素。对于积极采取措施修复生态环境、主动配合调查的单位,可以适当从轻量刑;对于屡教不改、污染严重的单位,则应从重处罚。在确定"直接负责的主管人员和其他责任人员"范围时,应依据其在污染行为中的具体职责和作用,明确划分责任,确保量刑公正合理。同时,应在司法上的罪过认定中引入严格责任原则,对于一些严重危害环境的单位犯罪行为,即使单位主观上不存在故意,但只要其行为造成了严重后果,就应承担相应的刑事责任,以强化单位的环保责任意识。

综上所述,环境刑事犯罪中单位犯罪的认定是一个复杂的过程,需要从主体认定、归责认定和量刑因素认定等多个方面进行综合考量。完善认定标准和司法实践,能够更有效地打击单位环境犯罪行为,保护生态环境。

(二)环境行政执法与刑事司法的衔接

在生态环境保护的法治体系中,环境行政执法与刑事司法的有效衔接至关重要。它不仅是打击环境违法犯罪行为的有力武器,更是推进生态文明建设的关键环节。二者的双向衔接是我国生态环境治理的关键步骤和创新举措,是有效惩治环境违法犯罪行为和推进生态文明建设的法治保障。

1. 环境行政执法与刑事司法立案衔接

立案是司法程序的起点,对于环境违法犯罪案件,立案衔接的顺畅与否直接影响后续的处理进程。构建完善的立案衔接机制是提升生态环境保护水平的重要举措。

当前,生态环境保护行政执法与刑事司法立案衔接存在一些不足。在实践中,由于环保垂改和综合行政执法改革存有冲突,部分地区在案件移送和受理上职责不清。一些环境违法行为达到刑事立案标准,但行政执法部门未能及时移送,或者刑事司法机关对移送的案件受理不及时。如在某起非法倾倒危险废物案件中,行政执法部门发现违法行为后,因对自身职责和移送程序不明确,未及时将案件移送至刑事司法机关,延误了案件的处理时机,使环境污染进一步扩大。

健全立案衔接机制,首先要健全立案衔接法律体系。目前关于立案衔接的法律规定较为分散,缺乏统一明确的标准。因此,应制定专门的法律法规,明确行政执法部门和刑事司法机关在立案衔接中的职责、移送标准和程序等。还应完善立案衔接配套机制,建立案件移送跟踪反馈制度,确保行政执法部门移送的案件能得到刑事司法机关的及时处理,并及时反馈处理结果。同时,要增强立案衔接意识,加强对行政执法人员和刑事司法人员的培训,使其充分认识到立案衔接的重要性,提高其业务能力。

2. 环境行政执法证据与刑事司法证据衔接

证据是刑事诉讼的核心,环境行政执法证据与刑事司法证据的有效衔接是环境刑事案件移送和承接的基础。由于我国环境行政违法行为和环境犯罪行为适用"二元立法"模式,以及受相关法律法规的制约和证据特殊属性的影响,证据转化面临诸多问题。目前,环境行政执法与刑事司法衔接中证据转化存在证据转化规则模糊、证据转化范围不明、证据审查标准不统一等问题。在一些环境案件中,行政执法部门收集的证据在移送至刑事司法机关后,因不符合刑事证据标准而不被采信。如在某水污染案件中,行政执法部门收集的水样检测报告,由于检测程序和标准与刑事诉讼要求不一致,该证据在刑事诉讼中无法作为定案依据,影响了案件的办理。

为解决这些问题,应当在遵循"二元立法"模式及相关法律法规的基础上,结合环境行政证据与刑事证据的不同属性,探究"两法"证据转化的具体规则,明确哪些行政证据可以直接转化为刑事证据,哪些需要进行补充或重新收集。应厘清环境犯罪证据转化的范围,避免证据转化的随意性。对于环境监测数据、现场检查笔录等常见证据,应明确其转化条件和程序。同时,要统一环境犯罪证据审查认定标准,建立专门的证据审查机构或专家咨询机制,确保证据的合法性、真实性和关联性。

3. 环境行政执法与刑事司法配套保障机制的衔接

环境行政执法与刑事司法的有效衔接离不开完善的配套保障机制。双向衔接程序缺乏保障,检察监督职能发挥存在"瓶颈",阻碍了生态环境"两法衔接"的有效运行。

在程序保障方面,目前环境行政执法与刑事司法的双向衔接程序不够顺畅。行政执法部门在发现环境犯罪线索后,移送案件的程序烦琐,且缺乏有效的监督机制。刑事司法机关在退回补充侦查时,也存在沟通不畅的问题。例如,在某起环境犯罪案件中,刑事司法机关要求行政执法部门补充侦查,但由于沟通渠道不畅通,行政执法部门未能及时准确地补充证据,案件办理周期延长。

为打通双向衔接的程序通道,应建立统一的信息共享平台,实现行政执法部门和刑事司法机关之间的信息实时共享。通过该平台,行政执法部门可以及时将案件线索和相关证据移送至刑事司法机关,刑事司法机关也可以将案件处理进展和退回补充侦查的要求及时反馈给行政执法部门。同时,要加强对程序执行的监督,建立责任追究制度,对违反程序规定的部门和人员进行问责。

在检察监督方面,检察机关在生态环境"两法衔接"中发挥着重要作用,但目前其职能发挥存在"瓶颈"。检察机关对行政执法部门的监督缺乏有效手段,对刑事司法机关的监督也存在不到位的情况。为充分发挥检察监督职能,检察机关应建立专门的监督机构,加强对环境行政执法和刑事司法的全过程监督。应通过提前介入、督促移送、立案监督等方式,确保环境违法犯罪案件得到及时处理。同时,要加强与行政执法部门和刑事司法机关的协作配合,形成工作合力。

(三)生态修复责任在刑事司法中的适用

在生态环境保护的刑事司法体系中,生态修复责任扮演着关键角色,它不仅是对环境犯罪的一种有力回应,更是维护生态平衡的重要手段。《民法典》第1234条明确了生态修复责任,为环境犯罪生态损害修复提供了依据。我国《刑法》虽未直接明确环境刑事案件犯罪人需承担生态修复责任,但从现有条款中能找到相关线索。《刑法》第36条"赔偿经济损失"、第37条"赔偿损失"在环境犯罪案件语境下暗含生态修复责任。生态修复责任与刑罚威吓共同发挥着矫正环境犯罪、修复生态的功能。[1] 生态修复责任是对环境犯罪行为所造成的生态损害的直接修复,而刑罚则是对犯罪行为的法律制裁。例如,在某非法采矿案件中,犯罪人除了要承担有期徒刑等刑罚外,还需承担矿山生态修复的责任,如恢复植被、治理水土流失等。这表明生态修复责任是对刑事责任的一种补充和延伸,二者相互配合,共同实现对环境犯罪的惩治与生态环境的保护。此外,在刑事司法实践进程中,可将修复生态环境责任作为环境刑事案件的酌定从宽情节。[2] 当犯罪人主动承担生态修复责任时,这体现出其具有一定的悔罪态度和社会责任感,法院在量刑时可依据修复程度、效果等合理确定从宽幅度,对其从轻处罚。这一做法既彰显了刑罚的谦抑性,也激励了更多犯罪人积极参与生态修复。

随着生态环境问题日益复杂,生态修复责任的刑民衔接在生态环境保护中越发关键。从理论缘起看,生态环境修复责任"衔接机制"是人民法院基于环境资源案件审理经验总结出的司法政策,旨在实现生态环境的协同修复。[3] 生态整体主义强调生态系统的整体性,这决定了生态修复需刑民协同;系统论表明生态环境是复杂系统,修复责任落实需刑事和民事手段配合;协同治理论则为刑民衔接提供实施路径,要求司法机关与行政主体协同合作。

在程序层面,生态修复责任的有效落实离不开其与刑事诉讼程

---

[1] 参见张万洪、胡馨予:《"美丽中国"的实现迫切需要对环境犯罪匹配生态修复责任》,载《河南社会科学》2021年第7期。
[2] 参见杨红梅:《修复生态环境责任刑民衔接的困境与完善路径》,载《学海》2023年第6期。
[3] 参见唐绍均、李生银:《论生态环境修复责任"衔接机制"的阐明与优化》,载《青海社会科学》2023年第1期。

序的紧密衔接。其中,环境刑事附带民事公益诉讼是一种极为重要的衔接方式。例如,在非法狩猎案件中,检察机关在提起刑事诉讼的同时,附带提起民事公益诉讼,要求犯罪人承担补种树木、恢复野生动物栖息地等生态修复责任。如此一来,既依法追究了犯罪人的刑事责任,又成功实现了生态环境的修复,极大地提升了司法效率。然而,实践中生态修复责任刑民衔接存在理念滞后、法律规定细化不足、管理失序等问题。对此,应确立"修复优先"原则,推进修复措施"扩展性"应用,加强修复过程"统合化"管理,以实现生态环境修复在刑事制裁、民事赔偿与生态补偿中的体系化运用。

综上所述,刑事司法中的生态修复责任在法律依据、量刑情节以及与诉讼程序的衔接上都有具体的体现。进一步明确这些要点,能够更好地发挥生态修复责任在惩治环境犯罪、保护生态环境中的作用,为建设"美丽中国"筑牢刑事司法保障。

法条链接

1.《刑法》

第三百三十八条第一款 违反国家规定,排放、倾倒或者处置有放射性的废物、含传染病病原体的废物、有毒物质或者其他有害物质,严重污染环境的,处三年以下有期徒刑或者拘役,并处或者单处罚金;情节严重的,处三年以上七年以下有期徒刑,并处罚金;有下列情形之一的,处七年以上有期徒刑,并处罚金:

(一)在饮用水水源保护区、自然保护地核心保护区等依法确定的重点保护区域排放、倾倒、处置有放射性的废物、含传染病病原体的废物、有毒物质,情节特别严重的;

(二)向国家确定的重要江河、湖泊水域排放、倾倒、处置有放射性的废物、含传染病病原体的废物、有毒物质,情节特别严重的;

(三)致使大量永久基本农田基本功能丧失或者遭受永久性破坏的;

(四)致使多人重伤、严重疾病,或者致人严重残疾、死亡的。

2.《刑事诉讼法》

第十五条 犯罪嫌疑人、被告人自愿如实供述自己的罪行,承认指控的犯罪事实,愿意接受处罚的,可以依法从宽处理。

3.《最高人民法院、最高人民检察院关于办理环境污染刑事案件适用法律若干问题的解释》

第一条 实施刑法第三百三十八条规定的行为,具有下列情形之一的,应当认定为"严重污染环境":

(一)在饮用水水源保护区、自然保护地核心保护区等依法确定的重点保护区域排放、倾倒、处置有放射性的废物、含传染病病原体的废物、有毒物质的;

(二)非法排放、倾倒、处置危险废物三吨以上的;

(三)排放、倾倒、处置含铅、汞、镉、铬、砷、铊、锑的污染物,超过国家或者地方污染物排放标准三倍以上的;

(四)排放、倾倒、处置含镍、铜、锌、银、钒、锰、钴的污染物,超过国家或者地方污染物排放标准十倍以上的;

(五)通过暗管、渗井、渗坑、裂隙、溶洞、灌注、非紧急情况下开启大气应急排放通道等逃避监管的方式排放、倾倒、处置有放射性的废物、含传染病病原体的废物、有毒物质的;

(六)二年内曾因在重污染天气预警期间,违反国家规定,超标排放

二氧化硫、氮氧化物等实行排放总量控制的大气污染物受过二次以上行政处罚,又实施此类行为的;

(七)重点排污单位、实行排污许可重点管理的单位篡改、伪造自动监测数据或者干扰自动监测设施,排放化学需氧量、氨氮、二氧化硫、氮氧化物等污染物的;

(八)二年内曾因违反国家规定,排放、倾倒、处置有放射性的废物、含传染病病原体的废物、有毒物质受过二次以上行政处罚,又实施此类行为的;

(九)违法所得或者致使公私财产损失三十万元以上的;

(十)致使乡镇集中式饮用水水源取水中断十二小时以上的;

(十一)其他严重污染环境的情形。

第五条 实施刑法第三百三十八条、第三百三十九条规定的犯罪行为,具有下列情形之一的,应当从重处罚:

(一)阻挠环境监督检查或者突发环境事件调查,尚不构成妨害公务等犯罪的;

(二)在医院、学校、居民区等人口集中地区及其附近,违反国家规定排放、倾倒、处置有放射性的废物、含传染病病原体的废物、有毒物质或者其他有害物质的;

(三)在突发环境事件处置期间或者被责令限期整改期间,违反国家规定排放、倾倒、处置有放射性的废物、含传染病病原体的废物、有毒物质或者其他有害物质的;

(四)具有危险废物经营许可证的企业违反国家规定排放、倾倒、处置有放射性的废物、含传染病病原体的废物、有毒物质或者其他有害物质的;

(五)实行排污许可重点管理的企业事业单位和其他生产经营者未依法取得排污许可证,排放、倾倒、处置有放射性的废物、含传染病病原体的废物、有毒物质或者其他有害物质的。

第六条 实施刑法第三百三十八条规定的行为,行为人认罪认罚,积极修复生态环境,有效合规整改的,可以从宽处罚;犯罪情节轻微的,可以不起诉或者免予刑事处罚;情节显著轻微危害不大的,不作为犯罪处理。

第四章　环境民事公益诉讼案例评析

第一节　生态破坏领域

某基金会诉某矿业公司生态破坏民事公益诉讼案

> **事实概要**
>
> 上诉人(原审原告):某基金会
> 被上诉人(原审被告):某矿业公司
> 原审支持起诉人:甘肃省武威市人民检察院
> 案号:(2020)甘95民初1号、(2021)甘民终709号

石羊河国家湿地公园于2017年12月经原国家林业局组织专家组考核验收并正式授牌。其生态系统由石羊河下游民勤段河流湿地与红崖山人工沙漠水库(以下简称红崖山水库,被誉为"亚洲最大沙漠水库")构成。某矿业公司于2013年4月至12月在红崖山水库入口处建设荣达路大桥。由于被告的其他相关项目因故停建,红崖山水库道路及大桥建成后长期处于闲置状态。2019年11月20日,某基金会就该项目向武威市生态环境局申请信息公开,经查证,该桥梁工程建设项目未依法办理环境影响评价及报批手续。

2019年12月26日,原告向甘肃矿区人民法院提起诉讼,请求:

(1)判令被告立即采取有效措施,消除违法建桥对生态环境造成的重大风险;(2)判令被告立即采取措施,修复因其违法建桥造成的生态破坏或承担修复费用(具体数额以鉴定评估结果为准);(3)判令被告承担违法建桥造成的生态环境服务功能损失费用(具体数额以鉴定评估结果为准);(4)判令被告承担违法拆桥造成的生态环境服务功能损失费用(具体数额以鉴定评估结果为准);(5)判令被告修复因其违法拆桥造成的生态破坏或承担修复费用;(6)判令被告在省级以上媒体向全社会公开赔礼道歉;(7)判令被告承担本案原告产生的合理费用,包括但不限于律师代理费、评估鉴定费、专家费、调查取证费、差旅费等(具体数额以实际支出为准);(8)判令被告承担本案全部诉讼费。

法院经审理查明:2020年5月16日,民勤县人民政府召开专项办公会议,经审议认定红崖山水库大桥建设项目存在重大程序性违法,具体表现为:项目建设过程中未依法办理防洪影响评价、水土保持方案及环境影响评价等必要审批手续,且工程竣工后未履行法定验收程序。基于上述违法事实,会议决定依据相关法律法规,责令武威市生态环境局民勤分局、民勤县水务局等行政主管部门依法履职,督促涉事矿业公司限期制订拆除方案,对违法建筑实施拆除并恢复原状。在一审诉讼程序进行期间,涉事矿业公司已完成红崖山水库大桥拆除工作,有效消除了违法建设行为对区域生态环境造成的潜在重大风险,从而使原告提出的消除生态环境重大风险的诉讼请求得以实现。

2020年6月19日,原告(甲方)与河北某阳合众律师事务所(乙方)就本案签订《委托调查及诉讼代理协议》。该协议第5条"律师法律服务费标准和支付"明确规定:"约定采取风险代理的收费方式支付律师费,经双方协商同意,甲方向乙方支付代理费共计人民币

25 万元。"第 8 条"违约责任"条款规定:"甲方无正当理由不支付律师费或者工作费用,或者无故终止合同,乙方有权要求甲方支付未付的律师费、未报销的工作费用以及延期支付的利息。"值得注意的是,现有证据材料中未见原告提供的实际支付上述律师费用的相关票据凭证。

判决结果

甘肃矿区人民法院于 2021 年 9 月 27 日就(2020)甘 95 民初 1 号环境民事公益诉讼案作出如下判决:(1)判令被告承担违法路桥拆除后的区域植被恢复费用 91,667 元;(2)判令被告赔偿自违法建设行为发生至路桥拆除后生态修复完成期间的生态环境服务功能损失 1,351,313.75 元;(3)判令被告承担原告为诉讼支出的邮寄费、差旅费等合理费用共计 3934 元;(4)责令被告于判决生效后 30 日内在省级以上媒体发布声明,向社会公众公开赔礼道歉;(5)驳回原告其他诉讼请求。

原告不服一审判决,依法向甘肃省高级人民法院提起上诉。甘肃省高级人民法院经审理,于 2021 年 12 月 30 日作出(2021)甘民终 709 号民事判决:(1)维持一审判决第(1)~(4)项;(2)撤销一审判决第(5)项;(3)增判被告于判决生效后 30 日内向原告支付律师代理费 60,000 元;(4)驳回原告其他诉讼请求。

本案的裁判实践具有双重示范意义:其一,通过司法救济弥补环境行政执法的不足,彰显了环境民事公益诉讼的补充性功能;其二,通过创新律师费用认定规则,为完善环境民事公益诉讼制度提供了有益借鉴。这一裁判立场对推动环境司法专业化、规范化发展具有重要的理论与实践价值。

环境民事公益诉讼制度作为环境行政执法体系的重要补充机制,在生态环境司法保护中发挥着不可或缺的作用。在环境民事公益诉讼案件中,社会组织作为适格原告主张被告承担合理的律师费用及其他诉讼必要支出,这一诉求具有充分的法律依据与正当性基础,人民法院应当依法予以支持。在确定具体律师费用数额时,人民法院应当遵循比例原则和合理性原则,建立多元化的评估指标体系,重点考量以下因素:诉讼前准备阶段律师工作量及其专业投入程度;案件证据收集与举证的复杂程度;诉讼参与度及程序推进中的实际贡献;所提交证据的采信率及证明效力;判决确认的生态环境损害赔偿数额及其社会影响;等等。应构建科学的评估模型,确保律师费用与案件实际工作量、诉讼成效相匹配,实现环境司法救济的公平与效率价值。

案例述评

(一)武威市生态环境局等部门履职行为的认定

本案涉及武威市生态环境局民勤分局的两项行政行为:一是对信息公开申请的答复行为,二是对红崖山水库大桥违法建设问题的行政处理行为。以下从行政法理与实证法角度对上述行为的合法性进行分析。

对于信息公开答复行为的合法性认定。根据《政府信息公开条例》第33条之规定[1],行政机关应当自收到政府信息公开申请之日

---

[1]《政府信息公开条例》第33条第1款、第2款规定,行政机关收到政府信息公开申请,能够当场答复的,应当当场予以答复。行政机关不能当场答复的,应当自收到申请之日起20个工作日内予以答复;需要延长答复期限的,应当经政府信息公开工作机构负责人同意并告知申请人,延长的期限最长不得超过20个工作日。

起20日个工作日内予以答复。本案中,原告于2019年11月20日向武威市生态环境局提出信息公开申请,该局于次日即作出答复,完全符合法定期限要求。因此,该信息公开答复行为符合依法行政的基本要求,构成依法履职。

对于环境违法行为行政处理的合法性认定。被告在未履行环境影响评价等法定审批程序的情况下,擅自在石羊河国家湿地公园内修建长度逾200米的桥梁,该行为直接破坏了湿地生态系统的完整性和稳定性,并对下游红崖山水库的生态安全构成潜在威胁。武威市生态环境局民勤分局于2019年11月20日即已掌握红崖山水库大桥在建设时未办理环评审批手续的违法事实,但迟至2020年5月方启动行政处理程序,其履职行为存在明显瑕疵。根据最高人民检察院等于2019年联合发布的《关于在检察公益诉讼中加强协作配合依法打好污染防治攻坚战的意见》的规定[1],行政机关履职尽责的判断标准应当采用"职权要件+行为要件+结果要件"的三重标准:第一,职权要件。根据《环境影响评价

---

[1] 《关于在检察公益诉讼中加强协作配合依法打好污染防治攻坚战的意见》第13条规定,明确行政执法机关履职尽责的标准。对行政执法机关不依法履行法定职责的判断和认定,应以法律规定的行政执法机关法定职责为依据,对照行政执法机关的执法权力清单和责任清单,以是否采取有效措施制止违法行为、是否全面运用法律法规、规章和规范性文件规定的行政监管手段、国家利益或者社会公共利益是否得到了有效保护为标准。检察机关和行政执法机关要加强沟通和协调,可通过听证、圆桌会议、公开宣告等形式,争取诉前工作效果最大化。最高人民检察院会同有关行政执法机关及时研究出台文件,明确行政执法机关不依法履行法定职责的认定标准。

法》第31条[1]以及《甘肃省建设项目环境影响评价文件分级审批规定》[2]之规定,红山崖水库大桥建设项目总投资额为2382.7235万元,桥梁长度不足300米,属于武威市生态环境局民勤分局的管辖权限范围。该局依法具有对未批先建行为进行查处的法定职责。第二,行为要件。该局在发现违法行为后,未及时采取《环境影响评价法》第31条规定的责令停止建设、处以罚款或责令恢复原状等行政措施,存在明显的行政不作为。第三,结果要件。由于行政机关的迟延履职,红崖山水库入口区域的生态环境在长达半年的时间内持续处于重大风险状态,国家利益和社会公共利益未能得到及时、有效的保护。综上,武威市生态环境局民勤分局虽具有相应的行政职权,但未及时采取有效措施制止违法行为,未能全面运用法律赋予的行政监管手段,导致生态环境风险持续存在,不符合行政机关依法履职的基本要求。

(二) 生态环境修复费用与生态环境服务功能损失的认定

本案审理过程中,为科学认定被告修建及拆除大桥行为对生态环境造成的损害程度,经双方当事人同意,一审法院委托专业机构组成专家组开展生态环境损害评估。专家组通过实地勘查,并结

---

[1]《环境影响评价法》第31条第1款规定:"建设单位未依法报批建设项目环境影响报告书、报告表,或者未依照本法第二十四条的规定重新报批或者报请重新审核环境影响报告书、报告表,擅自开工建设的,由县级以上生态环境主管部门责令停止建设,根据违法情节和危害后果,处建设项目总投资额百分之一以上百分之五以下的罚款,并可以责令恢复原状;对建设单位直接负责的主管人员和其他直接责任人员,依法给予行政处分。"

[2]《甘肃省建设项目环境影响评价文件分级审批规定》第4条规定,总投资在4000万元以下的建设项目、本规定第2条和第3条所列项目,由市、州或县、区环境保护行政主管部门负责审批其环境影响评价文件。具体的环境影响评价文件审批权限划分,由市、州环境保护行政主管部门确定。

合2012年至2020年7月红崖山水库、扎子沟断面水质监测状况,红崖山水库同期观测综合月报表,红崖山水库及周边10千米范围内地理国情普查数据,石羊河国家湿地公园空间范围矢量数据等监测数据以及高分遥感数据,采用定量分析方法得出以下评估结论。

1.生态环境修复费用的认定。评估结果表明,违法建桥行为导致区域植被遭受显著破坏。尽管通过人工植被补植措施,区域植被覆盖度已呈现逐渐恢复趋势,但在强化恢复管理的前提下,完全恢复原有种群结构仍需4~8年。基于保守估计,以6年恢复期计算,所需生态环境修复费用为91,667元。根据《民法典》第1235条第4项之规定,违反国家规定造成生态环境损害的,应当承担清除污染、修复生态环境费用。同时,参照《最高人民法院关于审理环境民事公益诉讼案件适用法律若干问题的解释》第20条第2款之规定,人民法院可以直接判决被告承担生态环境修复费用。因此,被告应当承担违法建设路桥拆除后的生态环境修复费用91,667元。

2.生态环境服务功能损失的认定。专家组评估发现,被告的违法建设行为不仅破坏了区域植被,还导致气候调节、水文调节、土壤保持及生物多样性保护等多项生态系统服务功能受损。经量化评估,2014年至2020年,石羊河国家湿地公园生态系统服务价值损失达900,875.75元。值得注意的是,该评估仅涵盖2014年大桥建成至2020年拆除期间的损失,未包括拆除后至完全修复期间的损失。基于生态系统恢复的动态特征,修复期间的损失呈现逐年递减趋势,其变化规律近似为45°角的弓形曲线。因此,修复期间的损失可按完全破坏期间损失的 50% 估算,即 450,437.88 元。综合计算,生态环境服务功能损失总额为 1,351,313.63 元。依据《民法典》第 1235 条第 1 项及《最高人民法院关于审理环境民事公益诉讼案件适用法律若干问题的解释》第 21 条之规定,被告应当赔偿其违法建设、拆除红崖山水库大桥造成的生态环境服务功能损失共计 1,351,313.63 元。这一认定体现了生态环境损害赔偿制度的全面适用,对类似案件的处理具有重要的参考价值。

(三)环境民事公益诉讼中律师费用承担问题的法律分析

1. 风险代理模式在环境民事公益诉讼中的适用性争议

根据《最高人民法院关于审理环境民事公益诉讼案件适用法律若干问题的解释》第 22 条第 3 项之规定,原告请求被告承担合理的律师费及其他诉讼必要支出的,人民法院可以依法予以支持。本案中,原告与诉讼代理人所在律师事务所签订的《委托调查及诉讼代理协议》约定采取风险代理模式,代理费用总额为 25 万元。风险代理作为一种特殊的诉讼代理方式,其核心特征在于代理报酬与诉讼结果直接挂钩:若案件胜诉且执行到位,则代理人可按约定比例获取报酬;若案件败诉或未能执行,则代理人无法获得相应报酬。这种模式在普通民事案件中具有激励诉讼代理的积极意义,但在环境民事公益诉讼中的适用性存在显著争议。本案中,两级法院均认定风险代理模式不适用于环境民事公益诉讼。

2. 风险代理模式与环境民事公益诉讼的制度冲突

(1)诉讼性质的差异性。依据《律师服务收费管理办法》第 11 条之规定,风险代理仅适用于特定范围内涉及财产关系的民事案件。环境民事公益诉讼虽涉及生态环境损害赔偿金额的确定,但其本质属性仍为公益诉讼。具体而言:第一,诉讼标的具有特殊性,即生态环境损害价值或生态服务功能损失系通过专业评估确定,而非直接金钱给付;第二,赔偿款项的归属具有公益性,即赔偿金纳入国库或专项基金,而非直接归属于原告。这些特征表明,环境民事公益诉讼与普通财产案件存在本质区别,不宜简单适用风险代理模式。

(2)道德风险防范的必要性。风险代理模式将律师报酬与诉讼结果直接挂钩,在环境民事公益诉讼中可能诱发以下道德风险:第一,为追求高额报酬而放任环境损害结果扩大;第二,选择性关注重大环境事件而忽视区域性、小众性环境问题;第三,过度追求经济利益而偏离环境公益诉讼的预防性、修复性和公益性宗旨。这些潜在风险与环境民事公益诉讼的制度目标存在根本冲突。

(3)诉讼结果的不确定性。环境民事公益诉讼具有以下特征:第一,生态环境损害评估具有专业性和复杂性;第二,证据收集难度大、诉讼周期长;第三,诉讼结果受多重因素影响。这些特征导致风险代理条款的设计面临显著的不确定性和不合理性。若仅以被告"败诉"作为支付风险代理费的依据,而未设定具体支付比例,可能导致报酬与实际诉讼成效严重失衡。

因此,环境民事公益诉讼中律师费用的承担应当遵循公益性和合理性原则。风险代理模式与环境民事公益诉讼制度目标存在本质冲突,不宜直接适用。

3.律师费用承担的法理基础与实践考量

本案中,两级法院虽均认定风险代理模式不适用于环境民事公益诉讼,但在律师费用支持方面采取了不同的裁判思路:一审法院持保守立场,未支持原告关于律师费用的诉讼请求,这一裁判立场可能基于对公益诉讼特殊性的考量,即避免律师费用成为公益诉讼的负担。二审法院在综合考量诉前律师工作量、案件举证难度、诉讼参与度、证据采信程度以及判决确认的赔偿金额等因素的基础上,突破性地判决被告向原告支付6万元的律师代理费。这一裁判体现了比例原则和合理性原则的适用,为环境民事公益诉讼中律师费用的认定提供了可操作的审查标准。二审法院对律师费用的支持具有重要的制度意义:认可律师在环境民事公益诉讼中收取合理费用,有助于激励更多社会组织积极参与环境公益诉讼,提升环境司法保护的效能;确立律师费用的审查标准,为类似案件的审理提供了明确指引,有助于统一裁判尺度;合理律师费用的支持,有助于保障社会组织的诉讼能力,促进环境民事公益诉讼制度的可持续发展。

案例延伸

（一）环境公共治理中行政执法与司法救济的功能定位与协调机制

1. 环境行政执法的优势与主导地位。在环境公共治理体系中,环境行政机关凭借其优秀的专业技术、先进的监测设备、多元化的监管手段以及高效的执法机制,在环境治理中占据主导地位。相较于司法机关,环境行政机关具有以下显著优势:(1)专业能力优势,能够运用专业技术知识对环境问题进行科学评估;(2)资源配置优势,可合理调配有限的行政资源以实现环境公共利益的最大化;(3)执法效率优势,能够及时、主动地采取行政措施应对环境违法行为。这些优势决定了环境行政机关应当在环境治理中发挥主导作用,而司法机关则主要承担被动、间接的监督职能。

2. 环境行政公益诉讼的监督功能。当环境行政机关存在"能为而不为"或"作为失当"的情形时，检察机关应当通过提起环境行政公益诉讼，督促行政机关依法履行环境保护监管职责。这种监督机制有助于纠正行政不作为或不当作为、强化行政机关的责任意识以及提升环境治理效能。

3. 环境民事公益诉讼的补充性功能。环境民事公益诉讼作为环境治理体系的重要组成部分，其功能定位应当限于对环境行政执法的补充。具体而言，当环境行政机关因权限限制而"不能为"时，法律规定的机关或有关组织可以通过提起环境民事公益诉讼，实现对环境违法行为的补充监督，促使行为人履行环境保护义务。这种补充性功能主要体现在填补行政监管的空白、强化环境法律实施以及提供多元化的环境救济途径等方面。

4. 环境治理中的权力协调机制。基于环境治理的特殊性，应当确立"行政权优先、司法权补充"的权力配置原则。具体而言：环境行政机关应当作为环境治理的首要责任主体，充分发挥其专业优势和执法效能；环境行政公益诉讼应发挥监督执法的功能；环境民事公益诉讼应当作为行政执法的补充机制，在穷尽行政救济手段仍无法有效维护环境公共利益时方可启动。这种权力配置模式既符合环境治理的专业性要求，也有助于实现环境公共利益的最大化。未来应当进一步完善环境行政执法与司法救济的协调机制，提升环境治理体系的整体效能。

(二) 救济性与预防性环境民事公益诉讼的制度差异与制度协调

根据《民事诉讼法》第58条的规定，环境民事公益诉讼可由法律规定的机关或有关组织，针对污染环境、破坏生态等损害社会公共利益或具有重大损害风险的行为,向人民法院提起诉讼。基于功能定位的差异,环境民事公益诉讼可类型化为救济性环境民事公益诉讼和预防性环境民事公益诉讼。前者以弥补已发生的生态环境损害为核心功能,通过追究行为人的生态修复或损害赔偿责任,实现对受损环境公共利益的救济;后者以预防生态环境损害的发生或扩大为核心功能,通过司法手段制止具有重大环境风险的行为,实现对环境公共利益的预防性保护。

1. 救济性与预防性环境民事公益诉讼的制度差异

(1) 基本原则的差异。救济性环境民事公益诉讼遵循"有损害才有救济"的原则。[1] 该原则源于传统侵权法理论,随着环境问题的日益严峻而扩展适用于环境公益诉讼领域。其核心要义在于:在生态环境损害发生后,通过司法程序追究行为人的法律责任,实现环境公共利益的救济。预防性环境民事公益诉讼遵循的是"预防为主"的原则。[2] 该原则包含损害预防与风险预防两个维度:损害预防针对可预见的生态环境损害,风险预防则面向未来可能发生的重大环境风险。

(2) 诉讼功能的差异。救济性环境民事公益诉讼属于事后救济机制,其功能在于通过生态修复、损害赔偿等手段,对已发生的生态环境损害进行补救。预防性环境民事公益诉讼属于事前预防机制,其功能在于通过司法介入,防止生态环境损害的发生或扩大。

---

[1] 参见王小钢、刘志和:《论预防性环境民事公益诉讼的预防功能定位》,载《中国地质大学学报(社会科学版)》2024 年第 5 期。

[2] 代表性观点参见张璐主编:《环境与资源保护法学》(第 4 版),北京大学出版社 2023 年版,第 111~115 页;王文革主编:《环境资源法》,中国政法大学出版社 2020 年版,第 62~66 页。

(3) 诉讼请求的差异。救济性环境民事公益诉讼的诉讼请求除包括停止侵害、排除妨碍、消除危险、恢复原状外,还包括生态修复、赔偿损失、赔礼道歉等,其旨在弥补已发生的生态环境损害。预防性环境民事公益诉讼的诉讼请求主要包括停止侵害、排除妨碍、消除危险、恢复原状等,其旨在防止损害结果或风险的发生或扩大。

(4) 举证责任的差异。救济性环境民事公益诉讼中,原告需证明损害结果已发生且与被告行为存在因果关系。预防性环境民事公益诉讼中,原告需证明存在重大环境风险及该风险转化为实际损害的可能性。[1]

2. 救济性与预防性环境民事公益诉讼的制度协调

尽管救济性与预防性环境民事公益诉讼在基本原则、诉讼功能、诉讼请求及举证责任等方面存在显著差异,但二者在维护环境公共利益方面具有共同的价值目标。救济性环境民事公益诉讼注重对已发生损害的弥补,可有效防止滥诉;预防性环境民事公益诉讼则强调对潜在风险的预防,有助于避免生态环境损害的不可逆性。二者的有机结合能够实现对环境公共利益的全面保护:救济性诉讼弥补已发生的损害,预防性诉讼防范未来的风险,二者共同构建起环境公共利益的司法保护体系。

(三) 风险代理在环境民事公益诉讼中的适用性研究

1. 风险代理的制度内涵与适用范围。风险代理作为一种特殊的律师收费模式,其核心特征在于:委托人与律师事务所约定,委托人

---

[1] 参见王小钢、刘志和:《论预防性环境民事公益诉讼的预防功能定位》,载《中国地质大学学报(社会科学版)》2024年第5期。

可暂不支付或仅支付部分律师费用,待委托事项完成或债权实现后,按约定比例支付律师报酬。根据《律师服务收费管理办法》第11条、第12条的规定,我国风险代理的适用范围受到严格限制:仅适用于涉及财产关系的民事案件。禁止适用于涉及人身和最基本民生的民事案件(如婚姻继承、社会保障待遇、赡养费、抚养费、救济金、工伤赔偿等)、刑事诉讼案件、行政诉讼案件、国家赔偿案件以及群体性诉讼案件。

2. 环境民事公益诉讼的特殊性与风险代理的适用障碍。相较于普通民事案件,环境民事公益诉讼在诉讼主体、诉讼目的及诉讼费用归属等方面具有显著特殊性。这些特征决定了风险代理在该领域的适用存在根本性障碍。

(1)诉讼主体的特殊性。环境民事公益诉讼的原告主体为法律规定的机关或符合条件的社会组织,其与案件不存在直接利害关系。这一特征导致:原告通常缺乏承担高额风险代理费用的经济能力;要求原告在胜诉后支付高额律师费可能抑制其诉讼的积极性;与风险代理所要求的当事人经济能力不相匹配。

(2)诉讼目的的特殊性。环境民事公益诉讼以维护环境公共利益为核心目标,这与风险代理追求的经济利益的初衷存在本质冲突:风险代理可能导致律师过度关注经济回报而忽视环境公益价值;可能削弱律师的社会责任感和使命感;与环境民事公益诉讼的非营利性特征相悖。

(3)诉讼费用归属的特殊性。环境民事公益诉讼中,赔偿款项的归属具有特殊性:赔偿金通常被纳入国库或专项基金,而非直接归属于原告;赔偿金额的确定基于生态环境资源价值或生态服务功能损失,而非直接金钱给付;与风险代理所要求的可量化经济利益存在本质差异。

总的来说,风险代理制度与环境民事公益诉讼的特殊性存在根本性冲突,不宜在该领域适用。未来应当构建符合环境民事公益诉讼特点的费用保障机制,促进环境司法保护的规范化、专业化发展。

(四)环境民事公益诉讼中律师费用认定的法律依据与司法实践

1. 律师费用认定的法律规范体系。律师费用的合理性认定是司法实践中的重要课题,其不仅涉及当事人合法权益的保护,还关乎律师行业的规范化发展。我国已建立起以《律师法》为核心、《律师服务收费管理办法》及相关司法解释为补充的律师收费规范体系。例如,《律师法》第25条,《律师服务收费管理办法》第3条、第9条确立了律师收费的基本原则,要求律师事务所和律师依法收费,同时允许其根据市场规律和公平原则,结合案件复杂程度、工作量等因素确定收费标准。这一规定为律师费用的合理性认定提供了基本框架。《律师服务收费管理办法》第4条确立了政府指导价与市场调节价并行的收费机制。其中,代理民事诉讼、行政诉讼、国家赔偿案件以及刑事案件相关法律服务实行政府指导价,其他法律服务则适用市场调节价。

2. 环境民事公益诉讼中律师费用的定价机制。环境民事公益诉讼作为特殊的诉讼类型,其律师费用认定具有独特性。由于环境民事公益诉讼不属于传统民事诉讼范畴[1],其律师费用宜适用市场调节价,由委托人与律师事务所协商确定。根据《律师服务收费管理办

---

[1] 参见张卫平:《民事诉讼法》(第4版),法律出版社2016年版,第265页。

法》第 9 条的规定,律师服务收费的协商应当综合考虑以下因素:耗费的工作时间、法律事务的难易程度、委托人的承受能力、律师可能承担的风险和责任、律师的社会信誉和工作水平等。

3. 律师费用认定的司法审查标准。本案在环境民事公益诉讼律师费用认定方面具有开创性意义,二审法院确立了以下审查标准:(1)诉前工作量。重点考察律师在案件准备阶段的工作投入,包括现场调查、资料收集、证据整理、法律研究等。(2)举证难度。考量环境民事公益诉讼案件涉及的科学问题、技术难题及因果关系判断的复杂程度。(3)诉讼参与度。评估律师在诉讼过程中的参与程度及其对诉讼结果的贡献。(4)证据采信度。审查律师提交证据的质量及其对案件事实认定的影响。(5)赔偿金额。参考判决确认的生态环境损害赔偿数额,间接反映律师的工作成效。

4. 律师费用认定的基本原则。在具体因素考量之外,律师费用的认定还应当遵循以下基本原则:(1)公平原则。律师费用应当与服务质量相匹配,体现投入与回报的公平性。(2)等价有偿原则。律师报酬应当与其提供的法律服务价值相当,体现市场规律。(3)诚实信用原则。当事人与律师在服务合同履行过程中均应当恪守诚信原则。

法条链接

1.《民事诉讼法》

第五十五条 当事人一方或者双方为二人以上,其诉讼标的是共同的,或者诉讼标的是同一种类、人民法院认为可以合并审理并经当事人同意的,为共同诉讼。

共同诉讼的一方当事人对诉讼标的有共同权利义务的,其中一人的诉讼行为经其他共同诉讼人承认,对其他共同诉讼人发生效力;对诉讼标的没有共同权利义务的,其中一人的诉讼行为对其他共同诉讼人不发生效力。

2.《民法典》

第一千二百三十五条 违反国家规定造成生态环境损害的,国家规定的机关或者法律规定的组织有权请求侵权人赔偿下列损失和费用:

(一)生态环境受到损害至修复完成期间服务功能丧失导致的损失;

(二)生态环境功能永久性损害造成的损失;

(三)生态环境损害调查、鉴定评估等费用;

(四)清除污染、修复生态环境费用;

(五)防止损害的发生和扩大所支出的合理费用。

3.《环境保护法》

第五十八条 对污染环境、破坏生态,损害社会公共利益的行为,符合下列条件的社会组织可以向人民法院提起诉讼:

(一)依法在设区的市级以上人民政府民政部门登记;

(二)专门从事环境保护公益活动连续五年以上且无违法记录。

符合前款规定的社会组织向人民法院提起诉讼,人民法院应当依法受理。

提起诉讼的社会组织不得通过诉讼牟取经济利益。

4.《环境影响评价法》

第十六条 国家根据建设项目对环境的影响程度,对建设项目的环境影响评价实行分类管理。

建设单位应当按照下列规定组织编制环境影响报告书、环境影响报

告表或者填报环境影响登记表(以下统称环境影响评价文件):

(一)可能造成重大环境影响的,应当编制环境影响报告书,对产生的环境影响进行全面评价;

(二)可能造成轻度环境影响的,应当编制环境影响报告表,对产生的环境影响进行分析或者专项评价;

(三)对环境影响很小、不需要进行环境影响评价的,应当填报环境影响登记表。

建设项目的环境影响评价分类管理名录,由国务院生态环境主管部门制定并公布。

5.《水法》

第三十八条 在河道管理范围内建设桥梁、码头和其他拦河、跨河、临河建筑物、构筑物,铺设跨河管道、电缆,应当符合国家规定的防洪标准和其他有关的技术要求,工程建设方案应当依照防洪法的有关规定报经有关水行政主管部门审查同意。

因建设前款工程设施,需要扩建、改建、拆除或者损坏原有水工程设施的,建设单位应当负担扩建、改建的费用和损失补偿。但是,原有工程设施属于违法工程的除外。

6.《水土保持法》

第二十五条 在山区、丘陵区、风沙区以及水土保持规划确定的容易发生水土流失的其他区域开办可能造成水土流失的生产建设项目,生产建设单位应当编制水土保持方案,报县级以上人民政府水行政主管部门审批,并按照经批准的水土保持方案,采取水土流失预防和治理措施。没有能力编制水土保持方案的,应当委托具备相应技术条件的机构编制。

水土保持方案应当包括水土流失预防和治理的范围、目标、措施和投资等内容。

水土保持方案经批准后,生产建设项目的地点、规模发生重大变化的,应当补充或者修改水土保持方案并报原审批机关批准。水土保持方案实施过程中,水土保持措施需要作出重大变更的,应当经原审批机关批准。

生产建设项目水土保持方案的编制和审批办法,由国务院水行政主管部门制定。

7.《防洪法》

第三十四条 大中城市,重要的铁路、公路干线,大型骨干企业,应当列为防洪重点,确保安全。

受洪水威胁的城市、经济开发区、工矿区和国家重要的农业生产基地等,应当重点保护,建设必要的防洪工程设施。

城市建设不得擅自填堵原有河道沟叉、贮水湖塘洼淀和废除原有防洪围堤。确需填堵或者废除的,应当经城市人民政府批准。

8.《最高人民法院关于审理环境民事公益诉讼案件适用法律若干问题的解释》

第十四条 对于审理环境民事公益诉讼案件需要的证据,人民法院认为必要的,应当调查收集。

对于应当由原告承担举证责任且为维护社会公共利益所必要的专门性问题,人民法院可以委托具备资格的鉴定人进行鉴定。

第二十三条 生态环境修复费用难以确定或者确定具体数额所需鉴定费用明显过高的,人民法院可以结合污染环境、破坏生态的范围和程度,生态环境的稀缺性,生态环境恢复的难易程度,防治污染设备的运行成本,被告因侵害行为所获得的利益以及过错程度等因素,并可以参考负有环境资源保护监督管理职责的部门的意见、专家意见等,予以合理确定。

第二节 环境污染领域

某环保联合会诉某重工集团、某重工长兴分公司环境污染民事公益诉讼案

事实概要

原告:某环保联合会

被告:某重工集团、某重工长兴分公司

案号:(2020)沪03民初274号

被告某重工长兴分公司作为某重工集团旗下规模最大的生产基地,坐落于上海市崇明区长兴岛,占地约5000亩,主营业务涵盖港口机械及钢结构生产。其长期从事室外油漆作业导致大气污染,该分公司在2年内累计收到周边群众环境投诉83次,并受到环境保护主管部门行政处罚14次,其中6次系因露天喷漆行为被处罚后仍未完成有效整改。基于上述事实,原告某环保联合会依法提起环境污染民事公益诉讼,诉讼请求包括:判令两被告承担因室外油漆作业造成大气污染的替代性修复费用、在上海市市级以上媒体上公开赔礼道歉,并承担相应的律师费用等诉讼支出。

2021年11月,经生态环境部南京环境科学研究所鉴定评估,其确认被告某重工长兴分公司因违法超标排放挥发性有机物

（Volatile Organic Compounds，VOCs）造成的生态环境损害数额为 3589.194761 万元，扣除可抵扣金额 1991.65 万元后，应承担生态环境损害赔偿金（替代性修复费用）1597.544761 万元。原告据此明确其诉讼请求为：判令两被告支付替代性修复费用 1597.544761 万元，并承担原告为本案公益诉讼支出的律师费等合理费用共计 50 万元。

本案审理过程中，在人民法院的主持下，崇明区生态环境局与两被告就环境损害赔偿事宜进行了多轮磋商。最终，原、被告和崇明区生态环境局、崇明区财政局共同签署了《某重工大气污染公益诉讼案替代性修复费用使用协议》（以下简称《协议》）。《协议》约定：两被告依据《鉴定评估报告》支付生态环境损害赔偿金 1597.544761 万元，由崇明区生态环境局通过政府非税收入系统缴入崇明区财政局国库存款户。在后续 3 年内，根据崇明区生态环境局的申请，由崇明区财政局安排等额的生态环境修复专项资金，专项用于崇明区大气污染防治项目及低碳示范创建项目。此外，《协议》还明确两被告应承担本案案件受理费、鉴定评估费、原告合理律师费及其他诉讼合理支出。

针对两被告造成的大气污染问题，上海市及崇明区两级生态环境主管部门强化环境监管，督促被告落实环保整改措施。2021 年 12 月 28 日，两级生态环境主管部门共同向法院出具《情况说明》，确认：经现场核查，被告已完成环保整改，且已按约将赔偿金支付至崇明区生态环境局账户。

鉴于本案公益诉讼推动企业遵守环境保护法律法规、解决环境污染问题的诉讼目的已完全实现，原告向法院申请撤回起诉。

判决结果

上海市第三中级人民法院于2022年1月5日依法作出(2020)沪03民初274号民事裁定书,裁定准许原告某环保联合会撤回本案起诉。

环境民事公益诉讼系环境行政执法的补充。在环境行政机关穷尽法定环境监管及生态环境损害索赔手段仍难以有效遏制生态环境损害行为或实现生态环境损害赔偿时,法律规定的机关或有关组织可依法提起环境民事公益诉讼,以弥补环境行政执法之不足。在程序适用方面,生态环境损害赔偿磋商机制具有程序优先性。若生态环境损害赔偿磋商程序已实现环境民事公益诉讼的全部或部分诉求,原告向人民法院申请撤诉的,人民法院应当依法作出准予撤诉的裁定。本案创新性地采用"磋商+协议+撤诉"的多元化纠纷解决机制,在充分实现维护环境公共利益的诉讼目的的前提下,通过原告撤诉的方式终结诉讼程序。这一创新性实践具有双重制度价值:一方面有效维护了环境公共利益,实现了生态环境的及时修复;另一方面优化了司法资源配置,提高了纠纷解决效率。该模式为同类环境民事公益诉讼案件的处理提供了可复制、可推广的示范样本,对环境司法实践具有重要的参考价值。

案例述评

(一)违法超标排放挥发性有机物的法律责任认定

挥发性有机化合物作为一类重要的大气污染物,在大气环境中参与光化学反应,是臭氧和二次有机气溶胶形成的关键前体物,对区域性大气臭氧污染和 $PM_{2.5}$ 污染具有显著的贡献效应。从毒理学角度来看,多数 VOCs 不仅具有特征性异味,更表现出多重生物毒性,包括急性毒性、刺激性、致畸性以及致癌性。其中,苯、甲苯和甲醛等典型 VOCs 对人体呼吸系统、神经系统及免疫系统具有显著危害,是导致城市灰霾和光化学烟雾的重要前体物质。就工业源排放而言,油漆生产和使用过程中通常含有超过 10% 的 VOCs 成分,主要包括甲醛、苯系物等有害物质。根据《大气污染防治法》第 45 条的规定,VOCs 排放应当在密闭空间进行或采取设备收集处理等污染防治措施。

本案中,被告某重工长兴分公司在生产经营过程中多次实施露天喷漆作业,导致大量 VOCs 未经有效处理直接排入大气环境,造成严重的大气污染,明显违反了《大气污染防治法》第 45 条的强制性规定,依法应当承担相应的行政法律责任。从行政责任的构成要件分析,某重工长兴分公司的违法行为符合行政责任的认定标准。(1)行为违法性。被告未履行《大气污染防治法》第 45 条规定的污染防治义务,既未在密闭空间或设备中进行喷漆作业,也未采取必要的污染防治措施,直接实施露天喷漆作业,明显违反了法律规定的强制性义务。(2)危害后果。被告的违法行为导致大量 VOCs 直接排入大气环境,造成严重的环境污染后果。经生态环境部南京环境科学研究所鉴定评估,其违法超标排放行为造成的环境损害金额高达 3589.194761 万元,这一损害后果具有显著性和可量化性。(3)违法行为与危害后果之间有因果关系。被告的露天喷漆行为与大气环境污染损害之间存在直接的因果关系。专业机构的源解析和环境影响评估,可以确认污染物的排放源与损害结果之间的关联性。(4)主观过错。作为专业从事港口机械制造的企业,被告应当预见其生产活动可能产生的环境影响,并负有遵守环境保护法律法规的注意义务。然而,被告在明知法律规定的情况下,仍然实施违法行为,主观上存在故意或重大过失。

基于上述分析,依据《大气污染防治法》第108条之规定,市、区两级生态环境主管部门有权对被告实施行政处罚,包括责令改正违法行为、处以2万元以上20万元以下罚款等行政措施。对于拒不改正的,可依法采取责令停产整治等更为严厉的行政强制措施。同时,根据《民法典》第1235条[1]以及《最高人民法院关于审理生态环境损害赔偿案件的若干规定(试行)》第1条[2]的规定,崇明区生态环境局作为法定的赔偿权利人,有权要求被告承担生态环境损害赔偿责任。

综上所述,某重工长兴分公司的行为不仅违反了环境保护法律法规的强制性规定,而且造成了严重的环境损害后果,依法应当承担相应的行政责任和生态环境损害赔偿责任。这一认定既体现了环境

---

[1]《民法典》第1235条规定:"违反国家规定造成生态环境损害的,国家规定的机关或者法律规定的组织有权请求侵权人赔偿下列损失和费用:(一)生态环境受到损害至修复完成期间服务功能丧失导致的损失;(二)生态环境功能永久性损害造成的损失;(三)生态环境损害调查、鉴定评估等费用;(四)清除污染、修复生态环境费用;(五)防止损害的发生和扩大所支出的合理费用。"

[2]《最高人民法院关于审理生态环境损害赔偿案件的若干规定(试行)》第1条第1款规定:"具有下列情形之一,省级、市地级人民政府及其指定的相关部门、机构,或者受国务院委托行使全民所有自然资源资产所有权的部门,因与造成生态环境损害的自然人、法人或者其他组织经磋商未达成一致或者无法进行磋商的,可以作为原告提起生态环境损害赔偿诉讼:(一)发生较大、重大、特别重大突发环境事件的;(二)在国家和省级主体功能区规划中划定的重点生态功能区、禁止开发区发生环境污染、生态破坏事件的;(三)发生其他严重影响生态环境后果的。"

法治理念,也符合损害担责原则的基本要求。

(二)环境保护主管部门履职行为的认定

针对某重工长兴分公司持续性实施露天喷漆作业、大量排放挥发性有机物并造成严重大气环境污染的行为,依据《大气污染防治法》第108条的授权性规定,环境保护行政主管部门依法享有行政命令权和行政处罚权,具体表现为责令改正乃至停产整治等行政强制措施。这一制度设计体现了环境行政管制的预防性和矫正性功能,旨在通过行政权的行使及时制止环境违法行为,防止环境损害的进一步扩大。

在执法实践中,环境保护行政主管部门针对某重工长兴分公司的持续性环境违法行为,依法实施了多次行政处罚措施,试图通过行政强制力促使企业履行环境保护义务。然而,实证研究表明,尽管行政机关采取了多次执法行动,但该企业的环境污染问题仍未得到有效控制,这一现象凸显了单一行政命令——控制型规制手段的局限性。这一困境表明,环境保护需要采取更加多元化和系统化的治理手段。

根据《生态环境损害赔偿制度改革方案》的制度设计,行政机关被赋予了生态环境损害赔偿权利人的法律地位。这一制度的创新突破了传统行政执法的局限,通过民事索赔的方式进一步强化了环境违法者的法律责任。本案中,环境保护主管部门不仅依法实施了行政处罚,还积极开展了生态环境损害赔偿磋商工作,这一双重执法机制体现了现代环境治理的综合性特征。作为赔偿权利人的环境保护行政主管部门与赔偿义务人某重工长兴分公司就生态环境损害事实认定、损害程度评估、修复方案制订以及赔偿方式确定等核心议题进行了平等协商。这一过程中,行政机关充分运用其专业技术优势,通过环境损害鉴定评估等科学手段,为磋商提供了坚实的技术支撑,体现了环境行政的专业性特征。

从制度效果来看,本案通过行政处罚与赔偿磋商的协同运用,实现了多重治理目标:强化了环境执法的威慑效应、确保了生态环境损害的及时修复并促进了企业环境责任的全面落实。这一实践不仅彰显了环境保护行政主管部门的执法权威,也体现了其在生态环境治理中的核心作用,为完善环境行政执法体系提供了有益的实践样本。

(三)生态环境损害赔偿磋商与环境民事公益诉讼关系的认定

本案中,针对某重工长兴分公司的持续性环境违法行为,环境保护行政主管部门虽已实施多次行政处罚,但仍未能有效遏制环境损害后果的发生。这一现象表明,当环境行政机关穷尽法定监管手段仍难以实现对生态环境的有效保护时,环境民事公益诉讼作为环境行政执法的补充性机制,其制度价值得以彰显。具体而言,原告某环保联合会依法提起环境民事公益诉讼,通过司法途径追究行为人的生态环境损害修复责任,体现了环境多元共治的现代治理理念。

在环境民事公益诉讼审理过程中,环境保护行政主管部门基于其赔偿权利人身份,就同一环境损害事实与赔偿义务人某重工长兴分公司及其母公司某重工集团开展生态环境损害赔偿磋商,并最终达成替代性修复费用使用协议。该协议明确由某重工长兴分公司支付生态环境损害赔偿金,专项用于崇明区大气污染防治和低碳示范创建项目,这实质上实现了环境民事公益诉讼的诉讼目的。基于此,原告向人民法院申请撤诉,人民法院经审查后依法予以准许。

从制度功能视角观察，生态环境损害赔偿磋商相较于环境民事公益诉讼具有程序优先性，这一顺位安排有助于优化司法资源配置。具体到本案，崇明区生态环境局与两被告经过多轮磋商，最终达成协议。根据协议约定，两被告依据鉴定评估报告支付生态环境损害赔偿金1597.544761万元，该款项专项用于崇明区大气污染防治和低碳示范创建项目。同时，两被告还承担了案件受理费、鉴定评估费以及原告合理的律师费用等诉讼支出。本案的实践表明，生态环境损害赔偿磋商的有效实施能够实现环境民事公益诉讼的诉讼目的，既确保了生态环境的及时修复，又提高了纠纷解决效率、节约了司法资源。这一审判思路体现了生态环境损害赔偿磋商优先原则的制度价值，为完善环境民事公益诉讼与生态环境损害赔偿磋商的程序衔接机制提供了有益的实践样本。

（四）生态环境损害赔偿磋商协议履行方式的司法认定

依据《中共中央办公厅、国务院办公厅生态环境损害赔偿制度改革方案》、《最高人民法院关于审理生态环境损害赔偿案件的若干规定（试行）》以及生态环境部、最高人民法院等十四部委印发的《生态环境损害赔偿管理规定》的有关规定，生态环境损害赔偿磋商协议是指在生态环境损害发生后，赔偿权利人或其指定的部门、机构在完成生态环境损害调查、鉴定评估、修复方案编制等法定前置程序的基础上，综合考量修复方案的技术可行性、成本效益最优化、赔偿义务人的履行能力与治理水平，以及第三方监督机制的可操作性等因素，与赔偿义务人就损害事实认定、损害程度评估、修复方式选择、修复启动时间与期限、赔偿责任承担方式与履行期限等核心事项进行平等协商后达成的一致意见。

关于赔偿义务人履行生态环境损害赔偿磋商协议的具体方式，现行制度确立了三种基本模式：一是在受损生态环境具备修复可能性的情况下，由赔偿义务人自行组织实施生态环境修复工程；二是在受损生态环境可修复但赔偿义务人缺乏修复能力时，由赔偿义务人委托具有专业资质的第三方机构实施修复，相关修复费用由赔偿义务人承担；三是在受损生态环境无法修复的情况下，赔偿义务人以支付生态环境损害赔偿金的方式履行责任，该赔偿金作为政府非税收入，由赔偿权利人统筹用于开展替代性生态环境修复或治理项目。

本案中，某重工长兴分公司多次实施露天喷漆作业，导致大量挥发性有机化合物排放。鉴于挥发性有机化合物的特殊性质及大气污染的累积效应，受损生态环境难以完全恢复原状，故采取替代性修复方式具有必要性和合理性。某重工长兴分公司与崇明区生态环境局经磋商达成协议，约定以支付替代性修复费用的方式承担生态环境损害赔偿责任。根据协议约定，赔偿义务人已将赔偿金支付至崇明区生态环境局指定账户，并由崇明区财政局在3年内安排等额资金专项用于崇明区大气污染防治项目及低碳示范创建项目。这一履行方式既确保了生态环境修复资金的专款专用，又实现了生态环境损害的实质修复，充分体现了生态环境损害赔偿制度的立法目的和实践价值。

案例延伸

（一）生态环境监管与生态环境损害赔偿的逻辑关系

我国已逐步构建成以《环境保护法》为核心、辅以相关配套法规的多层次、多维度的生态环境监管体系。政府和生态环境行政机关依法享有行政命令、行政处罚及行政强制等生态环境监管职权。这一以生态环境监管为核心的环境法律体系,为推进生态文明建设、实现生态环境治理体系与治理能力现代化目标奠定了坚实的制度基础。然而,由于传统环境行政执法体系中索赔机制的缺失,实践中普遍出现"企业污染、群众受害、政府买单"的现象,这不仅违背了环境保护法确立的"损害担责"原则,也严重影响了环境执法的实效性。

为破解这一困局,中共中央办公厅、国务院办公厅从顶层设计的高度,创设了具有中国特色的生态环境损害赔偿制度,旨在授权指定的部门或机构以赔偿权利人的身份向赔偿义务人追偿生态环境损害赔偿金,专款用于生态环境修复。生态环境损害赔偿制度包括生态环境损害赔偿磋商和生态环境损害赔偿诉讼。生态环境损害赔偿磋商是这一体系的核心组成部分,其本质是在传统"命令—控制"型行政手段(包括行政处罚、行政命令及行政强制)难以有效救济严重生态环境损害的情况下,行政机关通过引入私法领域的平等协商机制来实现环境公共利益保护目标的一种新型柔性执法形态。这种执法方式体现了现代行政法治从单方强制性向多元合作性的转变,是行政机关在环境治理中运用协商性执法方式的创新。生态环境损害赔偿诉讼则是在传统刚性监管手段与柔性磋商机制均无法有效救济严重生态环境损害时,行政机关借助司法程序实现环境修复与赔偿目标的特殊执法方式。

需要特别强调的是,赔偿权利人行使生态环境损害索赔权并非基于自然资源国家所有权衍生的私法请求权,而是履行国家环境保护义务的行政行为。尽管这一制度在程序上采用了民事磋商或诉讼的形式,但其实质仍是环境行政执法的延伸与补充。生态环境损害赔偿应当被准确定位为行政机关履行环境行政权的新型手段,其是生态环境监管在特定领域的延伸,属于非常规但必要的执法途径。因此,生态环境监管与生态环境损害赔偿共同构成了现代环境行政执法的完整体系。

(二)行政权与司法权的关系理论

在环境公共治理的法治框架下,立法权、行政权与司法权呈现出功能分化的制度安排。立法机关通过制定和完善环境保护法律法规,为环境保护提供规范基础;行政机关负责环境保护法律的具体实施与监管,通过日常监管、专项检查、行政处罚等行政手段确保法律规范的实效性;司法机关则通过司法审查和纠纷解决机制,维护环境法律秩序和公共利益。然而,在环境法律实施过程中,行政权与司法权的功能边界与互动关系仍存在亟待厘清的理论与实践问题。

从功能主义的视角考察,环境行政权具有显著的专业性优势。生态环境损害的程度认定、污染物排放的技术评估等事实判断,均需依托专业知识和科技手段。环境行政机关凭借其专业技术人员队伍和先进监测设备,能够为司法机关提供专业支持。司法实践中,环境影响评价文件及其批复、环境行政许可、行政处罚决定等行政规范性文件,往往构成法院判断行政机关是否依法履职的重要证据基础。与此同时,司法权作为判断权,其本质属性决定了其在环境治理中具有谦抑性和被动性特征。基于权力分工原理,在环境民事公益诉讼中应确立行政优先原则,即司法权应对行政权保持适度谦抑。具体而言,只有当行政监管机制失灵或行政救济不足时,环境民事公益诉讼方可作为补充性机制启动;当行政机关怠于履职或违法行使职权时，环境行政公益诉讼则发挥监督功能。

综上所述，在环境公共治理的法治框架下，应当确立行政优先原则，构建行政权与司法权的良性互动机制。这一机制既要求司法机关尊重行政机关的专业判断和裁量空间，又需要保持司法权对行政权的必要制约，从而实现环境治理效能的最大化。这种权力配置模式不仅符合现代环境治理的专业化需求，也体现了司法权对行政权既监督又尊重的平衡理念。

（三）宜将穷尽行政执法手段作为环境民事公益诉讼的前置程序

在环境治理的法治框架下，将行政机关穷尽行政执法手段作为环境民事公益诉讼的前置程序，具有重要的理论正当性和实践必要性。这一制度设计不仅契合我国环境治理体系中"行政主导、司法补充"的功能定位，也符合司法权与行政权的权力配置逻辑，同时有助于优化公共资源配置，提升环境治理效能。

从权力配置的理论维度来看，行政执法前置程序的确立体现了行政优先和司法谦抑性原则的内在要求。环境行政执法具有专业性、主动性和效率性等显著优势。首先，环境行政机关凭借其专业技术人员和科技监测设备，能够对复杂的环境损害事实作出专业判断。其次，日常监管、专项检查等主动执法方式，可以及时发现并制止环境违法行为。最后，行政处罚、行政命令等措施具有直接的强制执行力，能够快速实现环境修复目标。相较而言，司法权作为判断权，其被动性和事后性特征决定了其在环境治理中应当保持适度谦抑。只有当行政机关穷尽执法手段仍无法实现环境公益保护目标时，司法权方可作为补充性机制介入。这种制度安排既体现了对行政专业判断的尊重，也确保了司法权对行政权的必要监督。

从程序效益的角度分析,行政执法前置程序有助于避免行政与司法资源的重复投入和双重浪费。若允许在行政机关尚未充分履行监管职责时即启动环境民事公益诉讼,可能导致以下问题:第一,对同一环境违法行为的重复调查和处理,增加公共资源消耗;第二,司法权不当干预行政权的风险,破坏权力运行的平衡秩序;第三,削弱行政机关的执法积极性和责任意识。设置前置程序,可以为行政机关提供优先执法的制度空间,确保行政资源得到充分利用,同时也为司法资源的合理配置提供了制度保障。

就程序衔接的具体设计而言,当环境公共利益遭受损害或面临重大环境风险时,起诉主体在起诉前应当履行诉前告知义务,给予行政机关优先执法的机会。若行政机关在法定期限内未采取必要措施或明确拒绝履职,起诉主体方可提起环境民事公益诉讼。这一机制既体现了对行政优先原则的尊重,也保留了司法监督的必要空间。此外,基于"诉的利益"理论,若行政执法已实现充分救济或有效预防,则起诉主体因丧失诉的利益而不得提起环境民事公益诉讼,这体现了程序设置的合理性。

在突发环境事件等紧急情况下,行政执法前置程序的制度优势更为凸显。环境行政机关通常具备完善的应急响应机制和专业处置能力,能够迅速采取控制措施,防止损害扩大。相比之下,司法程序的启动和运行往往需要较长时间,难以满足紧急环境事件的时效性要求。因此,在紧急情况下优先依靠行政手段进行干预,不仅符合效率原则,也能够最大限度地保护环境公共利益。

综上所述,将行政机关穷尽行政执法手段作为环境民事公益诉讼的前置程序,既符合环境治理的专业化要求,也体现了权力配置的法治原则,同时有助于实现公共资源的优化配置。这一制度设计应当通过立法予以明确,并在实践中不断完善其具体规则和操作程序。

(四)生态环境损害赔偿磋商与环境民事公益诉讼的衔接

在现行环境法律体系下,生态环境损害赔偿磋商与环境民事公益诉讼的程序衔接问题日益凸显。由于立法层面的规范缺失,实践中常出现在环境民事公益诉讼审理期间,赔偿权利人另行启动生态环境损害赔偿磋商的情形。生态环境损害赔偿磋商具有效率高、周期短等制度优势,可能使环境民事公益诉讼的主要诉求因已通过磋商程序实现而被裁定驳回。这不仅会削弱环境民事公益诉讼起诉主体的积极性,还将造成不必要的司法资源损耗。因此,厘清两项制度的逻辑关系并构建合理的程序衔接机制具有重要的理论和实践意义。

从制度属性来看,生态环境损害赔偿磋商是一种新型的环境行政执法方式。其以赔偿权利人与赔偿义务人的合意为基础,遵循生态修复优先、货币赔偿补充的原则,围绕损害事实认定、损害程度评估、修复方案制订等专业性事项展开协商。这一制度创新旨在弥补传统命令控制型环境行政手段的不足,通过柔性执法方式提升环境治理效能。就制度比较而言,生态环境损害赔偿磋商相较于环境民事公益诉讼具有显著优势:首先,生态环境损害赔偿磋商具有专业优势。行政机关凭借其专业技术力量,能够更准确地评估环境损害程度并制订科学的修复方案。其次,生态环境损害赔偿磋商具有效率优势。磋商程序避免了司法程序的烦琐性和长期性,能够快速实现环境修复目标。最后,生态环境损害赔偿磋商具有成本优势。协商达成赔偿方案,可显著降低各方主体的程序成本。鉴于此,在制度设计上应当确立生态环境损害赔偿磋商优先于环境民事公益诉讼的理念。

在具体衔接程序设置方面,首先,社会组织或检察机关在提起环境民事公益诉讼前,应当履行告知义务,通知具有监督权和索赔权的行政机关及赔偿权利人。其次,行政机关或赔偿权利人应在合理期限内作出是否启动磋商程序的决定。最后,只有在行政机关或赔偿权利人明确表示不采取救济措施或未在法定期限内启动磋商程序时,社会组织或检察机关方可提起环境民事公益诉讼。这种程序设置既体现了对行政优先原则的尊重,也保留了司法救济的必要空间,有助于实现两项制度的协调运行和功能互补。

法条链接

1.《民法典》

第一千二百二十九条　因污染环境、破坏生态造成他人损害的,侵权人应当承担侵权责任。

第一千二百三十条　因污染环境、破坏生态发生纠纷,行为人应当就法律规定的不承担责任或者减轻责任的情形及其行为与损害之间不存在因果关系承担举证责任。

第一千二百三十四条　违反国家规定造成生态环境损害,生态环境能够修复的,国家规定的机关或者法律规定的组织有权请求侵权人在合理期限内承担修复责任。侵权人在期限内未修复的,国家规定的机关或者法律规定的组织可以自行或者委托他人进行修复,所需费用由侵权人负担。

第一千二百三十五条　违反国家规定造成生态环境损害的,国家规定的机关或者法律规定的组织有权请求侵权人赔偿下列损失和费用:

(一)生态环境受到损害至修复完成期间服务功能丧失导致的损失;

(二)生态环境功能永久性损害造成的损失;

(三)生态环境损害调查、鉴定评估等费用;

(四)清除污染、修复生态环境费用;

(五)防止损害的发生和扩大所支出的合理费用。

2.《环境保护法》

第六条 一切单位和个人都有保护环境的义务。

地方各级人民政府应当对本行政区域的环境质量负责。

企业事业单位和其他生产经营者应当防止、减少环境污染和生态破坏,对所造成的损害依法承担责任。

公民应当增强环境保护意识,采取低碳、节俭的生活方式,自觉履行环境保护义务。

第五十八条 对污染环境、破坏生态,损害社会公共利益的行为,符合下列条件的社会组织可以向人民法院提起诉讼:

(一)依法在设区的市级以上人民政府民政部门登记;

(二)专门从事环境保护公益活动连续五年以上且无违法记录。

符合前款规定的社会组织向人民法院提起诉讼,人民法院应当依法受理。

提起诉讼的社会组织不得通过诉讼牟取经济利益。

3.《民事诉讼法》

第五十八条 对污染环境、侵害众多消费者合法权益等损害社会公共利益的行为,法律规定的机关和有关组织可以向人民法院提起诉讼。

人民检察院在履行职责中发现破坏生态环境和资源保护、食品药品安全领域侵害众多消费者合法权益等损害社会公共利益的行为,在没有前款规定的机关和组织或者前款规定的机关和组织不提起诉讼的情况下,可以向人民法院提起诉讼。前款规定的机关或者组织提起诉讼的,人民检察院可以支持起诉。

4.《大气污染防治法》

第四十五条 产生含挥发性有机物废气的生产和服务活动,应当在密闭空间或者设备中进行,并按照规定安装、使用污染防治设施;无法密闭的,应当采取措施减少废气排放。

5.《最高人民法院关于审理环境民事公益诉讼案件适用法律若干问题的解释》

第十八条 对污染环境、破坏生态,已经损害社会公共利益或者具有损害社会公共利益重大风险的行为,原告可以请求被告承担停止侵害、排除妨碍、消除危险、修复生态环境、赔偿损失、赔礼道歉等民事责任。

第二十二条 原告请求被告承担以下费用的,人民法院可以依法予以支持:

(一)生态环境损害调查、鉴定评估等费用;

(二)清除污染以及防止损害的发生和扩大所支出的合理费用;

(三)合理的律师费以及为诉讼支出的其他合理费用。

第二十三条 生态环境修复费用难以确定或者确定具体数额所需鉴定费用明显过高的,人民法院可以结合污染环境、破坏生态的范围和程度,生态环境的稀缺性,生态环境恢复的难易程度,防治污染设备的运行成本,被告因侵害行为所获得的利益以及过错程度等因素,并可以参考负有环境资源保护监督管理职责的部门的意见、专家意见等,予以合理确定。

第二十六条 负有环境资源保护监督管理职责的部门依法履行监管职责而使原告诉讼请求全部实现,原告申请撤诉的,人民法院应予准许。

6.《最高人民法院关于审理生态环境损害赔偿案件的若干规定(试行)》

第十六条 在生态环境损害赔偿诉讼案件审理过程中,同一损害生态环境行为又被提起民事公益诉讼,符合起诉条件的,应当由受理生态环境损害赔偿诉讼案件的人民法院受理并由同一审判组织审理。

第十七条 人民法院受理因同一损害生态环境行为提起的生态环境损害赔偿诉讼案件和民事公益诉讼案件,应先中止民事公益诉讼案件的审理,待生态环境损害赔偿诉讼案件审理完毕后,就民事公益诉讼案件未被涵盖的诉讼请求依法作出裁判。

第十八条第一款 生态环境损害赔偿诉讼案件的裁判生效后,有权提起民事公益诉讼的国家规定的机关或者法律规定的组织就同一损害生态环境行为有证据证明存在前案审理时未发现的损害,并提起民事公益诉讼的,人民法院应予受理。

第五章　环境行政公益诉讼案例评析

第一节　生态破坏领域

浙江省永嘉县人民检察院诉浙江省永嘉县自然资源和规划局不履行土地复垦监管职责行政公益诉讼案

事实概要

原告：浙江省永嘉县人民检察院
被告：浙江省永嘉县自然资源和规划局
案号：（2022）浙0324行初228号

2017年10月，某置业公司为推进浙江省永嘉县20#地块工程建设项目，向相关部门申请临时使用南城街道前三村、中兴村共计30.72亩土地，用于建设施工便道及民工宿舍。该公司同时提交了临时用地土地复垦方案，并按规定缴存了99.79万元的土地复垦费用。根据该复垦方案，该临时用地应在主体工程竣工后立即实施复垦。然而，该工程建设项目竣工并交付使用1年后，该置业公司仍未履行其复垦义务。浙江省永嘉县自然资源和规划局虽于2021年5月6日就临时用地复垦事宜向该置业公司发出函告，但此后未采取进一步的实质性督促措施，亦未依法没收复垦保证金。自2021年9月27日起，浙江省永嘉县人民检察院通过检察建议等方式,多次督促浙江省永嘉县自然资源和规划局依法履行土地复垦监管职责。然而,在后续跟进过程中,该检察机关发现,尽管涉案临时用地上的建筑物已被拆除,但土地复垦工作仍未完成,土地资源及生态环境长期处于受损状态。鉴于此,浙江省永嘉县人民检察院依法提起行政公益诉讼,以维护公共利益及生态环境的合法权益。

判决结果

在本案的司法审理过程中,法院以生态环境修复为核心目标,采取现场勘查、专案会商等多元化方式,积极督促浙江省永嘉县自然资源和规划局及涉事置业公司明确复垦设施配置标准,并制订科学、合理且可操作性强的土地复垦方案。最终,涉案土地的复垦工作得以高效完成,行政争议亦得到实质性化解,实现了法律效果与社会效果的有机统一。浙江省永嘉县人民检察院在报请浙江省人民检察院批准后,鉴于诉讼请求已全部实现,依法撤回起诉。

案例述评

(一)浙江省永嘉县自然资源和规划局履行土地复垦监管职责的法定方式

自然资源和规划局作为土地资源管理的法定主体,负有确保土地复垦工作依法实施的监管职责,以保障土地资源的合理利用及生态环境的有效保护。然而,在本案中,浙江省永嘉县自然资源和规划局被指控未能充分履行其法定监管职责,具体表现该局为对某置业公司土地复垦工作的督促不力,导致复垦任务未能按时完成。

首先,根据《土地复垦条例》及相关法律法规的规定,浙江省永嘉县自然资源和规划局在收到某置业公司提交的临时用地土地复垦方案及缴存的土地复垦费用后,负有监督其在主体工程竣工后及时实施复垦的法定义务。然而,本案中,浙江省永嘉县自然资源和规划局仅于 2021 年 5 月 6 日向某置业公司发出关于临时用地复垦工作的函告,此后未采取进一步的实质性监管措施。这种监管行为的滞后性与被动性,表明其在履行监管职责过程中存在明显的行政懈怠,未能有效跟进复垦工作的实施进展。

其次,在后续监管过程中,浙江省永嘉县自然资源和规划局在发现虽然涉案临时用地上的建筑物已拆除,但土地复垦工作仍未完成时,未能及时采取必要的行政强制措施或法律手段,以确保某置业公司履行复垦义务。此外,浙江省永嘉县自然资源和规划局未依法没收复垦保证金的行为,进一步削弱了其监管的权威性与执行力,导致监管措施缺乏应有的威慑力。

最后,在浙江省永嘉县人民检察院通过检察建议等方式多次督促浙江省永嘉县自然资源和规划局依法履行监管职责后,该局仍未能在合理期限内完成复垦工作,致使土地资源及生态环境长期处于受损状态。这一行为不仅违反了《土地管理法》《土地复垦条例》等相关法律法规的规定,也对社会公共利益造成了实质性损害。

综上所述,浙江省永嘉县自然资源和规划局在本案中未能有效履行其土地复垦监管职责,具体表现为监管行为滞后、督促措施不力、未依法没收复垦保证金以及未能及时完成复垦任务等。这些行为不仅违背了其作为土地管理部门的法定职责,也对土地资源的可持续利用及生态环境的保护造成了严重负面影响。

（二）浙江省永嘉县自然资源和规划局履行职责的认定标准

在本案中,关于对浙江省永嘉县自然资源和规划局是否依法履行职责的认定,主要基于以下几个方面的综合考量。

首先,需明确浙江省永嘉县自然资源和规划局是否负有法定职责。根据《土地复垦条例实施办法》第 3 条的规定[1],自然资源和规划局在土地管理和复垦工作中负有明确的监管责任。本案中,某置业公司申请临时使用土地并提交了复垦方案,浙江省永嘉县自然资源和规划局作为法定监管部门,有义务确保该方案得到有效实施,并在某置业公司未履行复垦义务时依法采取相应的监管措施。

其次,需评估浙江省永嘉县自然资源和规划局是否充分、及时、有效地采取了法定监管措施。这是判断其是否依法履行职责的核心标准。本案中,浙江省永嘉县自然资源和规划局在某置业公司未履行复垦义务后,仅于 2021 年 5 月 6 日向某置业公司发出函告,此后未再采取进一步的实质性监管措施,亦未依法没收复垦保证金。这种行为表明其在履行监管职责过程中存在明显的不足,不符合充分、及时、有效的监管要求,导致土地资源和生态环境长期处于受损状态。

再次,需考察相对人的违法行为是否得到有效制止。作为监管部门,浙江省永嘉县自然资源和规划局有责任通过行政执法行为制止某置业公司的违法行为。然而,在本案中,尽管浙江省永嘉县自然资源和规划局发出了函告,但某置业公司的违法行为并未得到有效制止,土地复垦工作长期未能完成。这表明浙江省永嘉县自然资源

---

[1]《土地复垦条例实施办法》第 3 条第 1 款规定:"县级以上自然资源主管部门应当明确专门机构并配备专职人员负责土地复垦监督管理工作。"

和规划局在执法效能方面存在显著缺陷,未能有效履行其制止违法行为的法定职责。

最后,国家利益和社会公共利益是否得到有效保护是判断浙江省永嘉县自然资源和规划局是否依法履行职责的最终标准。本案中,由于浙江省永嘉县自然资源和规划局未能充分履行其监管职责,土地资源和生态环境长期受到侵害,国家利益和社会公共利益未能得到有效维护。这一结果进一步凸显了其在履行职责中的失职行为。

综上所述,根据行政机关履行职责的认定标准,浙江省永嘉县自然资源和规划局在本案中未能充分、及时、有效地履行其土地复垦监管职责,导致国家利益和社会公共利益受到严重损害。这一认定不仅符合法律法规的相关规定,也体现了对行政机关履职行为的严格审查要求。

(三)浙江省永嘉县自然资源和规划局怠于履行法定监管职责的责任承担

自然资源和规划局作为依法负责土地资源管理与生态环境保护的行政机关,负有对临时用地使用及复垦工作进行监督管理的法定职责,以确保土地复垦任务得到及时、有效的执行。然而,在本案中,浙江省永嘉县自然资源和规划局在知悉某置业公司未履行复垦义务后,仅通过函告方式进行了形式上的提醒,后续未采取任何实质性督促措施,亦未依法没收复垦保证金。这种行为构成对其法定监管职责的严重懈怠,违反了《土地管理法》《土地复垦条例》等相关法律法规的规定。

浙江省永嘉县自然资源和规划局的怠于履职行为直接导致了土

地资源及生态环境的持续性损害。尽管涉案临时用地上的建筑物已被拆除,但由于复垦工作长期未能完成,该地块长期处于未复垦状态,这不仅影响了土地资源的合理利用,也对周边生态环境造成了不可忽视的破坏。这种损害不仅造成土地资源的浪费,还进一步加剧了生态环境的退化,对社会公共利益构成了严重威胁。

作为行政机关,浙江省永嘉县自然资源和规划局的怠于履职行为不仅违背了其法定职责,也对社会公共利益造成了实质性损害。因此,其应当依法承担相应的法律责任。在本案中,浙江省永嘉县人民检察院针对浙江省永嘉县自然资源和规划局的怠于履职行为,依法提起行政公益诉讼。法院通过现场勘查、专案会商等程序,督促浙江省永嘉县自然资源和规划局与某置业公司明确复垦设施配置标准,并制订科学、可行的土地复垦方案,最终促使浙江省永嘉县自然资源和规划局积极履行其职责,完成了涉案土地的复垦工作。

综上所述,浙江省永嘉县自然资源和规划局的怠于履职行为不仅违反了法律法规的规定,也对土地资源及生态环境造成了严重损害。通过行政公益诉讼的司法介入,其法律责任得以明确,并最终推动了复垦工作的完成,体现了司法机关在维护社会公共利益中的重要作用。

(四)环境行政公益诉讼中人民检察院撤回起诉的条件

根据《最高人民法院关于审理环境民事公益诉讼案件适用法律若干问题的解释》第26条的规定,当负有环境保护监督管理职责的行政机关依法履行监管职责,致使原告的诉讼请求全部实现时,原告申请撤诉的,人民法院应予准许。由此可见,在环境行政公益诉讼中,诉讼请求的全部实现是人民检察院撤回起诉的唯一法定条件。

本案中,浙江省永嘉县人民检察院作为公益诉讼的提起主体,其核心目的在于通过司法程序督促行政机关依法履行土地复垦监管职责,以修复受损的土地资源及生态环境,维护社会公共利益。

在案件审理过程中,浙江省永嘉县人民法院通过现场勘查、专案会商等多种方式,积极推动行政争议的实质性化解。在司法机关的督促下,浙江省永嘉县自然资源和规划局与某置业公司共同确定了复垦设施的配置方案,并制订了科学、可行的土地复垦计划,最终高效完成了涉案土地的复垦工作。这一系列积极举措直接促成了浙江省永嘉县人民检察院诉讼请求的全部实现。具体而言,行政机关的监管职责得到了有效履行,受损的土地资源和生态环境得到了及时修复,公益诉讼的根本目标得以达成。

基于上述事实,浙江省永嘉县人民检察院依据相关法律规定,经报请浙江省永嘉县人民检察院同意后,以诉讼请求全部实现为由,向浙江省永嘉县人民法院提出撤回起诉的申请。浙江省永嘉县人民法院在审查浙江省永嘉县人民检察院的撤诉申请及相关证据材料后,认定其符合《最高人民法院关于审理环境民事公益诉讼案件适用法律若干问题的解释》第26条的规定,遂依法予以准许。这一决定不仅体现了司法程序的规范性与严谨性,也彰显了环境行政公益诉讼制度在维护社会公共利益、推动生态文明建设中的重要作用。

综上所述,本案中浙江省永嘉县人民检察院撤回起诉的条件可归纳为:在环境行政公益诉讼中,当负有环境资源保护监督管理职责的行政机关依法履行监管职责,致使原告的诉讼请求全部实现时,人民检察院有权向人民法院申请撤诉,且人民法院应予准许。这一条件的实现,不仅标志着环境行政公益诉讼制度在司法实践中的有效运用,也为类似案件的审理提供了重要的参考依据,进一步凸显了公益诉讼在生态环境保护领域的制度价值与实践意义。

> **案例延伸**

(一) 行政机关履行职责的认定标准

在环境行政公益诉讼中,行政机关履行职责的认定标准是确保环境公共利益得到有效保护的核心问题。这一标准的确定不仅关乎行政机关的执法效能,也直接影响环境公益诉讼制度的实施效果。环境行政公益诉讼的核心在于通过司法监督,促使行政机关依法、全面、正确地履行其职责,从而保护生态环境公共利益免受侵害。行政机关的"依法履职"应被理解为纠正其违法行使职权或不作为的行为,以确保环境公共利益不受损害。目前,学界对行政机关履行职责的认定标准主要存在三种观点。

1. 行为标准。行为标准主张以行政机关的行为本身为审查对象,判断其是否全面履行法定职责。其核心在于"穷尽说",即行政机关是否穷尽了所有可能的行政手段或措施。具言之,判断行政机关是否履行职责,需将其法定职责与具体履职情况逐一对应,以确定其是否存在不履行或怠于履行的情形。行政公益诉讼中的"依法履职"是对行政机关违法行使职权或不作为的纠正,判断标准应聚焦于行为本身。

2. 结果标准。结果标准从行政行为的效果出发,以行政机关是否消除公益侵害状态为最终判断依据。只要国家利益或社会公共利益仍处于受侵害状态,即应认定为行政机关未依法履行职责。换言之,判断行政机关是否履行职责,关键在于其整改行动的实际效果,而非仅仅关注其行为过程。

3.复合标准。复合标准试图平衡行为与结果,既关注行政机关的行为过程,也注重行为的效果。然而,在实际操作中,复合标准往往更倾向于结果标准。部分学者提出"行为+结果"的双重标准,但在具体适用中,仍以结果标准为主导。当行为与结果不完全契合时,应优先考虑结果标准或实质标准。

行为标准的优势在于其可监测性和可量化性,但其可能难以完全实现环境公益诉讼的根本目的;结果标准则更契合诉讼目的的实现,但可能因忽视外部不确定因素而加重行政机关的负担;复合标准试图调和两者,但在实践中可能面临操作困难。因此,在司法实践中,行政机关履行职责的认定标准并非一成不变,而是需要根据具体案件情况灵活适用。

在环境行政公益诉讼中,法院和检察机关在认定行政机关是否依法履行职责时,通常会综合考虑以下因素:第一,行政机关是否具有法定职责。这是判断行政机关是否依法履行职责的前提。行政法律规范通常明确规定了行政机关在特定领域的监督管理职责及对违法行为的处罚措施。在环境行政公益诉讼中,行政机关的法定职责包括对环境资源的保护、利用、更新进行管理和监督,以及对违法行为进行处罚等。法院和检察机关需审查行政机关的法定职责范围,以确定其是否具备履行特定职责的法律依据。第二,行政机关是否充分、及时、有效地采取了法定监管措施。这是判断行政机关是否依法履行职责的关键。行政机关需采取一系列监管措施,包括制定和执行环境保护政策、开展环境执法检查、对违法行为进行处罚等。法院和检察机关需评估这些措施是否充分、及时、有效,并达到了保护生态环境公共利益的目的。有学者指出,只要环境监管部门能证明其已合法穷尽各种行政管理措施,即使受损环境未完全恢复,也不应认定为违法不作为。第三,相对人的违法行为是否得到有效制止。这是判断行政机关是否依法履行职责的重要标准之一。行政机关需通过执法行为制止相对人的违法行为,以防止其对环境公共利益造成进一步损害。法院和检察机关需审查行政机关是否采取了必要的执法措施,以及这些措施是否有效制止了违法行为。第四,国家利益或社会公共利益是否得到有效保护。这是判断行政机关是否依法履行职责的最终标准。行政机关的执法行为应以实现环境公共利益的保护为目标。有学者认为,行政机关不依法履职的总标准是其未能通过纠正违法行为消除国家利益或社会公共利益受侵害的状态。这一标准的认定不仅依据行政机关是否采取了行动,更注重这些行动的实际效果。第五,特殊因素的考量。在认定行政机关是否依法履行职责时,还需考虑其是否具备履行法定职责的物质基础和制度条件,包括人力、财力、物力和信息等资源是否充足,以及法律制度供给是否完善。这些因素可能影响行政机关的执法效能和履职能力。

在本案中,法院认定被告仅通过函告的方式提醒某置业公司履行复垦义务,未采取进一步的有效督促措施,亦未没收复垦保证金,导致土地资源和生态环境长期处于被侵害状态。这一行为表明行政机关未依法履行职责。然而,在法院的督促下,行政机关最终完成了涉案土地的复垦工作,促使检察院撤回起诉。这一案例表明,司法实践中对行政机关履行职责的认定,既关注其行为过程,也注重行为的效果,体现了复合标准的灵活适用。

综上所述,环境行政公益诉讼中行政机关履行职责的认定标准涉及法定职责、监管措施的充分性和有效性,相对人违法行为的制止情况以及国家利益或社会公共利益的保护程度等方面。在司法实践中,法院和检察机关需根据案件具体情况,结合法律规定和行政机关的法定职责,综合判断行政机关是否依法履行职责。这一认定标准的灵活适用,不仅有助于更好地保护环境公共利益,也为推动生态文明建设提供了有力的司法保障。

(二)预防性环境行政公益诉讼的缺失与建构

在环境行政公益诉讼领域,依据《行政诉讼法》第 25 条及《最高人民法院、最高人民检察院关于检察公益诉讼案件适用法律若干问题的解释》第 22 条之规定[1],检察行政公益诉讼的受案范围仅限于已造成国家利益或社会公共利益实际损害的行政行为。这一制度设计使得行政公益诉讼主要发挥事后救济功能。虽有学者尝试将"致使国家利益或者社会公共利益受到侵害"的表述解释为包含"重大风险"的情形[2],但在司法实践中,检察机关对此仍持审慎态度,该观点仍存在理论争议。在决定是否提起预防性行政公益诉讼时,检察机关通常将"负有监督管理职责的行政机关违法行使职权或不作为"

---

[1]《最高人民法院、最高人民检察院关于检察公益诉讼案件适用法律若干问题的解释》第 22 条规定:"人民检察院提起行政公益诉讼应当提交下列材料:(一)行政公益诉讼起诉书,并按照被告人数提出副本;(二)被告违法行使职权或者不作为,致使国家利益或者社会公共利益受到侵害的证明材料;(三)已经履行诉前程序,行政机关仍不依法履行职责或者纠正违法行为的证明材料。"

[2] 参见赵艺绚、莫纪宏:《论嵌入公共风险治理体系的预防性行政公益诉讼》,载《行政法学研究》2024 年第 1 期。

与"国家利益或社会公共利益受到损害"视为两个独立的构成要件，且在两者不一致时，更倾向于以后者作为判断标准。[1] 此外，《检察机关行政公益诉讼案件办案指南（试行）》作为最高人民检察院指导地方检察机关办理公益诉讼案件的工作规范，其明确要求在办理生态环境领域行政公益诉讼案件时，应当首先查明生态环境受损的具体情况以及国家利益或社会公共利益受损的事实，包括环境污染的过程、具体事实及其严重程度，但该规范未就"重大风险"情形下的诉讼提供明确依据。

在现代社会，环境问题日趋复杂化与多元化，环境损害具有不可逆性与高治理成本的特征。在风险社会理论框架下，行政机关肩负着防范生命权、健康权及财产权等基本权利之潜在威胁的重要职能。在强化生态环境保护的宏观背景下，生态环境司法保护理念亟待实现从"事后恢复性司法"向"事前预防性司法"的范式转换。预防性环境行政公益诉讼制度的确立，不仅突破了传统司法谦抑性与司法克制主义的理论桎梏，更凸显了生态环境整体性保护与系统性治理的现代环境法治理念。该制度的构建既是环境法"预防原则"的内在要求，也是应对行政机关违法作为或不作为的现实需要，同时有助于完善环境公益诉讼制度体系并推动环境司法理念的现代化转型。在国家政策的有力支持下，预防性环境行政公益诉讼已发展成为环境公益诉讼制度体系的重要组成部分。我国《环境保护法》第5条确立的"预防为主"原则，不仅为环境保护工作提供了基本遵循，也为预防性行政公益诉讼制度的构建奠定了法理基础。此外，《土壤污染防治

---

[1] 参见刘超：《环境行政公益诉讼诉前程序省思》，载《法学》2018年第1期。

法》第3条确立的"风险管控"原则,明确了对公众健康风险与生态风险的法律规制,并建立了相应的风险管控标准制度,进一步彰显了预防性环境治理理念。由此可见,预防性环境行政公益诉讼制度不仅是对当前环境治理挑战的必要制度回应,更在现行法律框架内具备了充分的规范基础与实践可行性,是维护环境公共利益的重要法治保障。

预防性环境行政公益诉讼制度的构建,其首要任务在于拓展其适用范围。具体而言,可将其适用范围划分为以下三种类型。其一,针对行政机关存在违法行政行为但尚未造成实际损害后果的情形。检察机关可依据法律规定的"不作为"或"不当作为"等行为要件,启动预防性环境行政公益诉讼程序。从实践维度观察,行政行为与损害结果之间往往存在时间差,基于科学判断或社会经验法则,当某一行为被识别出具有潜在危害性时,即便损害后果尚未显现,检察机关亦有权启动预防性环境行政公益诉讼程序,以实现损害预防之目的。这一制度设计有效弥补了传统以损害结果为导向的公益诉讼在风险防控机制上的固有缺陷。其二,针对行政决策失当或标准滞后的情形。当行政机关的决策明显违背科学规律或社会常识,不仅无法有效防控环境风险,反而可能引发新的风险时,检察机关有权启动预防性环境行政公益诉讼程序。此外,行政决策所依据的环境标准严重滞后于环境保护的现实需求,可能导致重大环境风险的情形,同样应纳入预防性环境行政公益诉讼的适用范围。环境标准的更新滞后性要求检察机关在必要时,对与环境标准不符的行政决策采取相应的法律行动。其三,针对公众与行政决策存在重大分歧的情形。虽然科学评估能够提供风险概率的参考依据,但其无法确定社会可接受的风险水平。行政机关在环境风险评估过程中需要综合考量多种因素,而公众往往对环境风险具有更为直接和敏感的认知。在 PX 项目(二甲苯化工项目)、垃圾处理设施选址、有毒物质管理等敏感性议题上,公众与行政机关的决策常出现重大分歧,可能引发社会稳定风险。在此情形下,应赋予检察机关针对可能引发广泛质疑和反对的行政决策提起预防性诉讼的权力,以促进环境风险的合理预防和有效管理。

诉前程序作为预防性环境行政公益诉讼的独立环节,具有重要的程序过滤功能。首先,在诉前程序构建方面,可建立起诉前磋商机制。实践中,行政机关未按检察建议进行整改的原因往往并非"明知故犯",而是存在"情有可原"的情形,如履职涉及多个行政机关、权力清单不明确或相关违法行为已成为执法惯例等。因此,在此阶段无须立即采取刚性诉讼手段,可由检察机关协调并主导圆桌会议,邀请会商纠偏的召集者、不同立场的协调者以及整改方案的把关者共同参与。这一机制既对行政主体施加监督压力,又保障行政主体在其职责范围内行使职权,维持原有的权力平衡格局,充分体现了"以协商换承诺、以共赢促法治"的制度价值。其次,在违法情节尚不严重、违法主体单一、违法程度轻微或违法状况明显的情形下,即行政机关违法行使职权直接导致重大事故隐患,且违法决定尚未实施的情况下,检察机关可通过发出检察建议的方式,阻止违法行政行为的实施。这种外部监督机制能够对行政系统内部规制产生监督效应,促进行政主体主动纠错。虽然检察建议与诉前磋商同属柔性监督手段,但前者是提起诉讼的前置条件,检察建议被忽视后,通常将进入公益诉讼程序。因此,相较于诉前磋商机制,检察建议具有公益诉讼的背书功能。当上述两种柔性监督手段均无法促使行政机关自觉纠正违法行为时,检察机关即可提起公益诉讼来捍卫行政监督的"最后一道防线"。

(三)行政机关与检察机关在生态环境治理中的协作模式

在新时代生态文明建设的战略背景下,行政机关与检察机关在生态环境治理中的协同机制具有重要的理论价值与实践意义。这一协同机制通过法律监督与行政执法深度融合,旨在共同应对复杂多变的生态环境问题,维护国家利益和社会公共利益。它不仅体现了法治政府建设的内在要求,也是推进国家治理体系和治理能力现代化的重要实践路径。

在实践中,检察机关通过精准提出检察建议、积极探索创新诉前监督方式等手段,不断提升生态环境治理的效能。为深化行政机关与检察机关的协作,各地积极探索建立了一系列协作机制。

第一,多层级、多主体参与的联席会议制度。建立检察机关与行政执法机关常态化的联席会议制度,协商制定行政检察监督职责权限、监督程序,以及行政执法案件移送程序及其违反程序的责任追究方案。定期或不定期协商研讨行政执法检察监督过程中面临的重点、难点问题,统一认识、统一标准,弥合矛盾,达成共识,共同制定有关行政检察与行政执法衔接机制的规范性文件、会议纪要,以明确指导双方各自的行政检察监督、行政执法工作。例如,广东省人民检察院、广东省司法厅联合出台的《关于加强行政检察与行政执法监督衔接工作的意见(试行)》明确提出建立日常协作机制,检察机关开展行政检察工作时,可以邀请同级司法行政机关参与。司法行政机关对社会反映集中、影响较大的行政执法事项开展专项监督时,可以邀请同级检察机关参与。双方可定期举行座谈交流会议,相互通报监督工作情况,在人员培训、法律政策咨询、复杂案件研究、重点问题研讨等方面相互支持、协作配合,共同提高监督能力。

第二,检察监督与行政执法案件信息衔接平台。大数据技术的飞速发展和数字政府建设的倡导与实践,为检察监督与行政执法衔接平台的智能化提供了技术支撑。行政执法牵涉的执法主体层级多、数量多、执法范围广,实践中多数由同级政府司法行政部门统筹建设其所属人民政府及其职能部门的统一行政执法信息库,打造本级政府政务大数据中心,各行政执法机关按规定及时将本单位的行政执法信息向本级政府政务大数据中心归集,实现行政执法数据信息资源的跨部门、跨区域、跨层级共享。行政执法信息平台是对行政执法主体之执法行为进行文牍化系统记录并建立反向审视制度的前提,这为检察监督提供了反向审视和监督路径。近些年,检察系统内部也逐步建立起本系统各层级检务大数据平台。有了这两个相对独立的、基础性的大数据平台,只需要考虑建立两类大平台之间的数据共享的衔接制度机制即可。在行政检察改革实践中,例如,黑龙江省集贤县人民检察院以"互联网+行政检察"为主线,全力推进检察监督与行政执法衔接平台建设,实现大数据与行政检察深度融合。因此,可以考虑由同级的检察机关与司法行政机关共同推进检务大数据平台与政府政务大数据平台衔接,从而实现在两大平台下的检察监督平台与行政执法信息平台之间的衔接,这有助于检察机关对行政执法机关开展精准化、协同性的检察监督。

第三,监督方式的优化。提高检察监督效能依赖于针对不同监督对象采取匹配的监督形式。应根据具体行政违法状况及情节,综合运用检察建议、纠正违法通知、督促履职、督促起诉、提起公益诉讼等方式,按照提醒式检察监督、纠正式检察监督、处分式检察监督等类型,构建多元化、层级递进式的行政违法的检察监督方式体系。例如,中共咸阳市委全面依法治市委员会办公室与咸阳市检察院、咸阳市司法局联合制定《关于加强行政执法监督工作实施意见》,确定市委全面依法治市委员会办公室下设"行政检察和执法监督联络办公室",联络办公室人员由市检察院、市司法局工作人员组成,负责统筹做好全市行政执法法律监督工作。此办公室综合运用多种方式进行行政监督,加强"行政+检察"沟通平台建设,通过检察监督与行政执法的持续、紧密、良性互动,深入推进法治政府建设。

通过上述机制的构建与优化,行政机关与检察机关在生态环境治理中的协同机制得到进一步完善,这为实现生态环境的有效治理提供了坚实的制度保障。

法条链接

1.《行政诉讼法》

第二十五条第四款 人民检察院在履行职责中发现生态环境和资源保护、食品药品安全、国有财产保护、国有土地使用权出让等领域负有监督管理职责的行政机关违法行使职权或者不作为,致使国家利益或者社会公共利益受到侵害的,应当向行政机关提出检察建议,督促其依法履行职责。行政机关不依法履行职责的,人民检察院依法向人民法院提起诉讼。

2.《土地复垦条例实施办法》

第三条 县级以上自然资源主管部门应当明确专门机构并配备专职人员负责土地复垦监督管理工作。

县级以上自然资源主管部门应当加强与发展改革、财政、铁路、交通、水利、环保、农业、林业等部门的协同配合和行业指导监督。

上级自然资源主管部门应当加强对下级自然资源主管部门土地复垦工作的监督和指导。

3.《最高人民法院关于审理环境民事公益诉讼案件适用法律若干问题的解释》

第二十六条 负有环境资源保护监督管理职责的部门依法履行监管职责而使原告诉讼请求全部实现,原告申请撤诉的,人民法院应予准许。

第二节 环境污染领域

甘肃省岷县人民检察院诉甘肃省岷县茶埠镇人民政府未依法履行河道生态环境监督管理职责案

事实概要

原告:甘肃省岷县人民检察院

被告:甘肃省岷县茶埠镇人民政府

案号:(2022)甘1102行初14号

甘肃省岷县人民检察院在履行公益监督职责过程中,经调查发现被告甘肃省岷县茶埠镇人民政府(以下简称茶埠镇政府)对辖区内耳阳河河道生活污水直排问题存在未依法履行监管职责的行为。基于上述事实,甘肃省岷县人民检察院依法启动立案审查程序,并向茶埠镇政府制发检察建议书。茶埠镇政府虽作出书面回复,但经2021年12月16日终结审查后,甘肃省岷县人民检察院在 2022 年 3 月 22 日开展的公益诉讼案件"回头看"专项监督活动中,发现茶埠镇政府仍未完成实质性整改工作。鉴于此,甘肃省岷县人民检察院对茶埠镇政府未依法履行职责的行为提起行政公益诉讼。在案件审理过程中,因茶埠镇政府已全面履行监管职责,对检察机关指出的问题完成整改,甘肃省岷县人民检察院遂于 2022 年 7 月 18 日向法院提交变更诉讼请求决定书。鉴于原诉讼请求中要求判令茶埠镇政府依法履行辖区河道生态环境监管职责、限期清理河道内私设排污口及恢复河道生态环境等第二项诉讼请求已实现,检察机关依法撤回该项诉讼请求,同时请求法院确认茶埠镇政府未依法履行辖区河道生态环境监管职责的行为违法。

判决结果

经审理,甘肃省定西市安定区人民法院于 2022 年 9 月 30 日依法作出(2022)甘 1102 行初 14 号行政判决,确认被告茶埠镇政府未依法履行辖区河道生态环境监管职责的行为违法。该判决经依法宣判后,诉讼双方当事人在法定期限内均未提起上诉,依据《行政诉讼法》第 85 条之规定,本判决已发生法律效力。

案例述评

(一)环境行政公益诉讼诉前程序的瑕疵与完善

环境行政公益诉讼诉前程序作为生态环境纠纷解决的独立机制,其制度效能直接影响环境治理的法治化水平。该机制以检察建议为启动要件,通过检察机关向负有环境保护职责的行政机关提出整改要求,督促其依法履行监管职责。然而,实践中该程序的运行效果往往受制于行政机关的配合程度,亟须从制度层面予以完善。

就本案而言,甘肃省岷县人民检察院于2021年11月1日向被告发出岷检行公建(2021)32号检察建议书,明确要求被告依法履行监管职责,具体包括:加强河道监管、清理私设排污口及违规种植农作物、恢复河道生态环境、确保水质安全及行洪安全等事项。然而,被告在收到检察建议书后,其履职行为存在明显瑕疵:一是监管措施缺乏及时性,未能有效预防违法行为的发生;二是整改工作缺乏全面性,对两户住户私自捅开封堵污水口、持续偷排生活污水的行为未能有效制止;三是治理效果缺乏持续性,导致河道生态环境持续处于受侵害状态。上述问题暴露出当前检察建议制度存在以下结构性缺陷:其一,法律约束力不足,缺乏刚性执行机制;其二,执行标准模糊,缺乏可操作性指引;其三,监督机制缺位,缺乏有效问责手段。

为提升检察建议的制度效能,建议从以下维度进行完善:首先,健全检察建议的规范化体系。应当细化检察建议的制发标准,明确列明整改事项、具体措施、完成时限及预期目标,并建立量化评估指标体系。同时,还应完善检察建议的备案审查制度,确保建议内容的合法性与合理性。其次,构建全过程监督机制。应建立"制发—执行—反馈—评估"的闭环管理体系,通过定期巡查、专项督查等方式跟踪整改进展。对于执行不力或未按时完成整改的,应当建立分级预警机制,采取约谈、通报、移送监察机关等递进式监督措施。再次,强化法律保障机制。建议在立法层面明确检察建议的法律效力,将行政机关的执行情况纳入法治政府建设考核指标体系。对于拒不执行或敷衍塞责的,应当赋予检察机关直接提起行政公益诉讼的权力,并建立相应的责任追究机制。最后,完善协同治理机制。

应建立健全检察机关与行政机关的常态化沟通协调机制,通过联席会议、信息共享平台等方式,实现环境治理信息的互联互通。同时,应探索建立专家咨询制度,为行政机关提供专业技术支持,提升环境治理的专业化水平。

(二)环境行政机关不履行法定职责的认定

自 2021 年 7 月 1 日起施行的《人民检察院公益诉讼办案规则》第 81 条明确规定,若行政机关在接收检察建议书后仍未依法履行职责,致使国家利益或社会公共利益持续受损,则人民检察院有义务依法提起行政公益诉讼。该条款实质上将"行政机关接到检察建议后未改正违法行为"作为检察机关提起诉讼的前提条件。

然而,在实际执行过程中,关于如何判定行政机关是否"未依法履行职责",各部门间出现了显著的认知差异。行政机关通常坚称其已充分履行相应职责,而检察机关则可能更倾向于根据行政机关是否有效遏制国家利益和社会公共利益受损来做出判断,并据此选择提起行政公益诉讼。例如,在本案中,茶埠镇政府声称在收到检察建议书后,镇党委、政府高度重视,迅速采取行动,组织人员进行现场勘查,并针对耳阳河河道附近住户在河堤私自设置排污口、生活污水直排河道的行为,联合县环保局开展集中整治,采取用水泥、石块封堵污水直排口,对当事人进行批评教育,集中清理等措施,类似问题已得到有效解决。但因有两户住户的生活区与耳阳河河道直接相连,其抱有侥幸心理,私自捅开封堵的污水口,擅自向河道偷排生活污水。由于该两户污水排量较小,茶埠镇政府在日常巡查过程中未能及时发现。而甘肃省岷县人民检察院则以茶埠镇政府仍未整改到位、社会公共利益仍处于受侵害状态为由提起诉讼。由此可见,行政机关和检察机关对于是否履职持有不同的标准：前者主张"行为说"，即只要实行了履行职责的行为即视为履职；后者主张"结果说"，即以结果为唯一标准。这种分歧的核心在于对行政机关法定职责的不同理解。行政机关往往更关注自身是否采取了行动、是否完成了规定的任务；而检察机关则更看重行动的结果，即是否有效保护了国家利益和社会公共利益。这种理解上的差异导致在实际操作中，对于同一案件，行政机关和检察机关可能会得出截然不同的结论。

为了解决这一问题，最高人民检察院于 2019 年 2 月 14 日的新闻发布会上提出了"三要件"标准，作为判断行政机关是否依法履职的重要依据。具体而言，这三个要件包括：

1. 行为要件。行为要件强调违法行为必须得到有效制止。这是评判行政机关是否积极履行其监管职责的首要标准。行政机关应采取必要措施，及时阻止正在发生的违法行为，防止损害进一步扩大，确保法律法规得到严格执行。

2. 结果要件。结果要件要求受损的公共利益必须得到有效保护。这体现了行政机关履职的最终目标。行政机关应通过行政手段的恢复性措施努力修复受损的环境或纠正不当行为造成的社会影响，确保公共利益得到最大限度的恢复和维护。

3. 职权要件。职权要件关注在行为要件和结果要件无法完全达成的情况下，行政机关是否穷尽了所有可行的行政手段。这要求行政机关在面临复杂或棘手的环境问题时，不仅要迅速响应，还要综合运用法律赋予的各种行政权力和资源，积极探索和创新解决方案，以最大限度地保护公共利益。如果行政机关已经采取了所有合理且可行的行政措施，但仍未能完全达到制止违法行为或保护公共利益的目标，那么可以认为其已经依法履职，但仍需持续关注并寻求进一步的改进措施。

"三要件"标准的提出为检察机关在监督行政机关依法履职方面提供了更为明确和具体的指导，有助于促进环境保护法律政策的有效实施，推动形成更加完善的生态环境治理体系。

(三) 环境行政公益诉讼诉讼请求的确定与变更

根据《最高人民法院关于适用〈中华人民共和国行政诉讼法〉的解释》第68条的规定[1]，人民检察院在行政公益诉讼案件中可依法提出以下诉讼请求：确认行政行为违法或无效、撤销或部分撤销违法行政行为、要求行政机关依法履行法定职责、变更行政行为等。这一规定为检察机关提起行政公益诉讼提供了明确的法律依据和请求类型指引。

在本案中，甘肃省岷县人民检察院针对茶埠镇政府未依法履行河道生态环境监管职责的行为，依法提起行政公益诉讼，其诉讼请求具有复合性特征：一是请求确认茶埠镇政府未依法履行辖区河道生态环境监管职责的行为违法；二是请求判令茶埠镇政府依法履行辖

---

[1]《最高人民法院关于适用〈中华人民共和国行政诉讼法〉的解释》第68条规定："行政诉讼法第四十九条第三项规定的'有具体的诉讼请求'是指：（一）请求判决撤销或者变更行政行为；（二）请求判决行政机关履行特定法定职责或者给付义务；（三）请求判决确认行政行为违法；（四）请求判决确认行政行为无效；（五）请求判决行政机关予以赔偿或者补偿；（六）请求解决行政协议争议；（七）请求一并审查规章以下规范性文件；（八）请求一并解决相关民事争议；（九）其他诉讼请求。当事人单独或者一并提起行政赔偿、补偿诉讼的，应当有具体的赔偿、补偿事项以及数额；请求一并审查规章以下规范性文件的，应当提供明确的文件名称或者审查对象；请求一并解决相关民事争议的，应当有具体的民事诉讼请求。当事人未能正确表达诉讼请求的，人民法院应当要求其明确诉讼请求。"

区河道生态环境监管职责,具体包括限期清理河道内私设排污口、恢复河道生态环境等内容。这一诉讼请求组合既包含"确认违法"的确认之诉,又包含"依法履行法定职责"的给付之诉,体现了检察机关在环境行政公益诉讼中维护公共利益诉求的全面性。

然而,在诉讼程序进行过程中,由于茶埠镇政府已主动履行监管职责,对检察机关指出的环境问题完成了全面整改,公益诉讼起诉人的诉讼请求已全部实现。根据《最高人民法院、最高人民检察院关于检察公益诉讼案件适用法律若干问题的解释》第 24 条的规定,在行政公益诉讼案件审理过程中,被告纠正违法行为或依法履行职责而使人民检察院的诉讼请求全部实现,人民检察院撤回起诉的,人民法院应当裁定准许。基于此,公益诉讼起诉人依法变更诉讼请求,删除了要求"依法履行法定职责"的给付之诉部分,仅保留确认茶埠镇政府未依法履行辖区河道生态环境监管职责行为违法的确认之诉。

这一诉讼请求的变更体现了行政公益诉讼特有的制度功能:一方面,其通过确认违法之诉实现了对行政机关违法行为的司法评价;另一方面,诉讼请求的适时调整,既维护了司法权威,又节约了司法资源,实现了公益诉讼制度效率与公正的平衡。同时,这一变更也反映了行政公益诉讼中诉讼请求的动态调整机制,即根据案件事实变化和诉讼目的实现程度,依法对诉讼请求进行相应调整,以确保诉讼程序的正当性和诉讼结果的实效性。

(四)环境行政公益诉讼的判决类型

根据《最高人民法院、最高人民检察院关于检察公益诉讼案件适用法律若干问题的解释》第 25 条第 1 款的规定[1]，环境行政公益诉讼的判决主要包括确认违法判决、确认无效判决、撤销判决、补救判决、履行判决、变更判决以及驳回判决等七种类型。本案中，甘肃省岷县人民检察院请求确认茶埠镇政府未依法履行辖区河道生态环境监管职责的行为违法，并责令其限期清理河道内私设的排污口，恢复河道生态环境。由此可知，本案的判决类型为"确认违法＋履行职责"，该类型的判决通常适用于行政机关在诉前程序后仍未依法履行职责的情形。

然而，在司法实践中，对于"确认违法＋履行职责"判决类型的适用存在一定的争议。尽管多数法院对该判决类型予以支持，但部分法院仅作出履行职责判决，而对确认违法请求予以驳回[2]。例如，在临泉县人民检察院诉临泉县住房和城乡建设局不履行环保职责案中，法院未支持"确认违法"的诉讼请求。法院认为，在行政不作为案件中，履行判决能够更彻底地实现对公共利益的保护，且履行判决本身已隐含了对于行政机关不作为违法性的评价。

---

[1]《最高人民法院、最高人民检察院关于检察公益诉讼案件适用法律若干问题的解释》第 25 条第 1 款规定："人民法院区分下列情形作出行政公益诉讼判决：（一）被诉行政行为具有行政诉讼法第七十四条、第七十五条规定情形之一的，判决确认违法或者确认无效，并可以同时判决责令行政机关采取补救措施；（二）被诉行政行为具有行政诉讼法第七十条规定情形之一的，判决撤销或者部分撤销，并可以判决被诉行政机关重新作出行政行为；（三）被诉行政机关不履行法定职责的，判决在一定期限内履行；（四）被诉行政机关作出的行政处罚明显不当，或者其他行政行为涉及对款额的确定、认定确有错误的，可以判决予以变更；（五）被诉行政行为证据确凿，适用法律、法规正确，符合法定程序，未超越职权，未滥用职权，无明显不当，或者人民检察院诉请被诉行政机关履行法定职责理由不成立的，判决驳回诉讼请求。"

[2] 参见夏云娇、尚将：《环境行政公益诉讼判决方式的检视及其完善》，载《南京工业大学学报（社会科学版）》2021 年第 3 期。

从环境行政公益诉讼的核心宗旨来看,其目的在于督促行政机关(被告)履行法定职责,维护公共利益,而非单纯评估被告不作为行为的合法性。从这一视角出发,仅通过确认违法的判决,并不能有效恢复受损的公共利益。一旦公共利益已得到有效维护,再寻求法院对行政机关的不作为是否违法进行确认,似乎缺乏实质的必要性。在常规的行政诉讼中,行政相对人请求法院确认行政行为违法,通常是为了便于申请国家赔偿。然而,在行政公益诉讼中,国家赔偿问题并不适用。正如学者所指出的,"我们的目标应是实现法治,而非仅仅建立法律条文;应是实质性解决争端,而非程序性结案"[1]。因此,在公益诉讼中,大量地作出确认违法的判决意义不大,甚至可能造成司法资源的浪费,并有形式主义之虞。随着我国环境行政公益诉讼实践的不断深化以及制度的日益完善,将确认不作为违法作为独立的诉讼请求已不再适宜,而应将其视为评估行政机关是否积极履行职责的一个先决条件。[2] 对于那些在公益诉讼提起后至法庭辩论结束前已依法完成职责履行的行政机关,检察机关应当主动撤回其起诉。这一做法不仅有助于节约司法资源,还能避免不必要的程序性争议,从而更加高效地实现公益诉讼的制度目标,即通过督促行政机关依法行政,实质性地维护公共利益。

(五)环境行政公益诉讼中"回头看"机制的实践效能

为强化检察建议的执行效力,最高人民检察院制定并实施了《全

---

[1] 中华人民共和国最高人民法院行政审判庭编:《行政执法与行政审判》(总第41集),中国法制出版社2010年版,第6页。
[2] 参见刘卫先、张帆:《环境行政公益诉讼中行政主管机关不作为违法及其裁判的实证研究》,载《苏州大学学报(法学版)》2020年第2期。

国检察机关公益诉讼"回头看"专项活动工作方案》。该机制通过建立常态化的监督评估体系,旨在提升检察建议的执行效果,推动行政机关依法履职,切实维护社会公共利益。从制度运行层面来看,"回头看"机制构建了"监督—评估—反馈—处置"的闭环管理体系:检察机关在制发检察建议后,通过定期巡查、专项督查等方式跟踪监督整改落实情况,并对执行效果进行系统性评估。根据评估结果,对于整改到位的案件予以销号处理;对于整改不力或未完成整改的,则依法采取跟进监督措施,包括但不限于提起行政公益诉讼、提出抗诉等法律手段。

在本案中,甘肃省岷县人民检察院充分发挥"回头看"机制的监督效能,通过专项检查发现茶埠镇政府对诉前检察建议的整改工作存在明显不足,遂依法提起行政公益诉讼。这一机制的运行呈现出以下特征:第一,实现了监督的持续性,通过定期回访确保整改工作落实到位;第二,强化了监督的实效性,推动行政机关采取一系列整改措施,包括建立河道日常巡查机制、拆除私设排污口、建设污水处理设施等;第三,促进了治理的协同性,不仅改善了耳阳河河道水质,遏制了污水直排现象,还提升了沿岸居民的环保意识,形成了多元共治格局。

案件审理过程中,由于茶埠镇政府积极履职并完成整改,检察机关依法变更诉讼请求为确认行政行为违法。这一处理方式体现了"回头看"机制的多重制度价值:首先,通过司法确认强化了法律监督的权威性;其次,通过诉讼请求的适时调整体现了司法谦抑原则;最后,通过个案办理推动了环境治理体系的完善。本案的成功实践不仅为当地生态环境保护提供了有力的司法保障,也为完善环境行政公益诉讼制度提供了有益经验。

案例延伸

（一）行政权与检察权的监督制约与协同治理

检察权对行政权的法律监督机制根植于我国宪法框架下的权力配置结构，是检察机关履行法律监督职能的必然要求。[1] 2014 年党的十八届四中全会首次在中央层面明确检察机关对行政权的监督职能[2]，为检察权与行政权的良性互动提供了政策指引。《行政诉讼法》第 25 条第 4 款[3]进一步确立了检察机关通过检察建议和行政公益诉讼等方式监督行政权的具体路径。这种监督机制具有三个显著特征：第一，强制性，即监督决定具有法律约束力；第二，规范性，即监督程序严格遵循法律规定；第三，程序性，即监督过程注重程序正义。这一机制不仅能够有效纠正行政违法行为、保护环境公共利益，还能促进行政机关提升执法效能和公信力。

从宪法维度考察，检察机关与行政机关在宪法地位上具有平等性，这为两者的协同治理提供了制度基础。检察机关作为专门的法律监督机关，其核心职能在于确保法律统一正确实施；行政机关则承

---

[1] 参见姜明安：《论新时代中国特色行政检察》，载《国家检察官学院学报》2020 年第 4 期。

[2] 参见《中共中央关于全面推进依法治国若干重大问题的决定》，载《人民日报》2014 年 10 月 29 日，第 1 版。

[3] 《行政诉讼法》第 25 条第 4 款规定："人民检察院在履行职责中发现生态环境和资源保护、食品药品安全、国有财产保护、国有土地使用权出让等领域负有监督管理职责的行政机关违法行使职权或者不作为，致使国家利益或者社会公共利益受到侵害的，应当向行政机关提出检察建议，督促其依法履行职责。行政机关不依法履行职责的，人民检察院依法向人民法院提起诉讼。"

担着法律执行和公共管理的具体职责。虽然职能分工不同,但两者在维护法治秩序、实现公平正义的价值目标上具有高度一致性。这种宪法地位的平等性与价值目标的趋同性,为构建良性互动的检行关系提供了制度保障。

从权力属性分析,检察权具有非实体性、监督性和非终局性等本质特征。这些特征决定了检察权的有效运行需要行政权的配合与支持:一方面,检察监督职能的实现有赖于对行政行为的审查与监督;另一方面,检察权的行使需要行政机关提供必要的程序协助,如案件线索移送、证据调取等。因此,构建科学合理的检行协作机制是检察权有效运行的重要制度保障。

从系统论视角审视,检察权与行政权的协同治理是现代国家治理体系的重要组成部分。在国家治理的现代化进程中,行政权承担着公共管理和服务供给职能,而检察权则发挥着监督制约和权利救济功能。两者的协同配合能够形成治理合力,共同推进国家治理体系和治理能力现代化。这种协同治理模式既体现了权力制约的法治原则,又符合治理效能提升的现实需求。

从实践维度观察,检察权与行政权的协同治理机制在应对复杂社会问题方面具有独特优势。面对环境污染、食品安全等跨领域、跨部门的治理难题,建立常态化的检行协作机制,可以实现监督与执行的有机统一:行政机关依法履行监管职责,提升执法效能;检察机关强化法律监督,确保行政行为的合法性与正当性。这种协同治理模式不仅能够有效维护社会公共利益,还为推进国家治理现代化提供了可复制的制度样本。

(二)监督起诉与支持起诉的界分

在环境公益诉讼领域,监督起诉与支持起诉是检察机关介入的两种主要制度模式。监督起诉是指检察机关在履职过程中发现行政机关存在违法行使职权或不作为的情形,且该行为已经或可能对环境公共利益造成损害时,依据法定程序对行政机关违法行为提起行政公益诉讼,并督促其依法履行法定职责或纠正违法行为的制度安排,支持起诉则是指在行政机关已依法履行职责但仍存在力有不逮的情形下,检察机关依法支持适格主体提起民事公益诉讼的制度安排。尽管监督起诉与支持起诉在制度设计上存在一定的关联性,但在功能定位、运行机制及实施效果等维度上呈现出显著的差异性与互补性特征。

在功能定位层面,监督起诉制度的核心在于对行政机关在环境保护领域违法行为的直接监督与矫正。具体而言,当行政机关未能依法履行环境保护职责,或其行政行为对环境公共利益构成潜在威胁或实际损害时,检察机关可基于法定职权启动监督起诉程序,通过司法途径督促行政机关纠正其违法行为,从而确保环境法律规范的有效实施与环境公共利益的及时救济。相较而言,支持起诉制度的功能定位则主要体现在民事诉讼领域,其旨在为公共利益的司法保护提供制度支撑。在环境公益诉讼的语境下,当作为赔偿权利人的行政机关虽已履行法定职责,但仍面临诉讼能力不足或诉讼资源匮乏等现实困境时,检察机关可依据支持起诉制度,为民事公益诉讼主体提供多元化的法律支持与程序性协助。此类支持性措施涵盖法律咨询、证据收集、出庭应诉等诉讼环节,其制度目的在于强化公益诉讼主体的诉讼能力,保障环境公益诉讼程序的顺利推进,最终实现环境公共利益的最大化维护。

从运作机制的维度分析,监督起诉制度的实施依托于一系列法定程序与制度保障。检察机关在发现行政机关存在违法行为后,须先启动立案调查程序,系统收集相关证据材料,并依据法律规定向行政机关制发检察建议书,要求其限期纠正违法行为或履行法定职责。若行政机关未能在法定期限内作出实质性回应或采取有效整改措施,检察机关方可依法向人民法院提起行政公益诉讼。在此过程中,检察机关必须严格遵循法定程序规范,以确保监督起诉行为的程序正当性与实体合法性。相较而言,支持起诉机制的运作则更多地依赖检察机关的专业能力与资源优势。检察机关可凭借其专业法律知识储备与技术支持能力,为适格原告提供包括法律咨询、证据收集、诉讼策略制定在内的全方位法律支持服务,从而提升公益诉讼主体的诉讼能力与胜诉可能性。

在实施效果层面,监督起诉与支持起诉呈现出差异化的制度效能。监督起诉通过直接对行政机关的违法行为实施司法监督与程序性矫正,能够及时遏制违法行为的持续状态,有效防止公共利益的进一步受损。同时,借助司法裁判的强制执行力,该制度不仅能够实现个案救济,更能通过司法审查的示范效应提升行政机关的法治意识与履职责任感,从而促进行政行为的规范化与法治化。支持起诉则在激发社会主体参与环境治理方面具有显著优势。该制度通过检察机关的专业支持与资源整合,不仅能够提升公益诉讼主体的诉讼能力,更能有效调动社会公众参与环境保护的积极性、培育公民的环境法治意识。检察机关的介入为适格原告提供了必要的司法保障与技术支持,显著降低了公益诉讼的参与门槛与诉讼成本。此外,支持起诉制度通过优化诉讼资源配置、提升诉讼程序效率,不仅有助于实现个案正义,更能推动环境公益诉讼制度的体系化发展与规范化运行,进而促进司法公正与司法效率的协同提升。

需要特别指出的是,监督起诉与支持起诉并非相互对立的制度设计,而是呈现出显著的互补性与协同性特征。在环境行政公益诉讼的实践场域中,检察机关可基于具体案件事实与法律关系的差异性,灵活运用这两种制度工具,以实现司法效果与社会效果的最优化。具体而言,当发现行政机关存在违法行为时,检察机关可优先采取监督起诉方式,通过制发检察建议等非诉监督手段督促行政机关及时纠正;若行政机关未能在法定期限内予以整改或违法行为情节严重,则可依法启动诉讼程序。与此同时,在民事公益诉讼领域,检察机关可通过提供法律咨询、协助调查取证、出庭支持等方式为适格原告提供必要的程序性支持,以强化公益诉讼主体的诉讼能力,提升公共利益救济的实效性。由此可见,监督起诉与支持起诉在环境行政公益诉讼制度框架中均发挥着不可或缺的功能性作用。二者在制度定位上各有侧重,在功能发挥上互为补充,共同构成了检察机关维护环境公共利益的制度体系。通过科学配置与协调运用这两种制度工具,检察机关不仅能够充分发挥其法律监督职能与司法保障作用,更能推动环境行政公益诉讼制度的体系化发展与规范化运行,从而为生态环境治理与公共利益保护提供更加坚实的制度保障。

(三)行政公益诉讼的社会治理功能

党的十八届三中全会明确提出推进国家治理体系和治理能力现代化的总体目标,这一目标不仅是党和国家各项事业繁荣发展的根本保障,也是实现中国特色社会主义制度优势向治理效能转化的关键路径。这一总体目标旨在通过制度化、科学化、规范化和程序化的方式,全面提升国家治理体系的效能,从而为实现国家长治久安和社会可持续发展奠定坚实基础。2021年6月,《中共中央关于加强新时代检察机关法律监督工作的意见》进一步强调,检察机关应积极提升促进社会治理法治化水平。社会治理作为国家治理体系的重要组成部分,是国家治理目标在社会各领域的具体体现。检察机关作为根植于中国特色社会主义政治经济制度和法律文化的国家法律监督机关,在社会治理体系中承担着双重职责:既履行司法职能,又肩负政治和社会责任。检察机关在社会治理中的功能发挥及其价值实现,直接关系到其在国家治理体系中的地位和作用。

首先,行政公益诉讼是监督行政机关依法行政、推动法治政府建设的重要制度工具。在行政公益诉讼中,检察机关作为法律监督机关,依法对行政机关的违法行为进行监督,通过制发检察建议、提起行政诉讼等方式,督促行政机关依法履行职责,保护公共利益免受侵害。这一过程不仅体现了检察机关的法律监督职能,也契合了法治政府建设的内在要求。通过行政公益诉讼,检察机关能够推动行政机关自我纠错、依法行政,从而增强行政机关的公信力和执行力,提升政府治理效能。

其次,行政公益诉讼是维护公共利益、保障民生福祉的重要制度保障。公共利益是社会治理的核心目标之一,而行政机关作为公共利益的主要维护者,其履职情况直接关系到公共利益的实现程度。然而,在实践中,行政机关可能因各种因素出现不作为或乱作为等问题,导致公共利益受损。通过检察机关的介入,行政公益诉讼能够及时发现并纠正行政机关的违法行为,恢复受损的公共利益,解决涉及生态环境、食品药品安全、国有财产保护、国有土地使用权出让等多个领域的公共利益问题。这些问题与人民群众的切身利益密切相关,行政公益诉讼通过督促行政机关加强监管和治理,有效维护了公共利益和人民群众的合法权益。例如,针对非法占用人行道、阻断盲道等问题,检察机关可以通过公益调查和专家论证,提起行政公益诉讼,以"诉"的形式督促行政机关及属地街道依法履职,保障视障人士、老年人等弱势群体的出行便利。这不仅体现了检察机关对弱势群体的关怀,也彰显了行政公益诉讼在维护公共利益和保障民生福祉方面的积极作用。

最后,行政公益诉讼具有促进社会和谐稳定、提升社会治理效能的功能。社会和谐稳定是国家治理的重要目标,而社会治理效能的提升是实现这一目标的关键。行政公益诉讼通过检察机关的介入和监督,能够推动行政机关依法履行职责,化解社会矛盾和纠纷,从而维护社会和谐稳定。同时,行政公益诉讼还能够促进社会治理体系和治理能力现代化,提升社会治理效能。例如,西安市鄠邑区人民检察院探索建立的检察业务与社会治理融合发展模式,通过公益诉讼检察工作与区综治中心网格相融合,将检察公益诉讼工作延伸至村镇基层。这一实践不仅加强了检察机关与行政机关的协同配合,还推动了社会治理体系的完善和治理能力的提升,既节约了司法资源,又提升了办案效率和社会效果。

然而,行政公益诉讼在社会治理中也面临一些挑战和问题。例如,行政机关与检察机关在行政公益诉讼案件的认识上存在分歧,部分办案人员能力不足、取证不精准或缺乏相关领域专业知识,导致检察建议不规范、不严谨,影响了行政公益诉讼的社会治理效果。为此,需进一步加强检察机关与行政机关的协同配合,提升办案人员的专业素质和能力,完善相关法律法规和制度机制,以充分发挥行政公益诉讼的社会治理功能。

综上所述,行政公益诉讼在社会治理中发挥着不可替代的功能和作用。通过监督行政机关依法行政、维护公共利益、促进社会和谐稳定以及提升社会治理效能等方面的实践探索,行政公益诉讼不断彰显其独特的制度价值和社会意义。未来,随着国家治理体系和治理能力现代化的深入推进,以及检察公益诉讼制度的不断完善,行政公益诉讼将在社会治理中发挥更加重要的作用,为实现国家治理现代化和社会公平正义提供坚实的制度保障。

法条链接

1.《水污染防治法》

第三条 水污染防治应当坚持预防为主、防治结合、综合治理的原则,优先保护饮用水水源,严格控制工业污染、城镇生活污染,防治农业面源污染,积极推进生态治理工程建设,预防、控制和减少水环境污染和生态破坏。

2.《河道管理条例》

第三十五条 在河道管理范围内,禁止堆放、倾倒、掩埋、排放污染水体的物体。禁止在河道内清洗装贮过油类或者有毒污染物的车辆、容器。

河道主管机关应当开展河道水质监测工作,协同环境保护部门对水污染防治实施监督管理。

3.《定西市河道生态环境保护条例》

第六条 河道生态环境保护管理实行河长制。各级河长负责组织领导相应河道(段)的水资源保护,组织水域岸线管理、水污染防治、河道生态环境治理、协调解决跨行政区域河道生态环境保护等工作。

市、县(区)、乡(镇)街道)组织制定河长制实施方案,建立长效管理机制,确定责任人及其职责,明确责任人的责任范围、目标、任务、工作要求等内容。

第二十条 禁止任何单位和个人从事下列活动:

(一)在河道管理范围内修建围堤、阻水渠道、阻水道路;

(二)在河道管理范围内围河造田、种植高杆农作物、芦苇、荻柴、杞柳和树木(堤防防护林除外);

(三)在河道管理范围内建设妨碍行洪的建筑物、构筑物以及从事影响河势稳定、危害河岸堤防安全和其他妨碍河道行洪的活动;

(四)在河道管理范围内设置拦河渔具;

(五)在河道管理范围内弃置矿渣、石渣、煤灰、泥土、垃圾等;

(六)在河道管理范围内堆放、倾倒、掩埋、排放污染水体的物质;

(七)在河道清洗砂石,清洗装贮过油类或者有毒、有害污染物的车辆、容器;

(八)在河道排放油类、酸液、碱液或者有毒有害废液;

(九)在河道倾倒、排放放射性固体废物或者含有高放射性和中放射性物质的废水;

(十)在河道保护范围内排放未经消毒处理的含有病原体的污水,丢弃动物尸体;

(十一)在河道保护范围内建设产生污染物的生产、经营场所;

(十二)损毁堤防、护岸、闸坝等水工程建筑物和防汛设施、水文监测和测量设施、河岸地质监测实施以及通信照明等设施;

(十三)在堤防和护堤地建房、放牧、开渠、打井、挖窖、葬坟、晒粮、存放物料、开采地下资源、进行考古发掘以及开展集市贸易活动；

(十四)在堤防安全保护范围内进行打井、钻探、爆破、挖筑鱼塘、采石、取土等危害堤防安全的活动；

(十五)其他侵占、影响河道、河堤，危害河道生态安全、行洪和污染水环境的行为。

4.《人民检察院公益诉讼办案规则》

第七十九条　经过跟进调查，检察官应当制作《审查终结报告》，区分情况提出以下处理意见：

(一)终结案件；

(二)提起行政公益诉讼；

(三)移送其他人民检察院处理。

第八十一条　行政机关经检察建议督促仍然没有依法履行职责，国家利益或者社会公共利益处于受侵害状态的，人民检察院应当依法提起行政公益诉讼。

5.《行政诉讼法》

第二十五条第四款　人民检察院在履行职责中发现生态环境和资源保护、食品药品安全、国有财产保护、国有土地使用权出让等领域负有监督管理职责的行政机关违法行使职权或者不作为，致使国家利益或者社会公共利益受到侵害的，应当向行政机关提出检察建议，督促其依法履行职责。行政机关不依法履行职责的，人民检察院依法向人民法院提起诉讼。

6.《最高人民法院、最高人民检察院关于检察公益诉讼案件适用法律若干问题的解释》

第二十一条第一款、第二款　人民检察院在履行职责中发现生态环境和资源保护、食品药品安全、国有财产保护、国有土地使用权出让等领域负有监督管理职责的行政机关违法行使职权或者不作为,致使国家利益或者社会公共利益受到侵害的,应当向行政机关提出检察建议,督促其依法履行职责。

行政机关应当在收到检察建议书之日起两个月内依法履行职责,并书面回复人民检察院。出现国家利益或者社会公共利益损害继续扩大等紧急情形的,行政机关应当在十五日内书面回复。

第二十四条 在行政公益诉讼案件审理过程中,被告纠正违法行为或者依法履行职责而使人民检察院的诉讼请求全部实现,人民检察院撤回起诉的,人民法院应当裁定准许;人民检察院变更诉讼请求,请求确认原行政行为违法的,人民法院应当判决确认违法。

7.《甘肃省高级人民法院关于环境资源案件跨区域集中管辖实施意见(试行)》

第一条 环境资源案件实行集中管辖。

(一)下列涉环境资源刑事、民事、行政、公益诉讼案件,由本实施意见规定的集中管辖法院实行集中管辖。

1. 涉污染环境、盗伐林木、滥伐林木、非法收购、运输盗伐、滥伐的林木、非法采矿、破坏性采矿、非法占用农用地、非法处置进口固体废物、擅自进口固体废物、环境监管失职等环境资源违法犯罪刑事案件。

2. 涉矿产、大气、水、土壤等环境资源类民商事案件,但争议焦点并未涉及原生态的、纯自然的环境资源案件除外。

3. 涉矿产、大气、水、土壤等环境资源类行政案件。

4. 涉环境资源类公益诉讼案件。

(二)各市州所在地基层人民法院设立环境资源审判合议庭,集中管辖市州辖区内由基层人民法院管辖的涉环境资源类一审案件。

(三)甘肃矿区人民法院集中管辖原由全省各中级人民法院管辖的涉环境资源类案件,审理或执行省法院指定的其他案件,指导省内基层法院涉环境资源类案件的审判执行工作。

(四)省法院环境资源保护审判庭管辖甘肃省境内一审涉重大疑难环境资源刑事、民事、行政、公益诉讼案件,管辖甘肃矿区人民法院审理后上诉、抗诉的二审涉环境资源刑事、民事、行政、公益诉讼案件;审查涉环境资源类案件的申诉、申请再审案件;负责指导监督全省涉环境资源刑事、民事、行政、公益诉讼案件的审判工作等。

第六章　环境刑事附带民事公益诉讼案例评析

第一节　生态破坏领域

李某海放火刑事附带民事公益诉讼案

事实概要

公诉人：北京市延庆区人民检察院

被告：李某海

案号：（2021）京0119刑初245号

2021年6月21日，被告人李某海于北京市延庆区某村北山底及北山西梁山脊附近，使用随身携带的打火机引燃周边山体杂草，导致该区域发生5处火情，致使山体油松、灌木等林木遭受焚毁。经司法鉴定，此次火灾造成受害森林总面积5923平方米（约8.9亩），受损林木总蓄积量为6.8立方米，直接经济损失达3400元。2021年6月22日，李某海在北京市延庆区某某村西杏树地水泥路附近，再次使用打火机点燃该处的柴火垛后离开现场。2021年6月24日，李某海于北京市延庆区某某某村北侧田地间土路附近，以同样方式引燃附近的柴草及废弃布料后逃离。2021年6月

30日,李某海被公安机关抓获,归案后对其犯罪事实供认不讳。

被告人李某海的上述放火行为,直接导致约8.9亩具有水土保持功能的生态公益林遭受严重损毁,其中154株油松基本丧失存活能力,该行为对社会公共利益造成了重大损害。经专业机构鉴定,其放火行为导致该区域的植被资源及生态系统服务功能遭受破坏,生态环境修复费用为110,360.84元,生态环境受损至修复完成期间的服务功能损失为18,287.38元,合计128,648.22元。

【判决结果】

北京市延庆区人民法院于2021年12月27日依法作出(2021)京0119刑初245号刑事附带民事判决:(1)被告人李某海因犯放火罪,被判处有期徒刑6年6个月;(2)责令被告人李某海赔偿生态环境修复费用110,360.84元,并赔偿生态环境受损至修复完成期间的服务功能损失18,287.38元。该判决宣告后,各方当事人均未提起上诉,检察机关亦未提出抗诉,判决已依法发生法律效力。

【案例述评】

(一)生态公益林损毁面积及经济损失的量化评估方法

在本案中,被告人李某海于北京市延庆区多处地点实施放火行为,引发火灾并导致林木损毁。为准确量化生态公益林的损毁面积及经济损失,专业鉴定机构采用了多元技术手段,包括卫星遥感、无人机航拍、现场勘查以及地理信息系统(GIS)等,结合火灾现场的地形、植被类型及火势蔓延特征,对损毁区域进行了系统化、科学化的评估。

1. 卫星遥感技术的应用。卫星遥感技术作为现代环境监测的核心手段之一,在本案中被用于获取火灾发生前后的地表覆盖变化数据。通过对比火灾前后的多时相卫星影像,鉴定机构初步确定了火灾影响的空间范围及程度,为后续的精细化勘查提供了宏观数据支持。

2. 无人机航拍技术的应用。无人机航拍技术以其高分辨率、灵活性强及覆盖范围广的优势,被用于火灾现场的高空影像采集。无人机搭载的高清摄像设备能够捕捉火灾现场的细节信息,包括损毁林木的空间分布、火痕走向及未受损区域的边界,为鉴定人员提供了高精度的空间数据支持。

3. 现场勘查与数据采集。在无人机航拍的基础上,鉴定机构组织了专业勘查团队,对火灾现场进行实地测量与数据采集。勘查人员利用激光测距仪、GPS 定位系统等设备,对损毁区域的具体边界、面积及林木损毁程度进行了精确测量。同时,勘查团队还记录了地形坡度、植被类型、土壤湿度等环境参数,为后续的火灾蔓延模拟及损失评估提供了基础数据。

4. 地理信息系统的空间分析。地理信息系统作为空间数据管理与分析的核心工具,在本案中发挥了重要作用。鉴定机构将卫星遥感影像、无人机航拍数据及现场勘查结果整合至 GIS 平台,通过空间叠加分析、缓冲区分析及火势蔓延模拟等技术手段,对损毁面积进行了精确计算与可视化表达。GIS 不仅能够直观展示损毁区域的空间分布特征,还能够通过模型模拟分析火势发展的潜在路径及影响因素,从而显著提升了评估结果的科学性与可靠性。

5.评估结果的综合分析与应用。通过多源数据的融合与空间分析,鉴定机构最终确定本案中生态公益林的损毁面积为5923平方米(约8.9亩),并量化了相应的经济损失。这一评估结果为案件的审理与判决提供了科学依据,同时也为生态环境修复方案的制订奠定了数据基础。

综上所述,本案通过综合运用卫星遥感、无人机航拍、现场勘查及地理信息系统等技术手段,实现了对生态公益林损毁面积及经济损失的精确量化评估,体现了现代技术在生态环境损害鉴定中的重要作用。

(二)生态环境受损至修复完成期间服务功能损失赔偿数额的计算方法

生态环境修复费用及生态环境受损至修复完成期间服务功能损失赔偿数额的计算,需依据专业鉴定机构的评估报告,并利用生态修复技术、生态学原理及经济学方法进行综合评估。在经济学方法的应用中,主要采用以下三种方法。

1.替代成本法。替代成本法通过比较修复受损生态环境所需的成本与提供相同功能的替代方案的成本,估算生态环境的经济价值,进而确定修复费用。例如,在湿地修复项目中,可通过比较修复湿地的成本与建设污水处理厂的成本,评估湿地修复的经济可行性。该方法适用于评估因生态环境功能丧失或受损而需实施的修复项目,尤其适用于功能替代性较强的生态系统。

2.生产函数法。生产函数法通过分析生态环境对经济生产的贡献,量化生态环境改善带来的经济效益,从而估算修复费用。例如,湿地恢复后渔业产值的增加可作为湿地修复经济价值的评估依据。

该方法适用于能够直接量化生态环境改善对经济生产(如渔业、农业、旅游业等)影响的修复项目。

3. 内涵法与市场价格法结合。内涵法通过评估生态环境提供的各类生态服务(如水源涵养、气候调节、生物多样性保护等)的价值,估算其经济价值;市场价格法则通过市场交易中获取的价格信息(如木材销售价格、生态旅游收入等)进行估算。将两者结合使用,能够更全面地评估生态环境修复的费用与效益,确保修复项目的经济可行性与生态可持续性。例如,在森林修复项目中,可综合考虑森林的木材销售、水源涵养及固碳释氧价值,并结合市场价格信息进行综合估算。该方法适用于能够明确区分生态环境提供的各类生态服务价值,并能通过市场交易获取价格信息的项目。

在本案中,被告人李某海在多处引发火情,导致受害森林总面积达5923平方米(约8.9亩),154株油松的固碳释氧能力丧失,对相关区域的生态植被环境资源及生态系统服务功能造成了实质性损害。专业鉴定机构通过估算受损林木的经济价值及其提供的水源涵养、固碳释氧、生物多样性保护等生态服务价值,最终确定李某海需赔偿生态环境修复费用110,360.84元,以及生态环境受损至修复完成期间的服务功能损失18,287.38元,合计128,648.22元。上述计算方法综合运用了替代成本法、生产函数法及内涵法与市场价格法结合的方法,确保了评估结果的科学性与合理性,为生态环境损害赔偿提供了可靠依据。

(三)环境刑事附带民事公益诉讼中生态修复责任的司法适用

在本案中,生态修复责任的司法适用是案件审理的核心争议焦点。被告人李某海实施多次放火行为,导致约8.9亩生态公益林遭受严重损毁。该行为不仅触犯《刑法》第114条所规定的放火罪,同时亦对森林植被资源造成重大破坏,致使社会公共利益遭受严重损害。基于此,对行为人生态修复责任的法律认定具有重要的理论与实践意义。

根据《刑法》第36条及《民法典》第187条之规定,行为人应当承担相应的刑事责任或民事侵权责任。此外,依据《最高人民法院关于审理环境民事公益诉讼案件适用法律若干问题的解释》第20条之规定,被告对受损生态环境承担修复责任的具体方式包括:支付生态环境修复费用、实施自行修复、委托第三方修复以及采取替代性修复措施等多元化路径。

本案中,鉴于被告人李某海被判处有期徒刑,客观上无法实施自行补种林木等修复行为,故法院依法判决其承担生态环境修复费用共计128,648.22元。该判决不仅体现了"有损害即有救济"的现代环境法治理念,而且将抽象的生态环境损害予以具体量化,为受损生态环境的系统性修复提供了必要的资金保障,具有显著的示范意义。

(四)替代性修复在生态环境永久性损害中的适用

自2015年《最高人民法院关于审理环境民事公益诉讼案件适用法律若干问题的解释》首次确立"替代性修复方式"起,至《民法典》对生态环境损害修复的本位责任与替代责任作出系统性规定止,替代性修复已逐步发展成为生态修复责任体系中的重要制度构成。该制度通过异位或原位的资源补偿及服务功能增量等方式,致力于实现受损生态环境的等量或等值恢复。

然而,关于替代性修复在生态环境永久性损害中的适用性问题,学界与司法实务界仍存在理论分歧。持否定说的学者认为,生态环境永久性损害意味着生态系统及其服务功能已丧失可恢复性,故不应当适用替代性修复。该观点将"可修复性"解释为包含直接修复与替代性修复的复合概念,而将永久性损害排除在可修复范围之外,主张仅能通过损害赔偿予以救济。与之相对,持肯定说的学者则主张,永久性损害仅表明无法实现"原位修复",而非绝对意义上的不可修复,因此可以通过异地同质修复等替代性方式实现生态补偿。该观点强调替代性修复作为直接修复的补充机制,其制度价值在于维护区域生态系统及其服务功能的整体平衡。

就制度本质而言,替代性修复旨在实现受损生态环境的等量恢复或等值重建,其实现方式并不局限于原位修复,而是可以通过异地修复、异质补偿等多元化路径达成修复目标。将永久性损害纳入替代性修复的适用范围,不仅有助于构建更为完善的生态环境修复制度体系,更能有效避免无法实现原位修复而导致的修复责任落空。因此,替代性修复制度具有适用于生态环境永久性损害情形的正当性与可行性。明确替代性修复的适用前提与范围界定,将有助于推进生态环境修复工作的规范化与系统化,最终实现生态系统的整体平衡与可持续发展目标。

案例延伸

（一）刑事附带民事公益诉讼的案件范围与发展路径

1. 刑事附带民事公益诉讼的案件范围的演进。

我国刑事附带民事公益诉讼制度的确立经历了渐进式发展过程。2016年印发的《最高人民检察院关于深入开展公益诉讼试点工作有关问题的意见》首次将案件范围限定于破坏环境资源保护罪和生产销售伪劣商品罪两个罪名,分别归属于妨害社会管理秩序罪和破坏社会主义市场经济秩序罪范畴,呈现出明显的罪名限定特征。2018年,《最高人民法院、最高人民检察院关于检察公益诉讼案件适用法律若干问题的解释》的出台标志着制度的重要突破,将案件范围从罪名限定扩展至行为类型,确立了"破坏生态环境和资源保护、食品药品安全领域侵害众多消费者合法权益等损害社会公共利益的犯罪行为"的适用范围。这一转变体现了从形式主义向实质主义的立法理念转变。2019年,党的十九届四中全会提出"拓展公益诉讼案件范围"的政策导向后;2021年,《中共中央关于加强新时代检察机关法律监督工作的意见》进一步明确要求扩大公益诉讼案件范围。在此背景下,《反垄断法》《反电信网络诈骗法》《妇女权益保障法》等单行法,为检察公益诉讼受案范围的拓展提供了新的法律依据。

2. 制度运行中的实体与程序争议。在实体法层面,《刑事诉讼法》第101条第2款将检察机关提起附带民事诉讼的范围限定于国家财产、集体财产遭受损失的情形,且将请求范围仅限于"经济损失"或"物质损失"。然而,现行检察公益诉讼已拓展至生态环境资源保护、消费者权益保护、未成年人权益维护以及英雄烈士权益保护等多个领域,与刑事诉讼法传统规定形成明显张力,导致法律规范体系内部出现逻辑不自洽的问题。在程序法层面,2018年公布的《最高人民法院、最高人民检察院关于检察公益诉讼案件适用法律若干问题的解释》第20条与《刑事诉讼法》在审判组织规定上存在不一致。前者要求由同一审判组织审理刑事附带民事公益诉讼案件,后者则仅规定基层法院审理第一审刑事案件的合议庭组成方式。这种立法的不统一导致了司法实践中审判组织形式的混乱,如在李某强失火罪案中,二审法院即以一审未依《人民陪审员法》第 16 条组成七人合议庭为由发回重审。

3.刑事附带民事公益诉讼的发展路径。刑事附带民事公益诉讼在公益诉讼体系中的功能定位尚未得到清晰界定,这是产生上述争议的根源所在。从行为发展轨迹来看,多数刑事犯罪行为往往始于行政违法,经由民事侵权逐步升级而成。因此,在犯罪结果形成前的各个阶段,民事公益诉讼和行政公益诉讼应当发挥主要规制作用。民事公益诉讼通过民事责任追究实现损害弥补,行政公益诉讼通过督促行政机关履职强化监管,二者协同发挥预防功能。当民事、行政公益诉讼无法全面评价行为危害时,刑事附带民事公益诉讼作为最后手段介入,通过刑事处罚与民事修复的双重机制实现公共利益保护。简言之,刑事附带民事公益诉讼制度的完善应当以明确其功能定位为前提,构建与民事公益诉讼、行政公益诉讼有效衔接的层级化保护体系。应通过厘清各制度间的边界与衔接机制,实现公益诉讼制度的体系化与协同化,最终达成维护公共利益的制度目标。

(二)环境刑事附带民事公益诉讼的审理顺序

环境刑事附带民事公益诉讼作为一种特殊的诉讼形态,其审理顺序的确定不仅涉及程序规范的正当性,更关乎生态环境修复的实效性与刑民责任认定的协同性。此类诉讼兼具刑事诉讼的惩戒功能与民事公益诉讼的修复功能,旨在通过法律手段实现对环境违法行为的综合治理。然而,由于现行立法对审理顺序缺乏明确规定,司法实践中存在标准不统一的问题,亟待理论澄清与制度完善。

环境刑事附带民事公益诉讼的本质特征决定了其审理顺序的特殊性。与普通刑事附带民事诉讼相比,此类诉讼具有显著的公益性特征,其审理顺序的确定需着重考量以下因素:第一,生态环境修复的及时性;第二,刑民责任认定的协同性;第三,诉讼效率与程序公正的平衡性。这些特征要求审理顺序的确定不能简单套用传统模式,而应当构建适应环境公益诉讼特点的审理机制。

在现行司法实践中,环境刑事附带民事公益诉讼的审理顺序主要呈现两种模式:"先刑后民"模式与"刑—民—刑"模式。传统"先刑后民"模式遵循刑事诉讼优先原则,即先审理刑事部分,待刑事责任确定后再行处理民事公益诉讼责任。然而,该模式在环境刑事附带民事公益诉讼中的适用存在显著局限性:一方面,刑事诉讼的优先性可能阻碍环境损害的及时修复,这一弊端在犯罪嫌疑人"在逃"或刑事审判程序出现延宕时尤为突出;另一方面,该模式难以实现诉讼目的的多元化,不利于民事裁判的执行效果与刑民责任的协同认定。相较而言,"刑—民—刑"模式通过分阶段审理机制实现了制度创新:第一阶段,对刑事部分进行初步审理,以确认被告人行为的犯罪构成及刑事责任;第二阶段,暂停刑事审理,转而处理附带的环境民事公益诉讼;第三阶段,根据被告人履行民事公益诉讼责任的具体情况(包括生态环境修复状况、赔偿履行程度等)确定最终量刑。这一审理模式具有以下特征:首先,通过阶段性审理实现了生态环境修复与刑事惩戒的有机统一;其次,建立了民事责任履行与刑事责任认定的联动机制;最后,为多元化诉讼目的的实现提供了程序保障。然而,该模式也面临"以赔代刑"的正当性质疑,可能对司法公信力产生潜在影响。此外,诉讼效率问题在审理顺序确定中亦需重点考量。在"刑—民—刑"模式下,若民事公益诉讼部分的和解或调解程序耗时过长,可能对刑事诉讼程序的顺利进行造成阻碍。这一问题凸显了在程序设计中平衡诉讼效率与实质正义的必要性,也表明需要在制度层面进一步完善程序衔接机制,以确保两类诉讼的协调运行。

因此,法院在确定审理顺序时,应当遵循类型化思维方法,根据案件的具体特征选择适当的审理模式:对于事实清楚、证据确凿的简单案件,可优先适用"先刑后民"模式以提高诉讼效率,实现程序的集约化;对于案情复杂、涉及多重法律关系的案件,则宜采用"刑—民—刑"模式,以确保刑民责任认定的全面性与准确性。基于此,建议通过司法解释或立法修订等规范化路径,明确环境刑事附带民事公益诉讼的审理顺序规则,确立"刑—民—刑"模式的主导地位,同时保留"先刑后民"模式的补充适用空间,构建层次分明、功能互补的审理模式体系。应通过完善程序衔接机制、优化裁判说理制度、强化类型化适用标准等系统性改革措施,最终实现环境公益诉讼制度的规范化运行与司法效能的有效提升。

(三)环境刑事附带民事公益诉讼中生态修复责任与金钱类环境责任的司法适用

在环境刑事附带民事公益诉讼的司法实践中,生态修复责任与金钱类环境责任构成了生态环境损害法律追责的核心内容。这两种责任形式各具特点,共同作用于受损生态环境的救济及对环境违法行为的惩戒。

作为一种行为责任,生态修复责任侧重于通过责任人采取的修复措施,使受损生态环境得以恢复或改善。它体现了恢复性司法的理念,着重于环境损害的预防和修复,而非单一地对违法行为进行惩罚。在环境刑事附带民事公益诉讼中,生态修复责任往往作为附带民事诉讼的诉讼请求之一,与刑事责任并行追究。然而,由于生态修复需要时间和资源,且效果不易立即显现,其履行面临诸多挑战。

金钱类环境责任,则通过向责任人征收金钱的方式,实现对环境损害的赔偿和惩戒。其包括行政罚款、刑事罚金及惩罚性赔偿等,具有直接、快捷的特点,能迅速实现对环境损害的赔偿,并对责任人产生惩戒效果。但该环境责任的适用亦存在问题,例如,不同法律程序中金钱类责任的并存可能导致责任人对同一环境损害行为承担过重的经济负担,以及罚款的征收和分配可能引发法律和道德问题。

在环境刑事附带民事公益诉讼中,生态修复责任与金钱类环境责任的适用关系呈现出复杂的法律问题。两者在目的上具有一致性,均旨在实现对环境损害的救济以及对环境违法行为的惩戒。然而,由于其在性质、功能及适用规则上的差异,实践中常出现冲突与矛盾。

首先,生态修复责任与行政罚款之间的冲突主要体现在功能上的交叉与重复。行政罚款的主要功能在于对违法行为进行惩戒与威慑,兼具一定的赔偿性质。当行政罚款与生态修复责任并存时,可能导致重复赔偿或双重惩罚的问题。为避免此类问题,理论上应建立相应的折抵机制,即在责任人已承担生态修复责任的情况下,应对其已支付的修复费用进行折抵,从而相应减少或免除行政罚款的金额。

其次,生态修复责任与刑事罚金之间的冲突主要体现为责任序位与履行顺序的争议。在环境刑事附带民事公益诉讼中,刑事责任的追究通常具有优先性,这可能导致刑事罚金的缴纳先于生态修复责任的履行。由于罚金刑并不直接促进生态环境的修复,当责任人的财产有限时,优先缴纳罚金可能使其无力承担后续的生态修复责任。针对这一问题,学界有观点主张应确立生态修复责任的优先地位,以确保生态环境的及时修复。

此外,生态修复责任与惩罚性赔偿的适用关系亦值得深入探讨。惩罚性赔偿具有惩戒与赔偿的双重功能,其适用条件较为严格。在环境刑事附带民事公益诉讼中,仅当责任人存在故意或重大过失等严重违法行为时,方可适用惩罚性赔偿。鉴于生态修复责任本身已具备一定的惩戒与赔偿功能,在适用惩罚性赔偿时,需综合考量生态修复责任的履行情况,以避免对责任人施加过重的经济负担。

为解决实践中存在的责任适用混乱、重复负担或惩罚过重等问题,有必要从理论与实务两个维度进行深入研究。首先,应明确生态修复责任与金钱类环境责任在性质、功能及适用规则上的差异与联系,并建立合理的折抵与优先适用机制。其次,应加强对环境司法实践的研究与总结,不断完善相关法律法规与司法解释,为环境刑事附带民事公益诉讼提供科学、合理且有效的法律支持。在具体司法实践中,法院应充分考量生态环境损害的实际状况以及责任人的经济能力,合理确定生态修复责任与金钱类环境责任的具体内容与履行方式。同时,应加强对责任人的教育与引导,提升其环境保护意识与法律责任感,从而促进受损生态环境的及时修复,推动生态环境的可持续发展。

(四)生态修复责任作为刑事责任从轻处罚事由的探讨

环境刑事附带民事公益诉讼不仅旨在追究违法行为人的刑事责任,还致力于修复受损的生态环境,以维护环境公共利益。这一诉讼形态体现了法律对环境损害的严厉态度以及对生态修复的高度重视。在传统刑事诉讼中,法院的焦点通常在于确定被告人的罪行并施以相应的刑罚,以维护社会秩序和正义。然而,在环境刑事附带民事公益诉讼中,被告人不仅需承担刑事责任,还需履行修复受损环境的民事责任。这种双重责任制度的设置,既体现了法律对环境保护的特殊关怀,也为司法实践带来了新的挑战。如何在审理过程中平衡刑事惩罚与生态修复的关系,确保两者相辅相成而非相互冲突,成为亟待解决的关键问题。

生态修复责任是否可以作为刑事责任的从轻处罚事由,实质上是民事责任与刑事责任能否相互转换的问题。学界对此存在不同观点。有学者认为,民事责任的充分履行可以反映出被告人对违法行为的深刻反省和积极改正,这种态度应在刑事责任判定中予以适当考量。2010年公布的《最高人民法院关于贯彻宽严相济刑事政策的若干意见》明确,对于案发后认罪悔罪并积极赔偿被害人的被告人,法院可在量刑时予以从宽处理。这种将民事责任履行情况纳入刑事量刑考量的做法,不仅体现了"惩罚与教育相结合"的刑事政策,也有助于促进被告人的社会回归,符合法律教育、感化、挽救犯罪人的初衷。

在环境刑事附带民事公益诉讼中,被告人积极履行生态修复责任的行为,可以视为其认罪态度和悔罪表现的具体体现。如果被告人能够主动修复受损环境,表明其认识到错误并愿意改正,这在法律逻辑上自然可以作为减轻刑事责任的理由。此外,我国部分司法实践已对此进行了探索。在一些环境刑事附带民事公益诉讼案件中,法院在判决时会综合考量被告人修复生态环境的情况,若其积极履行修复责任,法院可依法酌情从轻处罚。这种做法不仅体现了宽严相济的刑事政策,还有助于激励被告人更积极地参与环境修复,从而实现环境损害的有效救济。

然而,将生态修复责任作为从轻处罚事由并未在学界和实务界达成共识。反对者认为,这种做法可能削弱刑事处罚的惩戒效果,甚至可能引发被告人以修复环境为手段减轻刑事处罚的投机行为。此外,如何科学评估生态修复的效果以及确保修复措施的有效执行,也是实践中需要解决的关键问题。例如,修复行为仅停留在表面或未达到预期效果,是否仍可作为从轻处罚的依据?这些问题需要通过法律层面的精细化设计加以解决。

为平衡环境保护与刑事惩罚之间的关系,需在立法和司法实践中明确生态修复责任的适用范围、条件及其对刑事责任的具体影响。具体而言,可规定在被告人通过生态修复措施有效减轻环境损害的情况下,法院可根据具体情况对其予以从轻处罚;但同时应明确,若修复行为未达到预期效果,则不能作为从轻处罚的依据。此外,还需建立科学的评估与监督机制,确保生态修复责任的有效落实。在诉讼程序方面,需确保生态修复责任与刑事责任的并行处理。一方面,应明确生态修复责任在刑事诉讼中的定位,避免因责任性质混淆而导致程序混乱;另一方面,可引入专业评估机构对修复效果进行及时评估与监督,为刑事责任的准确判断提供支持。同时,应优化诉讼程序安排,确保生态修复责任的确定与履行能够与刑事责任的追究同步进行,避免责任处理的先后顺序问题导致诉讼效率低下。

生态修复责任作为刑事责任从轻处罚事由的探讨,不仅涉及法律责任性质的界定,还关乎环境保护与刑事司法目标的协调。明确生态修复责任的适用范围、建立科学的评估与监督机制,并优化诉讼程序安排,可以在实现环境损害有效救济的同时,确保刑事处罚的公正性与威慑力。这一机制的构建既是对"惩罚与教育相结合"刑事政策的具体实践,也是实现法律效果与社会效果有机统一的重要探索。

法条链接

1.《刑法》

第一百一十四条 放火、决水、爆炸以及投放毒害性、放射性、传染病病原体等物质或者以其他危险方法危害公共安全,尚未造成严重后果的,处三年以上十年以下有期徒刑。

第三百三十八条 违反国家规定,排放、倾倒或者处置有放射性的废物、含传染病病原体的废物、有毒物质或者其他有害物质,严重污染环境的,处三年以下有期徒刑或者拘役,并处或者单处罚金;情节严重的,处三年以上七年以下有期徒刑,并处罚金;有下列情形之一的,处七年以上有期徒刑,并处罚金:

(一)在饮用水水源保护区、自然保护地核心保护区等依法确定的重点保护区域排放、倾倒、处置有放射性的废物、含传染病病原体的废物、有毒物质,情节特别严重的;

(二)向国家确定的重要江河、湖泊水域排放、倾倒、处置有放射性的废物、含传染病病原体的废物、有毒物质,情节特别严重的;

(三)致使大量永久基本农田基本功能丧失或者遭受永久性破坏的;

(四)致使多人重伤、严重疾病,或者致人严重残疾、死亡的。

有前款行为,同时构成其他犯罪的,依照处罚较重的规定定罪处罚。

2.《民法典》

第一千二百二十九条 因污染环境、破坏生态造成他人损害的,侵权人应当承担侵权责任。

第一千二百三十条 因污染环境、破坏生态发生纠纷,行为人应当就法律规定的不承担责任或者减轻责任的情形及其行为与损害之间不存在因果关系承担举证责任。

第一千二百三十四条 违反国家规定造成生态环境损害,生态环境能够修复的,国家规定的机关或者法律规定的组织有权请求侵权人在合理期限内承担修复责任。侵权人在期限内未修复的,国家规定的机关或者法律规定的组织可以自行或者委托他人进行修复,所需费用由侵权人负担。

第一千二百三十五条 违反国家规定造成生态环境损害的,国家规定的机关或者法律规定的组织有权请求侵权人赔偿下列损失和费用:

(一)生态环境受到损害至修复完成期间服务功能丧失导致的损失;

(二)生态环境功能永久性损害造成的损失;

(三)生态环境损害调查、鉴定评估等费用;

(四)清除污染、修复生态环境费用;

(五)防止损害的发生和扩大所支出的合理费用。

3.《最高人民法院关于审理环境民事公益诉讼案件适用法律若干问题的解释》

第十八条 对污染环境、破坏生态,已经损害社会公共利益或者具有损害社会公共利益重大风险的行为,原告可以请求被告承担停止侵害、排除妨碍、消除危险、修复生态环境、赔偿损失、赔礼道歉等民事责任。

4.《最高人民法院、最高人民检察院关于检察公益诉讼案件适用法律若干问题的解释》

第二十条 人民检察院对破坏生态环境和资源保护,食品药品安全领域侵害众多消费者合法权益,侵害英雄烈士等的姓名、肖像、名誉、荣誉等损害社会公共利益的犯罪行为提起刑事公诉时,可以向人民法院一并提起附带民事公益诉讼,由人民法院同一审判组织审理。

人民检察院提起的刑事附带民事公益诉讼案件由审理刑事案件的人民法院管辖。

5.《最高人民法院、最高人民检察院关于办理环境污染刑事案件适用法律若干问题的解释》

第七条 无危险废物经营许可证从事收集、贮存、利用、处置危险废物经营活动,严重污染环境的,按照污染环境罪定罪处罚;同时构成非法经营罪的,依照处罚较重的规定定罪处罚。

实施前款规定的行为,不具有超标排放污染物、非法倾倒污染物或者其他违法造成环境污染的情形的,可以认定为非法经营情节显著轻微危害不大,不认为是犯罪;构成生产、销售伪劣产品等其他犯罪的,以其他犯罪论处。

6.《最高人民法院关于常见犯罪的量刑指导意见》(已失效)

一、量刑的指导原则

1. 量刑应当以事实为根据,以法律为准绳,根据犯罪的事实、性质、情节和对于社会的危害程度,决定判处的刑罚。

2. 量刑既要考虑被告人所犯罪行的轻重,又要考虑被告人应负刑事责任的大小,做到罪责刑相适应,实现惩罚和预防犯罪的目的。

3. 量刑应当贯彻宽严相济的刑事政策,做到该宽则宽,当严则严,宽严相济,罚当其罪,确保裁判法律效果和社会效果的统一。

4. 量刑要客观、全面把握不同时期不同地区的经济社会发展和治安形势的变化,确保刑法任务的实现;对于同一地区同一时期、案情相似的案件,所判处的刑罚应当基本均衡。

7.《最高人民法院关于适用〈中华人民共和国刑事诉讼法〉的解释》

第一百七十九条第一款、第二款　国家财产、集体财产遭受损失,受损失的单位未提起附带民事诉讼,人民检察院在提起公诉时提起附带民事诉讼的,人民法院应当受理。

人民检察院提起附带民事诉讼的,应当列为附带民事诉讼原告人。

第二节　环境污染领域

李某群等污染环境刑事附带民事公益诉讼案

事实概要

原告:天津市北辰区人民检察院

被告:李某群、侯某兰、李某鼎、王某河、任某

案号:(2022)津0113刑初208号

被告人李某群在未取得营业执照及危险废物经营许可证的情况下,伙同被告人侯某兰等人,非法收购、处置并销售废液压油以谋取利益。李某群等人将过滤过程中产生的含油性废白土非法填埋于厂房院内土壤中,非法处置的废液压油总量达14.26吨。另有未处置的废液压油14.84吨及废白色液压油3.74吨。此外,被告人王某河在明知李某群不具备危险废物处理资质的情况下,为谋取非法利益,主动联系并介绍李某群,并与被告人任某共同收购废液压油48桶,总计约4.87吨。根据《国家危险废物名录(2021年版)》的相关规定,涉案的废液压油及废白色液压油均属于危险废物。

厂房院内土壤及水质中检出石油烃等危险废物成分,且土壤中锌含量超过国家规定的农用地土壤污染风险筛选值。天津市北辰区人民检察院在提起刑事公诉的同时,对李某群、侯某兰及李某鼎3人提起附带民事公益诉讼,要求法院判令3人妥善处置涉案危险废物,并共同承担无害化处置费用共计94,937.4元。李某群等人在庭审中表示愿意配合环保部门对扣押物品进行依法处置,消除环境危害,并同意承担相应的无害化处置费用。被告人任某自愿向法院退缴其违法所得。

判决结果

天津市北辰区人民法院于2022年8月5日依法作出(2022)津0113刑初208号刑事附带民事判决,具体判决内容如下:(1)被告人李某群因犯污染环境罪,被判处有期徒刑2年,并处罚金5万元;(2)被告人侯某兰因犯污染环境罪,被判处有期徒刑1年,并处罚金3万元;(3)被告人李某鼎因犯污染环境罪,被判处有期徒刑10个月,并处罚金2万元;(4)被告人王某河因犯污染环境罪,被判处有期徒刑10个月,并处罚金2万元;(5)被告人任某因犯污染环境罪,被判处有期徒刑7个月,缓刑1年,并处罚金1万元;(6)依法没收任某退缴的违法所得1.5万元,上缴国库;(7)对在案扣押的作案工具依法予以没收,其他扣押物品由环保部门依法处理;(8)责令附带民事公益诉讼的3名被告人在判决生效后1个月内对涉案危险废物采取消除危险的措施,并共同承担涉案危险废物无害化处置的费用(具体金额以环保部门实际处置费用为准)。该判决宣判后,各方均未提出上诉或抗诉,判决已依法发生法律效力。

案例述评

(一)污染环境罪的构成要件

在本案中,明确污染环境罪的构成要件是判定各被告人是否承担法律责任的核心问题。污染环境罪的构成要件不仅揭示了犯罪行为的本质特征,也为司法机关在定罪量刑过程中提供了重要的法律依据。鉴于我国刑法理论以"四要件说"为主流,下文将从犯罪主体、犯罪主观方面、犯罪客体以及犯罪客观方面四个维度展开分析,以期全面、系统地阐释本案中污染环境罪的构成要件。

1. 犯罪主体。从犯罪主体的角度来看,污染环境罪的犯罪主体通常包括达到法定刑事责任年龄且具备刑事责任能力的自然人,以及符合法律规定的单位。在本案中,被告人李某群等人作为自然人主体,均已符合刑事责任年龄的要求,并具备完全的刑事责任能力。其实施的非法处置废液压油的行为,直接导致土壤中锌含量超过国家规定的风险筛选值,对生态环境造成了严重污染。因此,李某群等人的行为完全符合污染环境罪的主体要件。

2. 犯罪主观方面。关于污染环境罪的主观条件,即罪过形式问题,我国刑法理论界存在多种学说,主要包括过失说[1]、故意说[2]、混合

---

[1] 该说认为,污染环境罪的罪过形式是过失,这主要基于立法初期该罪与重大环境污染事故罪的关联,以及刑法中对过失犯罪的一般规定。参见高铭暄、马克昌主编:《刑法学》(第5版),北京大学出版社、高等教育出版社2011年版,第34页。

[2] 该说主张,污染环境罪的罪过形式只能是故意,即行为人明知其行为会严重污染环境而故意为之。参见陈兴良:《规范刑法学》(第5版)(下册),中国人民大学出版社2023年版,第45页。

罪过说[1]以及择一罪过说[2]。目前,学术界和司法实践普遍倾向于采用择一罪过说或二元罪过说(混合罪过说的一种具体表现形式),以全面涵盖故意与过失两种主观罪过形式。

在本案中,被告人李某群等人明知自身未取得危险废物经营许可证,仍实施非法处置废液压油的行为,并将过滤过程中产生的含油性废白土非法填埋于厂房院内土壤中,导致环境受到严重污染。此外,被告人王某河与任某在明知李某群不具备危险废物处理资质的情况下,仍主动向其介绍并伙同其收购废液压油。基于上述事实,无论采用何种罪过学说,均可明确认定被告人主观上具有污染环境的故意,符合污染环境罪的主观要件。

3. 犯罪客体。污染环境罪的客体要件是判定该罪是否成立的核心要素之一。传统理论认为,污染环境罪的客体主要体现为国家的环境管理秩序或环境保护制度。然而,随着生态文明建设的深入推进,学界逐渐认识到环境犯罪的侵害对象不仅限于环境管理秩序,更直接指向生态环境本身。这种观点将生态环境视为一种独立的法益[3],强调其作为法律保护对象的独立价值。此外,部分学者主张

---

[1] 该说认为,污染环境罪的罪过形式既包括故意也包括过失。参见陈洪兵:《模糊罪过说之提倡——以污染环境罪为切入点》,载《法律科学(西北政法大学学报)》2017年第6期。

[2] 该说主张,污染环境罪的罪过形式在规范层面可以是故意也可以是过失,具体是故意还是过失需根据具体犯罪事实来确定。参见苏永生:《污染环境罪的罪过形式研究——兼论罪过形式的判断基准及区分故意与过失的例外》,载《法商研究》2016年第2期。

[3] 参见黄锡生、张磊:《生态法益与我国传统刑法的现代化》,载《河北法学》2009年第11期;焦艳鹏:《刑法生态法益论》,中国政法大学出版社2012年版,第45页。

采用多元保护法益[1]的理论框架来解读污染环境罪的客体,认为该罪所侵害的客体具有复合性,涵盖人身法益、财产法益以及环境法益等多重法益。

在本案中,被告人李某群等人的行为不仅违反了国家关于危险废物管理的相关法律法规、破坏了环境管理秩序,还直接导致了严重的环境污染后果。同时,由于危险废物的非法处置行为可能对周边区域的生态环境造成长期性、潜在性的损害,并对居民的身心健康及财产安全构成威胁,因此,本案中污染环境罪的客体应被视为多元保护法益的综合体现,既包括国家对环境管理秩序的维护,也涵盖生态环境本身的保护,同时涉及居民的人身健康与财产安全的保障。这一多元客体的认定不仅符合当前环境犯罪理论的发展趋势,也为司法实践中全面评价污染环境罪的社会危害性提供了理论依据。

4. 犯罪客观方面。在客观要件方面,污染环境罪的成立需满足行为人实施了污染环境的行为且造成了严重后果的双重条件。本案中,被告人李某群、侯某兰等人在明知他人未持有危险废物经营许可证的情况下,仍向其提供或者委托其收集、贮存、利用、处置危险废物。此类行为不仅违反了国家的相关法律法规,且直接引发了严重的环境污染后果。具体而言,非法处置的废液压油总量达14.26吨,未处置的废液压油和废白色液压油分别为14.84吨和3.74吨。这些危险废物被填埋于厂房院内土壤中,致使土壤与水质受严重污染。土壤中检出石油烃等危险废物成分,且土壤中锌含量已超过国家规

---

[1] 参见黎宏:《刑法学各论》(第2版),法律出版社2016年版,第441页;曹子丹、颜九红:《关于环境犯罪若干理论问题的探讨》,载《烟台大学学报(哲学社会科学版)》1998年第1期;高巍:《论环境犯罪的侵害法益》,载《学术探索》2009年第4期。

定的农用地土壤污染风险筛选值。上述事实表明,被告人的行为已完全符合污染环境罪的客观要件。

综上所述,被告人李某群、侯某兰、李某鼎的行为在犯罪主体、犯罪主观方面、犯罪客体以及犯罪客观方面均与污染环境罪的构成要件高度契合。其行为不仅严重破坏了生态环境,还侵害了多元化的法益,故应依法承担相应的刑事责任。

(二)环保部门实施代履行的程序

代履行制度作为一种行政强制执行方式,其核心在于当行政相对人未履行其法定或行政决定所规定的义务时,行政机关或第三人可代为履行该义务,并由行政相对人承担相应费用。该制度历史悠久,其旨在通过替代性执行手段,确保行政决定的权威性和执行力,同时维护公共利益。在环境保护领域,代履行制度的功能尤为突出,其能够有效解决环境污染问题,防止损害的进一步扩大,并及时恢复环境原状。

在代履行程序启动之前,环境保护主管部门应当依据相关法律法规作出具有法律效力的行政决定,并明确告知行政相对人其应当履行的法定义务,包括但不限于污染物的清除、生态环境的修复以及土地原状的恢复。该行政决定的作出应当建立在充分的事实调查和确凿的证据基础之上,并严格遵循法律规定的程序要件,以确保行政行为的合法性与合理性。同时,环境保护主管部门应当依法将行政决定书送达行政相对人,并为其设定合理的履行期限,要求其在规定期限内主动履行相应义务。代履行方案确定后,环境保护主管部门应当向行政相对人送达代履行通知书,其中应当载明代履行的具体时间、地点、方式以及预估费用等关键信息。通知书的送达应当符合法定程序,并为行政相对人预留合理的准备时间,同时保障其依法享有的陈述、申辩及申请听证的权利。若行政相对人在法定期限内未提出有效异议,环境保护主管部门将依据既定方案实施代履行。在代履行实施过程中,环境保护主管部门应当严格履行监管职责,确保代履行行为符合既定方案的要求,防止因代履行行为造成二次污染或扩大环境损害。同时,环境保护主管部门还应当对代履行的全过程进行完整记录,包括代履行的起止时间、具体实施步骤、参与人员等信息,以便为后续的行政审查或争议解决提供事实依据。代履行完成后,环境保护主管部门应当组织专业人员进行验收评估,以确保代履行效果达到行政决定所要求的标准。若验收合格,环境保护主管部门应当及时向行政相对人送达验收合格通知书,并告知其应当承担的代履行费用及具体支付方式。

在本案中,被告人李某群、侯某兰、李某鼎因非法处置危险废物被判处刑罚,并需承担环境修复费用。然而,在判决生效后,上述被告人未履行相应的环境修复义务。在此情况下,环境保护主管部门依据代履行制度,启动了恢复环境原状或防止损害扩大的程序。在此阶段,环境保护主管部门应当进行必要的准备工作,包括但不限于代履行方案的可行性评估、费用预算的编制以及适格代履行人的遴选。这些准备工作应当遵循行政比例原则,确保代履行的有效性与经济性,同时应最大限度地减少对行政相对人合法权益的不利影响。鉴于被告单位及被告人未履行环境修复义务,代履行费用应当由其承担。环境保护主管部门可依法启动费用追缴程序,若行政相对人拒不履行支付义务,其可依法向人民法院申请强制执行。

综上所述,环境保护主管部门的代履行程序是包含多个法律环节的复杂行政过程,涉及行政决定的作出、准备工作的开展、通知书的送达、代履行的实施、验收评估以及费用追缴等多个阶段。在本案中,环境保护主管部门应当严格遵循法定程序,确保环境修复工作的有效实施,同时兼顾对行政相对人合法权益的保护和社会公共利益的维护。

(三)刑事罚金与生态修复费用的合并适用

在本案中,被告人李某群、侯某兰等人在未取得营业执照及危险废物经营许可证的情况下,擅自处置废液压油,造成严重的环境污染后果。该行为不仅符合《刑法》第338条污染环境罪的构成要件,同时亦违反了《民法典》关于生态环境保护的民事法律规范。基于此,检察机关作为刑事附带民事公益诉讼的起诉主体,依法享有双重请求权:既有权追究被告人的刑事责任,请求法院判处相应刑事罚金,同时亦可主张生态环境修复责任,要求被告人承担生态环境修复费用。

刑事罚金的科处系基于刑罚的惩罚与预防功能,通过经济制裁手段实现特殊预防与一般预防的双重目的。本案中,法院根据被告人的犯罪事实、情节严重程度、社会危害性以及被告人的经济承受能力等量刑因素,依法判处被告人1万元至5万元不等的刑事罚金,体现了罪责刑相适应原则的基本要求。

生态环境修复费用的确定则立足于恢复性司法理念,旨在通过经济手段实现受损生态环境的功能恢复。本案中,被告人非法处置废液压油的行为导致土壤环境遭受严重污染,需采取专业的环境修复技术措施予以治理。生态环境修复费用的具体数额系依据专业机构出具的环境损害评估报告确定,以确保修复方案的科学性与可行性。该费用将专项用于实施环境修复工程,包括但不限于污染土壤的清理、污染物的无害化处理以及生态系统功能的恢复,以期最大限度地实现受损生态环境的功能性修复。

本案中刑事罚金与生态环境修复费用的合并适用,体现了环境司法领域惩罚犯罪与修复生态的双重价值取向。这种责任承担方式既符合《最高人民法院关于审理环境民事公益诉讼案件适用法律若干问题的解释》的立法精神,也契合环境司法专门化背景下对环境污染犯罪行为实行全面追责的实践要求。同时,这种责任承担方式具有显著的警示功能,能够有效震慑潜在的环境污染行为人,彰显了生态环境损害"有损必究、有责必担"的法治原则。

(四)缓刑的适用条件

从刑罚裁量的视角考察,缓刑的适用须严格遵循《刑法》第72条之规定,具体包括以下构成要件:第一,犯罪行为的社会危害程度较低,符合"犯罪情节较轻"的实质要件;第二,行为人具有真诚的悔罪表现,具体可通过自首、坦白、积极赔偿等情节予以认定;第三,经社会调查评估,行为人的人身危险性显著降低,符合"没有再犯罪的危险"的预测性要件;第四,缓刑的适用不会对社区秩序产生重大负面影响。上述要件的确立,体现了刑罚个别化原则与刑罚谦抑性理念的有机结合,在确保刑罚公正性的同时,兼顾了社会防卫与人权保障的双重价值。

在环境刑事附带民事公益诉讼的特殊语境下,缓刑的适用还需引入生态恢复性司法理念,将生态环境损害程度及修复可能性作为重要的考量因素。具体而言,行为人虽实施了环境犯罪行为,但若存在以下情形,可酌情适用缓刑:一是犯罪行为造成的生态环境损害程度相对较轻;二是行为人已采取实质性的生态修复措施,或作出具有法律约束力的修复承诺;三是行为人具备在缓刑考验期内持续履行生态修复义务的能力与条件。这种考量方式体现了环境司法领域惩罚与修复并重的价值取向。

本案中,被告人任某虽违反《刑法》第338条之规定,实施了非法处置危险废物的犯罪行为,但综合全案情节,其符合缓刑适用的法定条件:首先,任某在庭审过程中表现出真诚的悔罪态度,主动供述犯罪事实,积极配合调查;其次,经社会调查评估,其再犯的可能性显著降低;再次,任某自愿承担生态环境修复责任,并具备相应的履行能力;最后,其非法处置危险废物的数量有限,造成的实际损害相对可控,且生态环境修复具有现实可行性。基于上述考量,法院依法对任某适用缓刑,这一裁判结果既体现了宽严相济的刑事政策,又彰显了恢复性司法理念在环境犯罪案件中的具体运用。

案例延伸

(一)刑事附带民事公益诉讼的起诉条件

刑事附带民事公益诉讼作为一项特殊的诉讼制度,其起诉条件的设定直接关系到诉讼程序的正当性与实效性。根据《最高人民法院、最高人民检察院关于检察公益诉讼案件适用法律若干问题的解释》第20条之规定,结合司法实践,检察机关提起刑事附带民事公益诉讼需满足以下实质要件与程序要件。

1.实质要件。(1)案件范围的法定性。检察机关提起刑事附带民事公益诉讼,必须严格限定在法律明文规定的案件类型范围内。根据现行法律规定,此类案件主要涵盖生态环境和资源保护、食品药品安全等领域。检察机关在立案审查阶段,应当对案件性质进行实质性判断,确保其符合法定受案范围。(2)犯罪事实的确定性。提起刑事附带民事公益诉讼必须以犯罪事实已经查清为前提。检察机关应当确保:犯罪构成要件事实已经查明;存在确实、充分的证据证明被告人实施了犯罪行为;犯罪行为与损害结果之间存在因果关系。这一要件的确立,体现了刑事诉讼证明标准在公益诉讼领域的延伸适用。(3)损害后果的严重性。损害后果的严重性是启动公益诉讼程序的重要考量因素。检察机关应当着重审查:损害是否涉及不特定多数人的利益;损害程度是否达到需要司法干预的程度;损害是否具有现实可修复性。这一要件的设定,体现了比例原则在公益诉讼领域的适用。

2. 程序要件。(1)诉前公告程序的履行。根据法律规定,检察机关在提起刑事附带民事公益诉讼前,必须依法履行诉前公告程序。该程序具有双重功能:一方面,保障其他适格主体行使诉权的机会,体现诉讼民主原则;另一方面,确保检察机关诉权行使的谦抑性。公告期为30日,期间届满无其他主体提起诉讼的,检察机关方可依法提起诉讼。(2)诉讼请求的适当性。检察机关在确定诉讼请求时,应当注意:刑事处罚与民事责任的协调性,避免双重处罚;诉讼请求的可执行性;修复措施的可行性。这一要求体现了诉讼经济的价值追求。

此外,在刑事附带民事公益诉讼的实践运行中,检察机关作为诉讼主体,应当着力构建科学合理的诉讼效率保障机制。具体而言,可通过以下路径优化诉讼程序:第一,建立案件繁简分流机制,依据案件复杂程度、社会影响范围等因素进行分类处理;第二,完善电子卷宗管理系统,实现案件材料的数字化管理与智能分析;第三,优化跨部门协作机制,建立健全信息共享与协同办案平台;第四,探索适用简易程序,在确保程序公正的前提下提高诉讼效率。这些制度性安排体现了诉讼经济原则与程序正当原则的有机统一。在诉讼价值目标的实现层面,检察机关应当着重关注以下维度:首先,强化公共利益的实质化保护,通过个案办理推动制度完善;其次,注重社会关系的修复性功能,实现惩罚与修复的平衡;最后,发挥案件的示范效应,提升公众的法治意识与环保理念。这种多维度的价值追求,彰显了公益诉讼制度在推进国家治理现代化中的独特功能。就检察机关的职能定位而言,其应当秉持客观公正,在积极履职与适度克制之间保持平衡。具体表现为:严格遵循法定起诉条件,确保诉权行使的规范性;审慎运用自由裁量权,保持司法判断的理性;强化与行政机关、审判机关等部门的协同配合,形成公益保护合力;尊重审判权的独立行使,维护司法权威。这种职能定位的确立既体现了检察机关的法律监督属性,又契合公益诉讼制度的本质要求。

(二)生态环境损害赔偿金与行政罚款、刑事罚金的适用关系

从法理层面考察,生态环境损害赔偿金、行政罚款与刑事罚金虽同属环境法律责任体系中的经济性责任形式,但在制度功能、法律属性及适用逻辑等方面存在显著差异。生态环境损害赔偿金具有公私法交融的特性,其核心功能在于通过民事救济途径实现生态环境损害的弥补与修复;行政罚款作为行政处罚的重要形式,主要体现行政机关对违法行为的制裁;刑事罚金则属于刑罚体系,着重对犯罪行为的惩罚与预防。三者虽均具有惩戒与救济的双重功能,但在具体适用中可能产生责任竞合问题,如重庆市政府诉藏金阁公司生态环境

损害赔偿案所示,多重责任的叠加适用可能导致责任过度,既违背过罚相当原则,也与比例原则相抵触。

就规范适用而言,应当构建体系化的责任协调机制。首先,在责任性质认定上,需明确生态环境损害赔偿金的私法救济属性,其与具有公法性质的行政罚款、刑事罚金存在本质区别。其次,在适用顺位上,应当确立"修复优先"原则,即生态修复责任的履行应优先于刑事罚金的执行,这既符合环境法的预防原则,也体现了刑法谦抑性的要求。最后,在责任折抵规则的构建上,应当综合考虑行为人的主观过错程度、违法行为的性质与情节、生态环境损害后果的严重性等因素,建立科学的量化评估体系,实现多重责任之间的合理折抵。

具体而言,在环境刑事附带民事案件中,应当遵循以下适用规则:第一,当行政罚款与刑事罚金已足以实现惩戒与救济目的时,可排除生态环境损害赔偿金的适用;第二,当既有责任形式无法充分救济生态环境损害时,应当补充适用生态环境损害赔偿金;第三,在责任折抵的具体操作中,应当建立动态调整机制,根据案件具体情况确定折抵比例,避免责任过度或不足。这种规范适用的制度设计既体现了环境法律责任体系的完整性,又确保了责任承担的适当性。明确各类责任形式的适用边界与协调规则,可以有效避免责任竞合导致的制度冲突,实现环境法治的规范化运行。同时,这种制度安排也有助于推动环境司法专门化建设,为环境治理现代化提供有力的制度保障。

(三)生态环境损害赔偿金的规范使用与管理机制

生态环境损害赔偿金的使用与管理是生态环境损害赔偿制度运行的核心环节,其规范化程度直接影响生态环境修复实效与制度运行效能。随着《民法典》的颁布实施与生态环境损害赔偿制度改革的深入推进，我国已初步构建起生态环境损害赔偿金的管理框架，但其在实践运行中仍面临诸多制度性障碍。

生态环境损害赔偿金系指因生态环境损害事件，由赔偿义务人依法缴纳的专项用于生态环境修复及相关费用的资金。其资金来源主要包括：生态环境损害赔偿诉讼案件生效裁判确定的赔偿金、生态环境损害赔偿磋商协议确定的赔偿金以及环境公益诉讼案件裁判确定的赔偿金。然而，当前生态环境损害赔偿金的使用与管理实践存在以下突出问题：第一，管理模式不统一，实践中存在将生态环境损害赔偿金纳入地方生态环境部门、地方国库、人民法院或专门基金会等管理模式，司法机关与行政机关在资金管理中的角色定位模糊；第二，监督机制不健全，缺乏有效的内部监督与外部监督机制，存在资金被挪用、挤占的风险；第三，资金使用效率不高，部分赔偿金处于"闲置"状态，未能充分发挥生态修复功能。

针对上述制度性缺陷，应当从管理创新、监督强化及使用优化等维度完善生态环境损害赔偿金的规范使用与管理机制。首先，在管理模式上，建议设立具有独立法人地位的生态环境损害赔偿基金管理机构，采用市场化、专业化、公司化运营模式。这种制度设计具有以下制度优势：通过专业化管理团队实现资金的科学配置与高效使用；借助市场化运作机制提高资金使用效率；通过现代企业治理结构增强资金管理的透明度与公信力；便于构建多元化的社会监督机制。同时，还应当建立健全资金使用绩效评估体系，定期开展资金使用效果评估，并将评估结果作为资金分配与使用的重要依据。其次，在监督机制方面，应当构建多层次、立体化的监督体系。具体包括：第一，在内部监督层面,设立独立的内部审计部门,完善内部控制制度,强化资金使用的合规性审查;第二,在外部监督层面,引入具有专业资质的第三方评估机构,强化检察机关的法律监督职能,建立常态化的外部审计机制;第三,在社会监督层面,完善信息公开制度,明确信息公开的范围、方式与程序,保障社会公众的知情权与参与权。最后,在资金使用机制上,应当探索建立赔偿金集中使用制度,确定专门从事生态修复的企业或机构获得资金支持的具体条件与程序规范。同时,还应建立第三方参与机制,通过公开招标、竞争性谈判等方式,鼓励具有专业资质的社会机构参与生态修复项目,提升修复工作的专业化水平与实施效果。

生态环境损害赔偿金的使用与管理是生态文明制度建设的重要内容。创新管理模式、完善监督机制、优化使用方式,可以有效提升赔偿金的使用效能、推动生态环境损害赔偿制度的规范化运行,为生态文明建设提供有力的制度保障。

法条链接

1.《刑法》

第三百三十八条 违反国家规定,排放、倾倒或者处置有放射性的废物、含传染病病原体的废物、有毒物质或者其他有害物质,严重污染环境的,处三年以下有期徒刑或者拘役,并处或者单处罚金;情节严重的,处三年以上七年以下有期徒刑,并处罚金;有下列情形之一的,处七年以上有期徒刑,并处罚金:

(一)在饮用水水源保护区、自然保护地核心保护区等依法确定的重点保护区域排放、倾倒、处置有放射性的废物、含传染病病原体的废

物、有毒物质,情节特别严重的;

(二)向国家确定的重要江河、湖泊水域排放、倾倒、处置有放射性的废物、含传染病病原体的废物、有毒物质,情节特别严重的;

(三)致使大量永久基本农田基本功能丧失或者遭受永久性破坏的;

(四)致使多人重伤、严重疾病,或者致人严重残疾、死亡的。

有前款行为,同时构成其他犯罪的,依照处罚较重的规定定罪处罚。

2.《民法典》

第一百七十九条　承担民事责任的方式主要有:

(一)停止侵害;

(二)排除妨碍;

(三)消除危险;

(四)返还财产;

(五)恢复原状;

(六)修理、重作、更换;

(七)继续履行;

(八)赔偿损失;

(九)支付违约金;

(十)消除影响、恢复名誉;

(十一)赔礼道歉。

法律规定惩罚性赔偿的,依照其规定。

本条规定的承担民事责任的方式,可以单独适用,也可以合并适用。

第一千一百六十五条　行为人因过错侵害他人民事权益造成损害的,应当承担侵权责任。

依照法律规定推定行为人有过错,其不能证明自己没有过错的,应当承担侵权责任。

第一千二百二十九条 因污染环境、破坏生态造成他人损害的,侵权人应当承担侵权责任。

致 谢

广西大学法学院陈颖琪、黄婧、王子龙同学参与了项目研究与资料整理工作,特此致谢!